鸣　谢

贵州省哲学社会科学规划重大课题《贵州强化现代化建设人才支撑的实现路径与对策研究》(23GZZB18)基金资助

TUIJIN WOGUO JIAOTONG QIANGGUO JIANSHE
RENLI ZIYUAN BAOZHANG TIXI YANJIU

推进我国交通强国建设人力资源保障体系研究

以贵州为例

赵光辉　谢柱军　著

人民出版社

目　　录

绪　　论

一、研究背景及目的

人是发展中起决定作用的核心要素,也是决定战略成败和国家兴衰的最根本的要素。马克思主义认为,作为生产力主体力量的劳动者是生产力中最革命、最重要、最活跃的主导因素,马克思在《资本论》中进一步指出:"个人的充分发展又作为最大的生产力反作用于劳动生产力",从而把劳动者的全面充分发展作为促进生产力发展的第一要素。毛泽东同志高度重视人的主体地位和决定作用,明确指出:"世间一切事物中,人是第一个可宝贵的。在共产党领导下,只要有了人,什么人间奇迹也可以造出来。"党的十八大以来,习近平总书记高度重视人才作用的发挥,他在不同场合多次强调要爱才惜才,聚天下英才而用之,他指出,人才是创新的第一资源。没有人才优势,就不可能有创新优势、科技优势、产业优势。党的十九大报告中也明确提出人才是实现民族振兴、赢得国际竞争主动的战略资源。要坚持党管人才原则,聚天下英才而用之,加快建设人才强国。实行更加积极、更加开放、更加有效的人才政策,以识才的慧眼、爱才的诚意、用才的胆识、容才的雅量、聚才的良方,把党内和党外、国内和国外各方面优秀人才集聚到党和人民的伟大奋斗中来。党的二十大报告提出"深入实施人才强国战略",要求"建成人才强国","完善人才战略

1

布局,坚持各方面人才一起抓,建设规模宏大、结构合理、素质优良的人才队伍"。

人才是现代化交通发展的决定性因素。党的十九大提出建设"交通强国"的宏伟目标,2019 年党中央、国务院下发《交通强国建设纲要》,为未来我国交通运输事业发展指明了方向,这是国家经济社会发展到一定阶段的必然结果,也是交通人的时代使命和历史担当。党的二十大再次重申,加快建设交通强国。经过改革开放 40 多年的快速发展,无论是交通基础设施建设规模还是运输服务能力,我国均已跃居世界第一,已成为名副其实的世界交通大国。我们比以往任何时候都更加接近实现交通强国的宏伟目标,为实现交通强国奠定了坚实的物质基础,同时也坚定了我们朝着交通强国努力奋斗的信心和决心。贵州省作为国家第一批试点,正在建设交通强国西部示范省,建设交通强国西部示范省人力资源保障体系决定成败。紧密结合交通强国西部示范省建设的部署要求,充分发挥人在贵州交通运输高质量发展的核心主体地位作用,突出重点,着眼长远,面向全局,用发展的眼光、辩证的思维、开阔的胸襟和有效的措施来加强和改进人力资源保障体系建设各项工作,为建设贵州交通强国西部示范省目标的实现提供坚实支撑和保障。

建设贵州交通强国西部示范省,关键之一在于交通运输人力资源保障体系的建设,以充分发挥人在交通运输业发展中的核心主体地位和作用。当前和今后一个时期,贵州交通运输行业人力资源保障体系建设要紧密结合建设贵州交通强国西部示范省的部署要求,突出重点,着眼长远,面向全局,用发展的眼光、辩证的思维、开阔的胸襟和有效的措施来加强和改进贵州人力资源保障体系建设各项工作,为建设贵州交通强国西部示范省目标的实现提供坚实支撑和保障。

开展建设交通强国西部示范省人力资源保障体系研究,以期做好贵州交通运输人力资源保障体系建设工作的顶层设计。对照贵州省交通强国建设办公室《贵州交通强国建设纲要》的要求,为贵州推进交通强国西部示范省建设提供更加有力的人才支撑,为中共贵州省委人才工作领导小组在全省开展的贵州交通运输"十四五"人才发展规划的编制工作奠定基础,为交通运输部交通强国建设办公室提供贵州经验。

开展建设交通强国西部示范省人力资源保障体系研究,对照交通强国示范省建设的目标、任务和政策措施提出人力资源需求,对贵州交通运输人才进行盘点检查、判断分析和督促履行党管人才职责。通过开展研究,准确掌握贵州交通运输人才支撑交通强国示范省建设的进展情况、总结经验、查找问题、推动落实、确保实现交通强国贵州示范省的预期目标。主要是借助研究摸清贵州交通运输人力资源队伍现状、动态变化情况,找准问题,提出中长期贵州交通运输人才队伍建设的思路,做好贵州交通运输人力资源保障体系建设工作的顶层设计,为建设贵州交通强国西部示范省提供技术支持和政策选择参考。

二、组织形式及工作过程

按照交通运输部办公厅印发的《交通强国建设研究体系、规划体系及分工方案》(交办规划函〔2017〕1762号)相关要求,本课题牵头单位为贵州省交通运输厅与贵州财经大学共建的贵州现代交通经济技术研究院,其他指导单位有贵州省交通运输厅人教处、贵州省交通运输厅科技处,课题研究承担单位为贵州现代交通经济技术研究院、贵州交通建设集团、贵州交通职业技术学院。

按照专项研究总体工作安排,课题组迅速组织专业技术人员成立项目组,向省交通运输厅人教处就研究大纲进行了汇报,人教处高度重视此项工作,组织处内相关科室听取了汇报并提出了意见。经贵州省推进交通强国建设领导小组办公室和科技处、人教处同意,课题组在省交通运输厅会议室组织召开了项目研究大纲专家评审会。来自省交通运输厅机关及厅属单位、市州县交通局、交通企业等单位专家,以及来自贵州省委组织部人才处、贵州省人力资源和社会保障厅、贵州省科技厅等专家代表听取了项目组的汇报,审阅了相关材料,经审议认为研究大纲目标明确、思路比较清晰、内容全面、技术路线可行,项目组成员结构合理,进度安排得当,研究基础良好,具备开展项目研究的条件。与会专家和代表一致同意研究大纲通过评审,建议修改完善研究大纲,进一步明确项目定位和研究范围,尽快开展研究工作。

课题组设计了调查问卷、代拟了工作文件。贵州省交通运输厅属各单位、各市州交通运输局明确建设交通强国西部示范省人力资源保障体系研究主要负责人、联系人、联系电话和工作步骤,报省交通运输厅人事处。厅属各单位、各市州交通运输局全面启动研究工作。同时,厅属各单位、各市州交通运输局完成自评报告,填写附件人才统计表、调查问卷附件,并将自评报告和统计表报到省交通运输厅人事处。在省交通运输厅属各单位、各市州交通运输局自评估报告和评估小组的调研基础上,贵州财经大学完成建设交通强国西部示范省人力资源保障体系研究数据统计、汇总分析,提交统计分析报告。课题组先后完成建设交通强国西部示范省人力资源保障体系研究问题及原因分析,建设贵州交通强国西部示范省对人力资源保障的形势与要求、主要任务,建设贵州交通强国西部示范省对人力资源保障的指导思想和原则,建设贵州交通强国西部示范省对人力资源保障的主要工程及建设分工,建设贵州交通强国西部示范省对人力资源保障的政策选择与建议。随后提交建设贵州交通强国西部示范省对人力资源保障的总报告(初稿),课题组征求各地各单位意见,广泛吸纳各地的意见之后,提交正式文本。

课题开题以后,贵州省交通运输厅、贵州财经大学共建的贵州现代交通经济研究院课题组与贵州省交通强国建设办公室、贵州省交通运输厅人事处进行了多次工作对接,按要求定期提交了总体认识、工作进展和阶段性研究成果等材料;向贵州省交通运输厅人事处提交了《交通运输人力资源体系建设与发展情况调研工作方案》,并对厅属单位和地方交通运输局等单位开展了专题调研工作。根据贵州省推进交通强国建设领导小组办公室、贵州省交通运输厅人事处对研究思路与重点的意见和要求,撰写形成了本阶段性研究报告。2023 年 12 月,经贵州省交通运输厅组织专家评审验收课题获得优秀结项,形成了本书。

三、研究思路及总体框架

本课题研究工作将坚持目标导向和问题导向"两个导向原则",服务于人才强省和交通强省"两大战略目标",支撑《贵州省推进交通强国建设实施纲要》和《贵州省交通运输人才引进培养发展"十四五"规划》"两个指导性文件",并力求体现"三个视野":一是国际视野,要体现全球化发展理念,面向全球治理、提升贵州交通国际地位和水平的实际需要;二是战略视野,要体现习近平新时代中国特色社会主义思想,面向 2035 年、2050 年长远发展的战略需要;三是大交通视野,要体现贵州省情和行业特色,面向综合交通运输现代化发展的现实需要。

课题旨在梳理人力资源相关基础理论,明确交通运输人力资源保障体系的内涵、定位及体系框架,调研分析贵州交通运输人力资源保障体系建设现状,查找分析贵州交通运输人力资源尤其是人才队伍建设存在的主要问题,研究面临的形势与要求,做出需求定性分析与预测,按照贵州省推进交通强国建设的总体部署与要求,提出贵州交通运输人力资源保障体系建设的总体思路、主要任务和重点工程,并给出保障各项工作顺利推进的政策措施与建议,最后展望贵州交通运输发展趋势,指明贵州交通运输人力资源保障发展重点。

第一章 贵州交通运输人力资源保障体系的内涵与定位

第一节 基础理论概述

作为研究的起始,需要对与本报告研究对象人力资源相关联的一些基本理论进行分析和阐释。

一、人力资源管理

(一)人力资源的概念

《辞海》把资源解释为"资财的来源",现代管理学和经济学视野中的资源主要包括土地、资金、信息和人力等,可见,人力也是一种特殊的资源形式。人力资源这一概念最早由约翰·康芒斯1919年在其著作《产业信誉》中提出。我国最早使用"人力资源"这一概念的文献是毛泽东于1956年为《发动妇女投入生产,解决了劳动力不足的困难》所写的"中国的妇女是一种伟大的人力资源,必须挖掘这种资源,为了建设一个伟大的社会主义国家而奋斗"。现代意义上的"人力资源"概念是管理学大师彼得·德鲁克于1954年在他的《管理的实践》一书中正式提出并加以明确界定的。他认为,与其他资源相比,人力资源是一种特殊的资源,必须通过有效的激励机制才能加以开发利用,并为企业带来可观的经济价值。20世纪60年代后,学者们对人力资源的研究越来越多,对人力资源的解释含义主要有两类,分别是"能力观"和"人员观"。"能力观"的角度认为人力资源是指人的能力和潜力,指人所具有的对价值创造起贡献作用,并且能够被组织所利用的体力和脑力的总和。"人员观"是从人员和人口的角度来界定人力资源的含义,认为人力资源就是具有劳动能力的全部人口和人员。目前,持"能力观"观点的人占了较大的比例。可以说,人力资源的本质就是能力,而人不过是能力的载体而已。此外,界定人力资源概念必须考虑到组织的战略目标。因此,将人力资源定义为:人力资源是指一定时期内组织中的人所拥有的,能够支持组织目标实现的体力和脑力的总和。

（二）人力资源的特征

人力资源作为一种特殊的资源形式,具有不同于自然资源的特殊方面。

一是生物性。人是一种生物,人力资源是有生命的"活"资源,人的最基本的生理需要带有某些生物性的特征,具有不可剥夺性,因此生物性是人力资源最根本的性质。

二是能动性。能动性是人力资源区别于其他资源的本质所在。在价值创造中,人力资源总是处于主动的地位,是劳动过程中最积极、最活跃的因素,能够发挥主观能动性,同时,人力资源具有创造性思维的潜能,能在人类活动中发挥创造作用。

三是时效性。时效性是指人力资源的形成与作用效率要受其生命周期的限制,作为生物有机体的个人,其生命是有周期的,只有青年期和中年期是创造财富的最佳时期,有效时间大概40年左右,生命周期和人力资源的这种倒"U"形关系决定了人力资源的时效性。

四是增值性。人力资源会因为不断的使用更有价值,因此是一种高增值性资源。在知识经济时代,经济社会的发展主要依赖于人类的智能与劳动创造,人力资源将因此成为推动经济增长的"发动机"。

五是社会性。人之所以成为人,是因为有区别于其他动物的社会性。人的思想、理念、文化、观点、意识等都是基于一定的社会经历而产生,又随着社会发展而变化,因此人力资源具有社会性。

六是可再生性。人力资源不会像矿藏等不可再生资源那样持续减少不可恢复,通过人口总体内个体的不断更替和"劳动力耗费——劳动力生产——劳动力再次耗费——劳动力再次生产"的过程得以实现。同时,人的知识与技能的陈旧、老化也可以通过培训和学习等手段得到更新。所以,人力资源要实现自我补偿、自我提高与自我更新,必须进行二次开发乃至多次开发。

(三)人力资源与人口资源、人才资源的区别

为了更好地理解人力资源的含义,这里对与人力资源相关的人口资源、人才资源概念加以阐释,以便区分这几个概念的不同。

人口资源是指一个国家或地区所拥有的人口的总量,它是一个最基本的底数,一切人力资源、人才资源皆产生于这个最基本的人口资源中,它主要表现为人口的数量。

人才资源是指一个国家或地区中具有较多科学知识、较强劳动技能,对组织目标的实现起关键或重要作用的那部分人。人才资源突出的是质量的概念,是人力资源中较优秀的那部分人。

从人力资源、人口资源和人才资源的概念可以看出三者强调的重点不同,人口资源更多是一种数量概念,而人才资源更多是一种质量概念,在强调质的同时,也重视数概念。这三者在数量上存在一种包含关系。在数量上,人口资源是最多的,它是人力资源形成的数量基础,人口资源中具备一定脑力和体力的那部分才是人力资源;而人才资源又是人力资源的一部分,是人力资源中质量较高数量是最少的。在比例上,人才资源是最小的,因为它是从人力资源中产生的,而人力资源又是从人口资源中产生的。

（四）人力资源与人力资本的区别

马克思认为,资本是指那些能够带来剩余价值的价值。人力资本亦称非物质资本,与物质资本相对应,被誉为"人力资本之父"的西奥多·舒尔茨认为,人力资本是劳动者身上所具备的两种能力,一种能力是通过先天遗传获得的,是由个人与生俱来的基因所决定的,另一种是后天习得的,是由个人经过努力学习形成的。一般而言,人力资本兼具"人力"特点与"资本"特性。"人力"的特点,它的投资对象是人,它的价值是体现在某个人的身上,价值增值也必须通过人的活动来实现。"资本"的特性,即可通过人力投资活动实现价值增值,通过投资形成的,像土地、资金等实体性要素一样,在社会生产中具有重要的作用。

通过分析不难看出,人力资本与人力资源虽只一字之差,但涵义却大不相同。人力资源所描述的是人力的自然存在及其状况,是从资源的角度来考察人力,其焦点是人力的资源属性,与物力资源相对应。在人口总体中,除了丧失劳动能力的极少数人外,所有的人都可称为人力资源,一个国家或地区的人口总量基本等于该国家或地区的人力资源总量。而人力资本所描述的则是人的知识与能力的积累和运用,或者说,是把人当作资本来组织、管理和运用的过程,是从市场价值角度来考察人力,以揭示其资本属性,与物质资本相对应。人力资本是资本的一个特殊形态,人力资本是为了获取剩余价值而投入商品生产的劳动力,它有其他资本共有特性:投资性、逐利性、价值性、有限性和增值性。人力资源和人力资本都是以人为基础而产生的概念,研究的对象都是人所具有的脑力和体力,从这一点看两者是一致的。而且,现代人力资源管理理论大多都是以人力资本理论为根据的;人力资本理论是人力资源管理理论的重点内容和基础部分;两者都是在研究人力作为生产要素在经济增长和经济发展中的重要作用时产生的,但是两者也是有区别的。

第一,两者关注重点不同。人力资本是通过投资形成的存在于人体中的资本形式,是形成人的脑力和体力的物质资本在人身上的价值凝结,是从成本收益的角度来研究人在经济增长中的作用,它强调投资付出的代价及其收回,考虑投资成本带来多少价值,研究的是价值增值的速度和幅度,关注的重点是收益问题,即投资能否带来收益以及带来多少收益的问题。人力资源则不同,它将人作为财富的来源来看待,是从投入产出的角度来研究人对经济发展的作用,关注的重点是产出问题,即人力资源对经济发展的贡献有多大,对经济发展的推动力有多强的问题。

第二,人力资源和人力资本的计量形式不同。资源是存量的概念,而资本则兼有存量和流量的概念,人力资源和人力资本也同样如此。人力资源是指一定时间、一定空间内人所具有的对价值创造起贡献作用并且能够被组织所利用的体力和脑力的总和。而人力资本,如果从生产的角度看,往往是与流量核算相联系的,表现为经验的不断积累、技能的不断增进、产出量的不断变化和体能的不断损耗;如果从投资活动的角度看,没有与存量核算相联系,表现为投入到教育培训、迁移和健康等方面的资本在人身上的凝结。

第三,两者研究的内容也不同。人力资源概念的外延比人力资本要广。人力资源既包括未经开发的自然人资源,又包括开发后的人力资源,是一个概括性的范畴。人力资本则是一个反映价值量的概念,是只能够投入到经济活动中并带来新价值的资本。人力资源问题的研究是从开发、配置、管理和收益等方面进行,人力资本问题的研究则是从投资和收益等方面进行。

通过分析发现,人力资源是一种自然的、潜在的、静止的、未被开发运作的资源形态,而人力资本则是一种经过市场开发运作,能实现倍增效应的资本形态。人力资源只有投入生产经营,并带来利润,才能称为人力资本。

（五）人力资源管理概述

工业关系和社会学学者怀特·巴克在其著作《人力资源功能》一书中，首次将人力资源作为管理的普通职能加以讨论，成为对"人力资源管理"的最早界定。人力资源管理的定义有很多，普遍认可的就是指运用现代化的科学方法，对与一定物力相结合的人力进行合理的培训、组织和调配，使人力、物力总是维持最佳比例，同时对人的思想、心理和行为进行恰当的引导、控制和协调，充分发挥人的主观能动性，使人尽其才，事得其人，人事相宜，以实现组织目标。

从人力资源管理的功能来看，管理职能主要作用是实现选人、用人、育人、留人及整合职能。选人就是根据组织目标确定所需员工，通过招募、选拔、录用等获取组织所需要的员工。用人就是通过引导和改变员工，让员工在现处的岗位创造出更好的成绩。育人就是通过员工培训、职业生涯管理等，培训员工、开发员工潜质，让员工有能够满足当前及未来工作需要的技能。留人就是通过薪酬、晋升、绩效等一系列管理活动，保持员工的主动性、积极性、创造性，创造良好的环境使其安心工作。整合功能就是通过组织文化、信息沟通、人际关系和谐等有效整合，使个体、群体的目标和行为态度向组织的要求和理念靠近，使之高效协同，提高组织的生产力和效益。其中，选人是前提，用人是核心，育人是手段，留人是保障，整合是关键，使其他功能有了统一的方向和目标。

从分类来看，人力资源管理还可分为宏观管理和微观管理。人力资源宏观管理是对社会整体的人力资源的计划、组织、控制，从而调整和改善人力资源状况，使之适应社会再生产的要求，保证经济社会的运行和发展。人力资源微观管理是通过对企业事业组织的人和事的管理，处理人与人之间的关系，人与事的配合，充分发挥人的潜能，并对人的各种活动予以计划、组织、指挥和控制，以实现组织的目标。

二、人才学

（一）人才的概念

"人"和"才"在《新华大字典》中解释为："人"的本义是指"一种高级生物,有理性思维,能使用工具。"它的直面意思既可以泛指人类,也指民众,还特指某一类人;它的引申义指人的属性或品格。"才"的本意指"草木初生",后来引申为"资质能力",而后又引申为"有能力、才干的人"。

"人才"在《英汉辞海》中翻译为英文 talent,主要有两层意思:一是指一个人的天资和禀赋,或培养出来的才能;二是指在某一方面有才能或本事的人,尤其指具有创造性的人。

人才并不是一个一成不变的固定概念,伴随着时代的变迁、经济社会发展而变化着,是动态发展的社会存在体,具有进步性和创造性,而从实践的角度来看,人才是出自于人民群众把自己所掌握的知识或者技能通过具有一定创造性的实践劳动转化为对社会的贡献,是随着实践的不断变化发展而逐步演变着的概念。

（二）人才学概述

国内对人才学的研究,从 1981 年 12 月中国人才研究会成立开始。1992 年,人才学被国家承认,作为三级学科列入《中华人民共和国国家标准学科分类与代码》。1986 年,我国著名人才研究专家王通讯在人民出版社出版了《宏观人才学》,把人才学研究分为微观研究和宏观研究。总体说来,人才学是一门研究人才现象,揭示人才规律,指导人才开发,探讨如何实现人尽其才、才尽其用的科学,是以人和人才问题为研究对象,综合自然科学和社会科学而形成的一门新兴学科。人才学通过发现人才成长规律来更好地开发、培训、管理和使用人才,主要研究范围包括人才结构、人才成长和人才发展规律研究以及人才开发和管理研究。

微观人才学是人才学的一个分支,是从微观的角度,研究组织内部个体的成长要素、成立过程及其发展规律的科学,主要研究对象是个体,是个体的成长成才过程、成才机制及成才要素开发。宏观人才学是从宏观的角度研究人才整体的发展、运行规律及人才政策体系的一门学问,关注的是整个社会、国家、地区、产业、行业,其人才观是大人才观,涉及人才的生产和投资、流通和配置及消费和产出的整体人才社会运行全过程,包括人才的发展问题、体制问题及开放问题。

(三)人才政策

人才政策一直以来是个相对笼统的概念,各国对其定义均不一致。我国学术界将其界定为:国家机关及各级政府部门,出于经济和社会发展的需要,在一定时期内为吸引和促进人才管理与服务,而制定出台的众多法规、条例、规划、规章、法令、措施、办法等,包括人才开发管理的各个方面。国外关于人才政策的研究更多地使用"人力资源"(human resource)。人才政策属于公共政策的一部分,具有公共政策的公共性、前置引领性、多样性、合法性等特征,是公共政策的一种基本类型。人才政策从制定的主体和适用的范围划分,有政党的政策、政府的政策,全国性政策、地区性政策;从内容上分,有人才培养政策(培训政策)、人才选拔政策、人才流动政策、人才激励(奖励)政策、人才引进政策、人才使用政策、人才管理政策等;从人才对象类别上分,有专业技术人才政策、科技人才政策、企业人才政策、农村人才政策、高层次人才政策、留学人才政策等。戴维·尤里奇认为人才会在各区域之间充分流动,人才政策的作用就是要使组织能在正确的地方、正确的时间发现正确的人,这对各级政府而言,无疑是一个巨大的挑战。桑德拉·拉文克斯提出,各地要想在人才竞争中取胜,就必须从社会、经济、教育等政策上进行变革,制定适合的人才政策,提高人才资源的保障效率,以此来吸引和保留人才。伍德沃德通过梳理人才政策方面的相关研究,得出了一个国家或地区只有积极主动做好人才资源的开发研究工作,才能保持该地快速发展的结论,他认为

"人才政策"执行效率是影响"人才战争"结果的重要因素之一。

三、党管人才

（一）党管人才的政治学基础

党管人才思想，不但继承了马列主义人才理论的精华，而且吸收我国当代以来优秀人才思想成果，它既是马克思主义人才思想体系在当代中国的新发展，也是历年来我国政府以人为本的精神体现，是全面建设小康社会和迎接知识经济挑战的客观要求。

马列主义强调人才的重要作用，把人才看作是国家的宝贵财富。马克思恩格斯在《共产党宣言》中指出，随着社会的发展，阶级对立和阶级本身存在条件的消失，人类将实现一个全面发展的社会。按照马克思主义的观点，人的自由全面发展最高境界是实现人的个性自由发展，只有实现对自然的改造，对社会的改造，对人的改造，人类社会才能从必然王国进入自由王国。既然要改造自然，改造社会，那么，人才的重要性就是显而易见的。

党管人才思想，以马列主义人才思想为依托，继承了马列主义人才理论。在马克思主义经典著作中，人才问题占有重要的位置。马克思主义抓住人是自然属性和社会属性的统一，揭示了人的本质，指明了人的智力解放的条件是政治和经济上的解放。社会主义制度的建立，使人们能够根据社会需要和自己的爱好，享受教育给他们提供的全面发展的手段和机会，从而使"各尽所能、人尽其才"成为可能。

马克思主义认为，要实现人尽其才就需要破除旧的意识形态，树立正确的人才观。首先要破除妒才心理。1881 年恩格斯在致爱伯恩斯坦的信中就指出：只有十分渺小的人才会嫉妒天才，嫉妒者不是向有才能者学习，而是暗中希图有才能者不如自己，从而采取压制人才，诋毁人才的行动，因而必须破除。其次是要树立爱才观念。马克思主义的经典作家历来将人才视为所有财富中最宝贵的财富,提出要爱惜人才的人才观。

马克思主义的人才管理观认为,使用人才首先要了解人才,善于发现和识别人才。无产阶级政党在人才管理中,要用发展的眼光看待人才,善于发现和鉴别人才,量才而用。列宁指出,一般来说,一个人所受的教育越高,那么他的才智开发得就越好,但使用人才不仅仅是使用现有之才,还必须不断开发人的潜在才能,提高他们的政治业务水平,这在新的政治经济任务来临时显得尤为重要。因此无产阶级政党不仅要注重人才的教育,还要注重对他们的继续教育和培训。

习近平总书记指出,"择天下英才而用之,关键是要坚持党管人才原则,遵循社会主义市场经济规律和人才成长规律,着力破除束缚人才发展的思想观念,推进体制机制改革和政策创新,充分激发各类人才的创造活力"。其后又指出"环境好,则人才聚、事业兴;环境不好,则人才散、事业衰",要"增强大家的事业心、归属感、忠诚度"。这要求我们在建设人才强国过程中要加快推进人才管理体制改革,着力转变政府人才管理职能,保障和落实用人主体自主权,健全市场化、社会化、法治化的人才管理服务体系;健全人才顺畅流动机制,着力破除人才流动障碍,畅通人才流动渠道;强化人才创业创新激励机制,着力解决创新创业中知识产权保护鉴定及质押融资、职务发明激励、股权期权激励等关键环节上的束缚制约;健全人才优先发展保障机制,着力促进人才发展与经济社会发展的深度融合和多元投入机制的建立。最终把党内和党外、国内和国外各方面优秀人才集聚到党和人民的伟大事业中来,让各类人才的创造活力竞相迸发、聪明才智充分涌现。

(二)党管人才的经济学基础

自20世纪60年代舒尔茨提出人力资本理论用以解释现代经济增长之谜以来,经济学家们围绕人力资本与经济增长进行了广泛而深入的研究。诺贝尔经济学奖获得者迈克·斯宾塞教授认为,增长就是指包含了人力资本在内的各种有形和无形资产聚集。增长可以靠高储蓄、高投资来获得,但是要想加速增长则依靠现代科学技术进步和对人力资源有效地开发利用。在工业经济时代,一个熟练工人可以完成工人平均工作量的 1.5 倍;而在知识经济时代,一个优秀的软件工程师则可以完成其同行平均工作量的 30 倍,人的体能、技能与智能对社会财富的贡献约为 1∶10∶100。

但是,从各国的经济增长来看,人力资本在经济增长中的作用在不同的国家有不同的绩效。有不少的国家,虽然积累了一定的人力资本,但经济增长的效果并不理想。问题的关键在于,尽管人力资本与物质资本一样具有资本的一般特性,但人力资本相比较于物质资本具有一个重要的特点,这就是人力资本的载体是有血有肉的人,人力资本与其载体具有不可分离性。一般来说,物质资本的专用性容易区分,其作用的发挥具有恒定性,而人力资本的专用性则比较难以区分,其作用的发挥具有不确定性。更进一步地说,人力资本作用的发挥需要一系列有效的制度安排,既包括正式的制度,如人力资本管理制度、产权制度、生产制度、配置制度、收入分配制度等,也包括与此相关的一系列非正式制度。

党管人才正是一种有利于人才资本投资、生产、配置和发挥作用的有效的制度安排。人力资本产权制度,需要国家层面以立法形式加以确定;人力资本的生产,亦需要国家加大投入;人力资本的结构调整和配置,也需要国家宏观调控;人力资本的激励,还需要国家建立科学合理、公平公正的机制;人力资本的管理,更需要国家搞好统筹规划,坚持分类指导,注重整合力量,积极提供服务,实行依法管理。

1. 人力资本的形成

所谓人力资本就是指劳动者通过教育和培训获得能够创造价值的技能和知识。对于人才而言,他们显然属于人力资本中具有较高知识与技能存量的群体。有学者认为:"所谓人力资本,是与物质资本相对应的概念,指的是凝聚在劳动者身上的知识、技能及其所表现出来的能力。"也有人认为:"人力资本的完整的、准确的定义是体现在劳动者身上、以劳动者的数量和质量表示的资本,它对经济起着生产性的作用,这种作用的结果将使国民收入增加。"舒尔茨认为,当代经济的增长、国家财富的构成,主要是人力资本带来的结果;全面的资本概念,应当包括人和物两个方面,即人力资本和物质资本。他说:"如果根据一种把人力资本、物质资本都包括进去的全面的资本概念去考虑问题,并认为所有资本都是由投资的方式产生的,那么这种想法既有裨益又妥帖正当。"

人力资本理论的新颖独特之处在于:注重人的能力形成与发展的经济机制,不再把人力单纯视为非经济因素决定的外生变量,而是将其视为经济过程投入的一种产出。这一理论认为,人们在从事生产活动的过程中,不仅不间断地将大量的资源投入于制造产品,而且以各种方式对自己进行投资,用于发展和提高人的智力。从这一高度看,人力资本的形成机制与物质资本便无甚区别,故而应当将人力视为一种潜在的、可开发的资本,即人力资本。

人力资本理论的提出进一步深化了人们对于自身生产潜力与经济能量的认识。首先,将人力归结为人力资本,明确提出了人力资源的内在质量对财富生产与经济发展的决定性作用。其次,人力资本的概念还展示了人力资源的内蕴能量在动态上发展与增生的可能性。既然人的主要生产能力并非来源于先天遗传,而是后天经由社会经济过程投入资源加以培养和塑造的结果,那么人的生产能力开发与发展在动态上应该是无止境的。尤其是对于人才,只要能够构建适当的教育机制和经济机制,人才的发展与经济发展在长时期中将会出现一种良性的互动关系。

党管人才的实现途径,在一定程度上说,离不开人力资本的投资。人力资本正是通过对人力的投资而形成的资本,这种投资的方式和途径是多种多样的。主要有以下几种情况:一是投资于教育。通过教育可以提高劳动力的质量,即增加劳动者的工作能力、技术水平和对工作的熟练程度。这种投资是人力资本形成的主要途径。二是投资于卫生保健。这种投资可以保证劳动者的数量,不会因为劳动者的健康而影响到工作的进度。甚至在某种程度上来说,这种投资也可以提高劳动的质量,因为只有人的健康和生命得以保证之后,人的工作能力才可能完全发挥。三是投资于劳动力的国内流动。劳动力的国内流动有助于解决国家劳动力的余缺调剂和充分发挥专长的问题,避免劳动力的过度集中而造成浪费,也可避免劳动力的学非所用、用非所长的矛盾;劳动力的充分流动还可以促进人才市场的健康发展和国家用人制度的完善,从而使人力资源的配置更加合理等。

2. 人力资本对经济增长的作用

像物力资本一样,人力资本也是技术进步的载体,并且是更具有能动性的载体。人才作为具有能动性的技术进步的主要载体,显然是经济增长与发展的核心因素,代表着未来经济的发展方向。在技术水平不变的情况下,实现经济的增长只能靠增加投入。当发生技术进步时,同量的投入能够带来更多的产出,从而使经济能力与效率同步改善。而人力资本既是技术进步的发动者,又是新技术传播的载体与媒介,通过它的作用将会导致生产过程中物的因素和人的因素的效率得到全面改善。因此,人力资本便成为推动经济增长与发展的决定性因素。

人力资本的增加和积累,尤其是人才技能的提高,还会促进物质资本生产率的改善。经济学理论认为:当经济生产还没有达到一定的规模时,增加投资会带来较大的收益,这种收益的增加以达到规模为顶点;而超过一定经济规模后,其规模报酬就会递减。然而,当人力资本不断积累和提高时,这种局面将会改变。一方面,人力资本的提高将通过劳动者技能的提高、技术操作工艺水平的改善而增进物质资本的使用效率;另一方面,人力资本的发展还会直接推动物质资本的不断更新,因为随着科学技术的进步,人们将会用更高质量、更高效率的新资本设备替换原有的旧的资本设备。

人力资本在生产诸要素之间发挥着越来越重要的替代作用。现代经济的增长与发展已不像过去那样单纯依靠自然资源和人的体力劳动,或者说仅依靠土地、物质资本和劳动力等生产要素的投入,而是越来越需要引入更多智力因素来取代原来的生产要素。人力资本本身还具有收益递增的重要特点。人力资本存量不仅会弱化或消除要素收益递减状态,而且其自身对于经济增长的作用还呈现出收益递增的特性。

人力资本的主要含量是知识,包括科学知识、技术知识、管理知识等等,它们按照专业化程度又可分为适用于大多数生产过程的一般知识和仅仅适用于特定生产过程的专业化知识。随着知识的积累,社会的生产可能性边界将会以越来越快的速度向外扩展。正是这一点从根本上决定了人力资本积累或知识更新,尤其是人才的成长与进步,成为经济增长与经济发展的最重要因素,成为社会进步的最强大的推动力。

(三)党管人才的人才学基础

人才学的核心是要树立以人为本的科学人才观念,实现"人成其才,人尽其才",促进人才价值的实现和提升。在中国特色的社会主义的建设中,实现人才价值,离不开党的领导。党管人才原则的提出与树立科学的人才观的要求密不可分,是以人为本的科学人才观的集中体现,是在尊重人才成长和配置规律的基础上,结合中国实际,对人才学理论的具体运用和发挥,是人才管理理论、体制和方法的一种创新。

1. 党管人才是对人才柔性管理理论的推进

人才柔性管理,是以人为本的柔性管理思想在人力资源管理与开发领域中的具体运用和发挥,是人才管理理论、体制和方法的一种创新。人才柔性管理的理论基础,是"尊重劳动、尊重知识、尊重人才、尊重创造"的人才管理思想。人才柔性管理,核心是尊重人才,本质是尊重创造。人才柔性管理的主题词是"非强制性",就是依据人才群体的心理规律和行为规律,运用非强制性的方式方法,引导、保护、开发人才的创造性和积极性,既要管理与开发,又不是声色俱厉,而是自然而然、自觉自愿;既要管理与开发,又不是硬管强压,而是不违背人才的心理和行为规律。

人才柔性管理最重要的特征,就是坚持以人为本,坚持对管理对象的人文关怀,具有鲜明的人文性特点。人才柔性管理必须尊重人格、理解人心、关爱人生,这是柔性管理必须坚持的管理职能和管理行为。在人才管理与开发中,对于心理障碍、人际关系不协调等问题,运用柔性管理的方法,进行协调和激励,使人才的情绪向着稳定、高昂方向转化,充分发挥柔性管理的激励效能。党管人才,是以人为本的科学人才观的集中体现,契合了人才柔性管理的人文性特点,而尊重知识,尊重人才,更是党管人才的题中之义。

人才柔性管理还有一个重要特征,就是坚持以理服人、以情动人、塑造精神、开发潜能的塑造性。人才的潜能具有很大的弹性,它因人、因境、因时而定。因此,对于人才柔性管理来说,人才潜能的开发和创造性的激发,具有很大的提升空间。因此党倡导党管人才,用先进的思想观念、道德规范、科学知识去引导人、塑造人,久而久之,造成氛围,形成共识,深入人心,在人才潜能的开发上,将产生持久性、创造性的效果。"党管人才"的提出,正是对人才柔性管理思想的运用,它有利于实施人才强国战略,建设宏大的高素质人才队伍。

2. 党管人才对胜任能力理论的应用

最早的胜任力概念是哈佛大学心理学教授麦克莱兰在 1973 年的《测试胜任力而非智力》一文中提出的。他认为用智力测验等来预测工作绩效或职业生涯的成功,其预测的准确度比较差,而且具有严重的偏差,因此他提出以胜任力作为评价的依据。但胜任力概念在管理界的广泛使用始于麦克莱兰的同事及合作者博亚蒂齐斯于 1982 年所著《胜任的经理:

一个高效的绩效模型》。博亚蒂齐斯把工作的胜任力定义为"个体的潜在特征，可能是动机、特质、自我形象或社会角色的方面，或者他/她所运用的知识体"。

《美国词源大辞典》对胜任力的定义是"具有或完全具有某种资格的状态或者品质"。这是个很好的定义，但没有清楚说明企业中评估胜任力的依据是什么。克莱姆普在1980年提出"胜任力是一个人能够有效地或者出色地完成工作所具有的内在的基本特点"。

1995年，数百位人力资源开发专家在约翰内斯堡举行的胜任力会议提出："胜任力是影响一个人大部分工作（角色或职责）的一些相关的知识、技能和态度，它们与工作的绩效紧密相连，并可用一些被广泛接受的标准对它们进行测量，而且可以通过培训与开发加以改善和提高"。

虽然专家、学者们对胜任力的概念至今没有一个统一的定义，但在某些方面还是达成了共识。一般认为，胜任力具有三个重要特征：一是与员工所在的工作岗位紧密相关，也就是说胜任力具有动态性；二是与员工的工作绩效有密切的联系；三是运用胜任力能将组织中绩效优秀者与绩效一般者加以区分。因此，目前较公认的胜任力概念是指和绩效指标存在因果关联的个体综合潜在特征，能可靠地将某一工作（或组织文化）中表现优异者与表现一般者区分开来。

胜任力的概念以及胜任力模型被提出来以后受到了企业界与学术界的关注，胜任力模型被广泛地应用和研究。党管人才的思想，将胜任力理论应用于人才标准的制定上。过去，在人才评价问题上，往往以行政级别、官职大小来衡量个人的政治、经济地位，以及社会价值与个人价值的大小；在对人才的选拔任用中，往往简单采用论资排辈的评价标准和评价方式，或过分看重单位的性质属性等等。"学而优则仕"的"官本位"现象，计划经济体制下事实上形成的"权力本位"价值观，不仅在我国政治、经济、文化等各个领域普遍存在，在人才工作中，亦是如此。

现在,胜任力理论要求我们以"能力本位"代替"权力本位""官本位"。这种"官本位""权力本位"的陈腐理念不仅与市场经济所要求的"能力本位"格格不入,而且与党管人才的初衷背道而驰,既不利于各类优秀人才的脱颖而出与才能发挥,也不利于党对人才的有效管理。党要管好人才,就应当变"唯资历"为"唯能力",纠正论资排辈的过时做法,彻底摒弃"官本位""权力本位"观念,代之以"能力本位",按照能力的大小及其对社会的贡献程度来评价各类人才的价值和作用。

3. 党管人才丰富和发展了我国人才学理论

从"党管干部"到"党管人才"真正体现以人为本,重新诠释了队伍建设的新内涵,是对"人力资源是第一资源"的切实解读,丰富和发展了我国人才学理论。主要体现在:一是首次把人才强国战略上升到国家战略层面,提出实施人才强国战略的基本任务是建设规模宏大、结构合理、素质较高的人才队伍,把我国由人口大国转化为人才资源强国。二是在人才工作的根本目的上,提出坚持"以人为本",把人才工作的出发点紧紧定位在"发展"上,充分体现了人才工作的战略思维和世界眼光。三是在人才工作的理念上,提出要树立科学的人才观,把品德、知识、能力和业绩作为衡量人才的主要标准,提出了不拘一格选拔人才的"四个不唯"标准:不唯学历,不唯职称,不唯资历,不唯身份。四是在人才评价和使用上,提出要努力形成科学的人才评价和使用机制,建立由品德、知识、能力和业绩四要素构成的素质评价指标体系,强调党政人才评价重在群众认可,企业经营管理人才评价重在市场和出资人认可,专业技术人才评价重在社会和业内认可的评价方法。五是在人才市场建设上,要遵循市场规律,建立和完善人才市场机制,强调要推进政府部门所属人才服务机构的体制改革,实现各类人才和劳动力市场联网贯通。六是在人才激励机制上,提出以鼓励劳动和创造为根本目的,加大对人才的有效激励和保障。七是在人才工作重点上,提出了着重培养造就高层次人才队伍。八是在人才发展结构调整上,提出人才资源开发要与经济社会协调发展,按照"五个统筹"的要求,实行人才结构的战略性调整,优化人才资源配置,促进人才合理分布,发挥人才队伍的整体功能。九是在人才工作领导力量上,阐述了党管人才原则的深刻内涵,即党管人才主要是管宏观,管政策,管协调,管服务;提出了人才工作新格局:党委统一领导,组织部门以身作则牵头抓总,有关部门各司其职,密切配合,社会力量广泛参与。

(四)党管人才的党建理论基础

党的十七大报告首次提出了执政党建设的总体布局:把党的执政能力建设和先进性建设作为主线,加强思想建设、组织建设、作风建设、制度建设、反腐倡廉建设——这"一条主线、五大建设",使处于新历史起点上的中国共产党自身建设新的伟大工程的路径更加明晰完整。"五大建设"的各自重点是:思想建设以坚定理想信念为重点,组织建设以造就高素质党员、干部队伍为重点,作风建设以保持党同人民群众的血肉联系为重点,制度建设以健全民主集中制为重点,反腐倡廉建设以完善惩治和预防腐败体系为重点。

党管人才作为党的组织建设、作风建设和制度建设工程,是党的宗旨的一种具体体现,是党的执政理念、执政功能转变的必然选择,体现了党组织工作的与时俱进,有利于巩固和扩大党的执政基础,提高党的执政能力。

1. 党管人才是党的根本宗旨的具体体现

中国共产党自建党以来的宗旨就是全心全意为人民服务,并将其明确写进《中国共产党章程》。早在 1944 年,毛泽东在《为人民服务》的讲演中明确说:"我们的共产党和共产党所领导的八路军、新四军,是革命的队伍。我们这个队伍完全是为着解放人民的,是彻底地为人民的利益工作的。"这是人民军队的宗旨,也是中国共产党的宗旨。中华人民共和国成立以后,党全心全意为人民服务的宗旨上升为中国共产党的执政理念,就是坚持为人民执政,依靠人民执政。

我们党的根本宗旨是全心全意为人民服务,党的一切奋斗和工作都是为了造福人民,要始终把实现好、维护好、发展好最广大人民的根本利益作为党和国家一切工作的出发点和落脚点,做到发展为了人民、发展依靠人民、发展成果由人民共享。这一论述进一步丰富了党的根本宗旨的内涵,更加鲜明地指出了当代共产党人的初心和使命。

因此,"党管人才"就是要加强党对人才工作的领导,重点是加强党对人才工作的宏观管理,管好人才队伍建设的全局,抓好人才队伍建设的大事,着力解决好人才队伍建设的关键问题,大力营造有利于人才健康成长并充分发挥作用的政策环境、法治环境、舆论环境和社会环境,保证各类优秀人才健康成长,脱颖而出,人尽其才、才尽其用。"管"的出发点不是去禁锢人、束缚人,而是以人为本,创造条件让人发展,既要继续注重对各类人才的思想政治教育,又要特别注重为人才的成长和发展服务,做好人才的发现、选拔、使用、培养和保障,鼓励和引导人才创造性地开展工作。从这个意义上说,"党管人才"就是"解放人才",用制度创造活力以提升整个民族人才的创新精神。党的发展依靠人才,党的事业也是为了人的全面发展,使人人都能成才。因此,党管人才正是党全心全意为人民服务,发展为了人民,发展依靠人民的根本宗旨的一种具体体现。

2. 党管人才是党的执政理念、执政功能调整的必然选择

中国共产党的建党理念。1921 年 7 月,在列宁领导的俄国十月革命的影响下,中国共产党成立了。但要强调的是,中国共产党是适应中国革命的需要建立起来的。1840 年鸦片战争后,中国沦为半殖民地半封建国家,当时中国人民面对着两大历史任务:一个是求得民族独立和人民的解放;一个是实现国家繁荣富强和人民共同富裕。而要完成这两大历史任务,必须进行彻底的反帝反封建的革命斗争。因此,建立一个工人阶级的革命政党,领导中国人民进行彻底的反帝反封建的革命斗争,这是中国革

命的迫切要求。建党以后,在领导新民主主义革命过程中,中国共产党团结带领全国各族人民完成了它反帝反封建的革命任务,实现了国家的独立和民族的解放。由此可见,党的执政地位的取得是必然的,也是符合最广大人民群众利益和要求的。

党管人才是科学执政的客观要求。科学执政,就是坚持以马克思主义科学理论为指导,探索和遵循共产党执政规律、社会主义建设规律、人类社会发展规律,按照科学的思想、理论和科学的制度、方法领导人民共同建设中国特色社会主义。科学执政的理念本质要求我们党按照客观的社会发展规律和阶段执政,按照社会主义市场经济建设的规律执政,按照实际的国情执政。科学执政的理念主要体现在切实抓好发展这个党执政兴国的第一要务上,科学执政意味着坚持以科学发展观统领经济社会发展的全局,实现好、维护好、发展好最广大人民的根本利益。科学执政要求我们党大力推进决策科学化,使我们党作出的决策尤其是关系国计民生的重大决策要最大程度符合客观规律和科学规律,符合最广大人民群众的愿望和利益要求。目前,在社会主义经济建设中,人力资源是第一资源,党务必把第一要务与第一资源有机结合起来。当前,我国人才强国面临的突出问题是,需要的人才找不到,培养的人才用不上,高薪引进来的人才留不住,暂时留住的人才作用却发挥不出来。建设创新型国家,企业是主体,企业没有人才,或人才不愿到企业去;建设社会主义新农村,农村人才却大量涌入城市,很多村庄由妇女儿童和老弱病残者留守;实施人才强国战略,人才的激励力度不够完善,人才潜能不能很好地发挥出来;构建和谐社会,收入分配差距过大,社会各阶层利益出现很多不和谐因素等等。针对以上问题,我国人才工作会议的召开,坚持党管人才原则的提出,正是党科学执政理念的具体实践。

党管人才是民主执政理念的具体实践。民主执政,就是坚持为人民执政、靠人民执政,发展中国特色社会主义民主政治,推进社会主义民主政治的制度化、规范化、程序化,以民主的制度、民主的形式、民主的手段支持和保证人民当家作主。民主执政是马克思主义政党执政的本质要求。没有民主就没有社会主义,就没有社会主义现代化。民主执政的理念要求我们党坚持立党为公、执政为民,真正把最广大人民的根本利益作为一切工作的出发点和落脚点,切实做到权为民所用、情为民所系、利为民所谋。贯彻民主执政的理念要求我们党进一步健全民主制度,积极推进政治体制改革,完善社会主义民主的具体制度,保证人民充分行使民主选举、民主决策、民主管理、民主监督的权利,充分发挥人民群众和社会各方面的积极性、主动性、创造性,共同做好改革发展稳定的各项工作。坚持民主执政,既要通过一系列的法律制度来规范和保障,也要通过一系列的方法措施来体现和落实,通过把世界上一切先进的文明成果与中国实际相结合,探索和实践中国民主道路。执政党体制改革的最终目的就是要保障人民的民主政治权利,让人民当家作主。中国共产党的宗旨是全心全意为人民服务,立党为公、执政为民。党管人才,把各类优秀人才聚集在一起参政议政,共商改革发展大计,依法管理国家,实现好、维护好、发展好最广大人民的根本利益。

3. 党管人才是巩固和扩大党的执政基础的内在要求

从现代政党政治的视角看,党管人才的提出,是我们党基于对自身历史方位变化及执政方式转变的高度自觉和清醒把握。我们党是中国工人阶级的先锋队,同时是中国人民和中华民族的先锋队,要巩固和扩大执政基础、提高执政能力,必须把各类优秀人才吸纳进党的各级组织并紧密团结在党的周围。现在私营、外资、合资企业以及中介组织等,吸引了大批专业技术人才和经营管理人才。我国加入世界贸易组织后,非公有制经济中的人才规模逐渐扩大。现行的人才工作模式难以将这部分人才纳入管理范围。党如果不加强对整个人才队伍的管理,不仅不利于人才的成长进步和充分发挥作用,而且会逐渐削弱党的影响力,从而影响到党的执政基础和执政能力。说到底,党管人才关乎党的领导权。如果说在计划经济年代,政治路线确定之后"干部就是决定的因素"的话,那么在世界综合国力竞争日趋激烈,科学技术发展日新月异的今天,"人才就是决定的因素"。因此,实施人才强国战略,是我们党在新世纪执政实践和两大历史性考验中,亟待解决的一个重大时代课题。

从党的执政基础看,我们党作为中国工人阶级的先锋队、中国人民和中华民族的先锋队,必须把各类优秀人才紧密地团结在党的各级组织周围,团结在建设中国特色社会主义这个旗帜下,让大家向着共同的目标而奋斗。随着改革开放的深入和市场经济的发展,随着我国社会经济成分、组织形式、就业方式、利益关系和分配方式的日益多样化,我国的人才队伍的社会构成和分布都产生了巨大的变化。干部的概念发生了很大变化,专业技术人员、企业管理人员等一大批人群的干部身份逐渐淡化,干部所涵盖的对象越来越少,而人才的内涵得到了极大的丰富,人才分布越来越广,数量越来越多。这些人也是党执政必须依靠的重要的群众基础,能否实现对人才的有效管理,在很大程度上决定着党的执政基础的巩固程度,是党执政能力和执政水平高低的重要标志,也是充分发挥人才作用的重要保证。在这样一种背景下,中央审时度势提出党管人才的原则,目的就在于把更多的人才吸引到党的事业中来,吸引到党的周围来,进一步扩大党的阶级基础和群众基础,提高党的执政能力。

从无数的历史经验教训看,政权更迭的周期律直接表现为使用人才的周期律。人才的大批聚集并充分发挥作用,是党增强执政能力,巩固执政地位的可靠保证;人才的流失与缺乏,是执政党的最大危险。在新的历史条件下,党管人才是党巩固和扩大执政基础、提高执政能力的内在要求。

党管人才有利于保护重要的执政资源。一方面,人才资源本身就是政治资源和经济资源的一部分;另一方面,人才资源直接影响和制约经济和文化资源的生产以及政治资源的提供。人才资源开发是一切其他资源开发和利用的前提和基础,没有人才资源的能动作用,各种物质资源就只能孤立、静止地存在,在经济社会发展中没有任何实际意义。只有人才资源发挥能动作用时,物质资源才能发挥出其作用。因此,人才资源是第一位的资源,是最宝贵的资源,也是我们党执政中最重要的资源。

4. 党管人才体现了党的组织工作的与时俱进

几十年来,我们党始终坚持以党管干部的方式掌握各类人才。进入新时期,我国干部队伍的结构发生了重大变化,人才的内涵得到了极大的丰富。各类人才随着经济社会的发展不断涌现,人才的范围也从过去的党内干部扩展到代表不同经济成分的、处于国民经济各个领域的、不同层次的价值创造者与贡献者。在传统的干部队伍以外,有越来越多的社会各方面人才,需要党和政府给以必要的关心、培养和管理。同时,党对原来的干部队伍实施分级分类管理,专业技术人才和企业经营管理人才的干部身份在体制改革的过程中逐渐淡化,党也不再以管理党政干部的方式对他们进行直接管理。在这种背景下,单靠传统意义上的干部管理已经很难适应新形势的需要;"党管干部"一词已难以涵盖党对人才宏观管理工作所应承担的职责。于是,"党管人才"呼之即出。从党管干部到党管人才,是党的组织工作的与时俱进、改革创新的具体体现。

坚持党管人才原则,是新形势新阶段党管干部原则的进一步深化,体现了党的组织工作的与时俱进,是对党历史经验的总结和发展,有利于发挥党的组织优势。现阶段,知识经济改变了人们传统的资源观念,知识资本和人才资源已经取代土地、资本、矿藏和能源等成为第一位的战略资源,经济社会的发展对知识的依赖和对人才的需求越来越大。如何建立广纳群贤、充满活力的用人机制,如何根据不同类型的人才特点充分开发他们的潜能,是组织人事工作亟待研究的新课题。党管人才要求我们的组织人事工作转变过去的管理机制,树立全新观念,坚持制度创新,加强选拔培养优秀人才队伍,实现人才资源全社会共享。坚持党管人才原则,充分发挥执政党的作用,有助于更好地统筹全社会的人才工作。改革开放以来,随着经济体制改革的深化和社会主义市场经济的发展,社会经济成分、组织形式、就业方式、利益关系和分配方式呈现出多样化的趋势,人才的内涵、来源、规模和结构也有了很大变化,人才的流动性大大增加,只重视人才,而不能凝聚人才,就不能做到人尽其才。坚持党管人才原则,就是充分发挥我们党的领导核心作用,更好地统筹人才工作,凝聚社会上各类人才为小康社会的发展和中国式现代化建设服务。

(五)人才强国战略与党管人才原则的关系

1.人才强国战略的背景与内涵

2001年,在《2002—2005年全国人才队伍建设》中,中共中央第一次明确提出了实施人才强国战略的设想。2002年12月16日召开的全国组织工作会议提出,要紧紧围绕为全面建设小康社会提供人才保证这个目标来大力实施人才强国战略。2003年5月23日中央政治局会议再次提出,要大力实施人才强国战略,努力为全面建设小康社会提供强大的人才保证。2003年12月,中共中央、国务院在《关于进一步加强人才工作的决定》(以下简称《人才工作决定》)中,进一步把实施人才强国战略的工作提高到关系党和国家事业发展全局的重要地位,并明确规定实施人才强国战略是新世纪新阶段人才工作的根本任务。

在这里,强国是指不断提升我国国家核心竞争力和综合国力,完成全面建设小康社会的历史任务,实现中华民族的伟大复兴。人才是指有一定的知识技能,能够进行创造性劳动,为社会主义事业作出贡献的人员。我国正处于并将长期处于社会主义初级阶段,不断满足人民群众日益增长的物质文化需要,在较长一段时间内都将是我们党和政府工作的重点。所以,强国是我国的根本任务。在这一过程中,无论是社会主义物质文明还是精神文明建设,都需要高素质的人才作为载体,因此"人才"是"强国"的保障,"强国"是"人才"战略的方向。人才强国战略就是要培养一大批能为国家、为人民做出贡献的人才,依靠人才来达到强国的目的。

因此,人才强国战略就是把人才作为推进事业发展的关键因素,通过造就高素质劳动者、专门人才、创新人才,建设规模宏大、结构合理、素质较高的人才队伍,加快我国从人口大国转化为人才资源强国的步伐,进而迅速提升国家核心竞争力和综合国力,最终依靠人才完成全面建成小康社会的历史任务,实现中华民族的伟大复兴。

2. 党管人才原则的背景与内涵

《人才工作决定》在提出实施人才强国战略的同时,强调实施人才强国战略,必须坚持党管人才原则。坚持党管人才原则,是我党适应全面建设小康社会的新任务,按照完善社会主义市场经济体制的新要求,根据党所处历史地位的新变化,着眼于改革和完善党的领导方式、执政方式以及为提高党的执政能力所作出的重大决策,是保证人才强国战略实施工作沿着正确方向前进的根本保证。党管人才,主要是管宏观、管政策、管协调、管服务,重点做好制定政策、整合力量、营造环境的工作,努力做到用事业造就人才、用环境凝聚人才、用机制激励人才、用法治保障人才。从制度主义视角、行政管理视角和政治学视角看,实施人才强国战略与坚持党管人才原则相辅相成、相互统一。

3. 多视角下的两者关系分析

(1)从制度主义视角看,党管人才原则有助于稳定制度环境、推动制度创新,为人才强国战略实施提供制度环境的保证。

关于制度,康芒斯提出了"集体行动控制个体行动"理论,认为集体通过制度向个体传达信息,告诉人们能做什么,不能做什么。柯武刚和史漫飞认为,"制度的关键功能是增进秩序:它是一套关于行为和事件的模式,它具有系统性、非随机性。制度抑制着可能出现的机会主义,使人们的行为更可预见并由此促进着劳动分工和财富创造"。诺斯认为,制度是以宪法、法律、法规为基本内容的正式规则和以习俗、传统、习惯等形式存在的非正式规则及其交错构成的一整套的规则体系与实现机制。无论从哪一个定义看,党管人才原则都属于管理制度的范畴。人才强国战略的实施是一个系统工程,需要制度支撑,因此,党管人才原则有助于从制度上支撑人才强国战略的实施。

人才强国战略的实施需要稳定的制度环境,党管人才原则恰恰保证了人才强国战略实施的大环境稳定。制度主义经济学认为,制度环境是一系列用来建立生产、交换与分配的政治、社会和法律基础的规则之和,即是国家层面的、以宪法和法律结构为核心的基础性制度安排。制度创新主要是指在制度环境相对稳定的条件下,对构成既定制度的次级制度等具体的现行制度进行某种变革,并通过规范的、具有社会公信力加以确认的行为过程。我党推动的制度创新,可以认为是党凭借特有的权威性和公信力,通过实施积极主动的措施,推动我国特定制度实现发展性的创新。人才强国战略,不同于我国以往靠大量投入资金、自然资源的发展模式,因而是一种宏观层面上制度创新。制度环境是制度创新的前提与基础条件,制度环境决定着社会发展的方向、制约着社会基本价值的选择以及具体行为的取向。美国学者亨廷顿认为:政治稳定的先决条件在于有一个能够同化现代化过程所产生出来的新兴社会势力的政党制度,这种制度能够使社会长治久安。就我国而言,中国共产党领导的多党合作和政治协商制度,能够有效地团结、吸纳甚至是同化政治发展过程中产生出来的新兴社会势力,具有良好的稳定制度环境,任何新的战略实施都必须以此为基础。党管人才原则,实质上是告诉我们在人才工作相关的领域,党应该像在我国的其他领域一样发挥统领协调的作用,承担宏观管理的职责,这样才能保证人才强国战略的实施具有一个稳定的制度环境支持。如果没有党管人才原则的保障,将造成制度环境的不稳定性,那么人才强国战略实施所需要的具体制度政策、法律、资源的支撑都可能落空。

党管人才原则在稳定制度环境的基础上,将加快制度创新与促进人才强国战略的实施。制度经济学认为,制度的意义就在于通过一系列带有根本性、全局性、稳定性和长期性的社会行为规范,减少个人行为的盲目性和不确定性,降低生产和交易成本,最大限度地弥补和修正个人理性不足,实现社会选择的相对理性。当制度不能弥补、修正个人理性的不足、进而实现社会理性时,就需要通过制度创新来恢复制度的功能。我国在人力资源管理和人力资源发展的理论研究、实践操作上起步都比较晚,现有制度远远不能满足人才正常发展的需要,所以需要加快相关制度的制定、实施,以保证人才强国战略的最终落实。党管人才原则提供了人才强国战略所需要的制度环境。在制度经济学中,有一个重要概念叫"交易成本",即"制度或组织的建立或变迁,和组织的使用有关的成本"。而不断降低管理行为"交易成本",正是提出坚持党管人才原则的根本目的所在。党管人才原则,实际上充分肯定了党在人才强国战略实施过程中始终是我国人力资源制度创新的核心推动力量。坚持党管人才原则将加快制度创新,同时大大降低在人才培养、流动、使用过程中因为制度不完善而产生的交易成本。

理性主义认为个人利益是给予的,个人利益最大化是假设的,也就是把制度看作是一个环境和行为的制约条件。个人以利益最大化为行动逻辑,并在此基础上,根据制度的约束做出理性选择。党管人才原则为人才强国战略的实施提供了有效的制度约束。这种制度约束,并不否认每一个人才或者每一个单位的自主决策权,是主张通过一定程度的限制来促进人才发挥才干的。在党统领协调这个约束条件的前提下,各类社会主体——无论是党政的、还是企业的,都能在人才强国战略的实施过程中找到自身发展的定位。这也就为人才强国战略提供了有力的支撑。

(2)从行政管理视角看,党管人才原则有力地促进了我国政府职能转变,从而使政府更好地实施人才强国战略。

"党管人才"与"党管干部"比,在以下三点有所突破:一是管理对象上范围变大。党管干部仅指向党内、各级干部。党管人才则指向社会、党政干部、国企事业单位、非公企业管理人员与技术人员、自由职业者。二是管理内容上内涵变宽。党管干部侧重政治、思想两个方面。而党管人才则是将各类人才培养成拥护党的路线、方针、政策的中坚力量,包括科学决策、驾驭全局与开拓创新的党政领导者;精通经营的企业管理者;站在科技前沿的专业技术人才。三是管理模式上方法灵活。党管干部是在行政体系内设定;党管人才则更加多样化——对于党政人才直接管理;对于专业技术人才等,则是将间接管理、引导与服务三结合。党"管"人才,并不是简单地去直接管理,更不是去约束人才的发展。党管人才不是党委包办人才工作的一切方面,而是要在各级党委的领导下,组织部门、政府部门、人民团体、企事业单位、中介组织等各司其职,充分发挥各自优势,共同做好人才工作。

党管人才原则既积极肯定了市场和社会在人才战略中起到的重要作用,又十分清楚地指明了党是维护市场、社会基础性作用的根本制度保障。市场配置人才的机制并不完美——它可能会产生发达地区吸引的人才过多与过快,造成人才过剩和欠发达地区人才流失严重,如果任由在人才工作上"市场说了算",那么从长远看,短期获利方和受损方都将成为这一局面的牺牲品,党管人才对人才各个环节进行适当干预有必要性,不仅能解决现实中市场失灵产生的问题,也能通过加快对市场运行的制度保障建设抑制潜在的市场问题出现,使市场配置人才的基础作用充分发挥。

因此,党管人才原则理顺了市场与党在人才工作领域的关系,并通过与政府职能转变的大趋势吻合,也促进了党政的统一。大政府、大市场通过党"管""协调"完全可以同时存在、互相支持、并行不悖。也就是说,党管人才原则促进了政府职能的转变。而政府职能的转变则有助于打造一个精简高效的政府,这对于人才强国战略过程中,支撑人才发展的具体政策的出台、实施人才战略是非常有益的。

(3)从政治学视角看,党管人才通过政治社会化,形成新的政治文化,来支撑人才强国战略的实施。

政治社会化就是社会成员在政治实践活动中逐步获取政治知识和能力、形成政治意识和政治立场的过程。对于政治体系中的个体成员来讲,政治社会化是社会成员通过教育或其他途径,获得政治态度、政治信仰、政治知识和政治情感的过程。对于政治体系来讲,政治社会化又是政治体系塑造其成员的政治心理和政治意识的过程。

党管人才原则指向整个社会,党管理人才的范围,不仅包括党政干部,还包括国有企事业单位的经营管理人员、专业技术人员与非公有制组织的管理和技术人员以及自由职业者,即"管"社会上各级各类人才,把各方面的人才都纳入党的视野。也就是说,广大人才现在已经成为党管理的人才的重要组成部分。这从根本上加强了党与人民的血肉联系,党可以通过各种方式体现对于人才的重视、关爱,用感情吸引人才、培养人才。与传统的党管干部原则相比,党管人才原则将过去高高在上的层级阶梯管理转变为人民看得见、摸得着的政策保障、扶持,这就把抽象的中央指示精神具体化为民众完全能够感受到的、能够认识到的政治理念。这当然就使得在无形中,党把人才强国战略的实施内化为民众的态度言行,而民众也主动、自觉地理解、实践党对人才强国战略的部署。

因此,党管人才原则有助于形成一种崭新的政治文化。崭新的人才领域的政治文化就是在人才强国战略进一步推进的过程中,民众和党形成稳定的良好信任网络——党爱护人才,积极为民众的成才、成长提供全新的制度、政策保证,而民众也认同党的政策,能够主动响应党中央的号召,干一行、爱一行,立志于岗位成才。

党管人才原则推进了政治参与和民主的进程,通过提高党政人才和民众的素质来支撑人才强国战略的实施。

党管人才原则保证了进一步消除人才流动中的城乡、区域、部门、行业、身份、所有制等限制,疏通三支队伍之间、公有制与非公有制组织之间、不同地区之间的人才流动渠道。这实际上为体制外优秀人才进入我党的队伍提供了条件。如果广大企业管理者可以按照公平、公正、平等的原则与党内人才进行竞争聘任,那么就扩大了政治参与的范围。体制外优秀人才进入体制内的机制更流畅,也会对在职的党政人员产生竞争压力,督促其更加努力地工作,发挥才智。良好的竞争格局,必然提高体制内的人才质量,提高我党的执政能力,使我党更好地领导国家和人民实施人才强国战略。

(六)中国特色社会主义人才工作思想

在不同时代,党的主要领导人都创造性地提出了适应时代要求、体现时代特色的人才观,它们的核心内容和精神实质既一脉相承又与时俱进,逐步形成了中国特色社会主义人才工作思想。

习近平总书记根据我国发展的新阶段提出了新时代人才工作思想。习近平总书记就人才工作发表的一系列重要讲话,始终贯穿着一条主线,就是着眼于实现"两个一百年"奋斗目标和中华民族伟大复兴的中国梦,加快建设人才强国,形成具有全球竞争力的人才制度优势,聚天下英才而用之,丰富和发展了我们党的人才工作理论。自 2012 年以来,他多次强调:"我们比历史上任何时期都更接近实现中华民族伟大复兴的宏伟目标,也比历史上任何时期都更加渴求人才。实现中华民族伟大复兴,人才越多越好,本事越大越好,没有一支宏大的高素质人才队伍,全面建成小康社会的奋斗目标和中华民族伟大复兴的中国梦就难以顺利实现。"这一科学判断把实现中国梦的愿景与人才强国战略紧密联系在一起,也就是说,实现中国梦的决胜阶段的关键在人才。这是对我们党的科学人才价值观的理论升华。

中国共产党历代领导人的人才思想凝集成了中国特色社会主义人才工作思想,特别是习近平总书记的人才强国战略思想,更是我们当前开展人才工作最直接的行动指南,是中国特色人才思想的新阶段和新境界。

四、创新生态系统

(一)创新生态系统概念

进入 21 世纪后,信息技术快速发展和创新要素大范围自由流动,价值创造逐渐变为价值共创,国家之间的竞争成为一个生态系统与另外一个生态系统的竞争。创新生态系统作为一种新理论应运而生,美国竞争力委员会 2004 年在《创新美国:在挑战和变化世界中保持繁荣》研究报告中,首次正式提出了国家创新生态系统的概念,创新生态系统理论从关注创新系统要素构成的传统观点,向关注创新要素之间、要素与环境之间的互动转变,良好的创新生态决定了创新系统的整体效能。创新生态系统理论对创新系统相关理论进行了深化,赋予国家创新体系及区域创新体系新的内涵。由上述分析可知,国家创新体系与区域创新体系都以创新为共同的理论逻辑起点,是围绕知识生产、转化和产业化的创新系统。这个创新系统围绕政府、大学院所、企业三大创新主体的融合协作而构成,以人才、资金、信息等创新要素为能量供给,由中介、融资、咨询、培训、平台等各类机构提供运行服务和资源配置,在政府所制定的一系列制度规则条件下运行。不论国家创新体系还是区域创新体系,在这一点上,其涵义都是相同的。

(二)创新生态系统的作用

创新生态系统的作用在于通过系统内的能量流动、物质循环和信息的传递,促使创新知识的生产、扩散和使用,以优化资源配置,提升竞争力和抗风险能力,获取优良的创新成果,助推经济增长,最终使得所有系统成员共同获益。为能实现预定的目标,在构建创新生态系统时需要符合开放合作、创新政策、运行效率等原则。

（三）构建人才创新生态系统

人才是衡量一个国家综合国力的重要指标。国家发展靠人才，民族振兴靠人才。同时，人才也是创新的根基，创新驱动实质上是人才驱动。2021 年习近平总书记在《求是》杂志上发表重要文章《努力成为世界主要科学中心和创新高地》强调："全部科技史都证明，谁拥有了一流创新人才、拥有了一流科学家，谁就能在科技创新中占据优势。"要营造良好创新环境，加快形成有利于人才成长的培养机制、有利于人尽其才的使用机制、有利于竞相成长各展其能的激励机制、有利于各类人才脱颖而出的竞争机制，培植好人才成长的沃土，让人才根系更加发达，一茬接一茬茁壮成长。要尊重人才成长规律，解决人才队伍结构性矛盾，构建完备的人才梯次结构，培养造就一大批具有国际水平的战略科技人才、科技领军人才、青年科技人才和创新团队。要加强人才投入，优化人才政策，营造有利于创新创业的政策环境，构建有效的引才用才机制，形成天下英才聚神州、万类霜天竞自由的创新局面！

第一，构建创新型人才培养生态系统。培养创新型人才是国家、民族长远发展的大计。要坚持长远眼光，有意识地发现和培养更多具有战略科学家潜质的高层次复合型人才，形成战略科学家成长梯队。要优化领军人才发现机制和项目团队遴选机制，对领军人才实行人才梯队配套、科研条件配套、管理机制配套的特殊政策。要造就规模宏大的青年科技人才队伍，把培育国家战略人才力量的政策重心放在青年科技人才上，支持青年人才挑大梁、当主角。"才者，材也，养之贵素，使之贵器。"要大力破除论资排辈、圈子文化，鼓励年轻人大胆创新、勇于创新，实行"揭榜挂帅""赛马"等制度，让青年才俊像泉水一样奔涌而出。

第二，构建多元主体协调融合的人才创新生态系统。在人才创新生态系统中，政府是制度创新主体；大学和科研机构是原始创新主体和人才培养主体;企业是价值创新主体;中介机构是服务创新主体;金融机构是投入创新主体;用户是应用创新主体。政府应通过制度创新,为激发人才活力营造良好的生态环境。要发挥国家实验室、国家科研机构、高水平研究型大学、科技领军企业的作用,围绕国家重点领域、重点产业,组织产学研协同攻关。高水平研究型大学应发挥培养基础研究人才的主力军作用,全方位谋划基础学科人才培养,建设一批基础学科培养基地,培养高水平复合型人才,努力构建中国特色、中国风格、中国气派的学科体系、学术体系、话语体系,为培养更多杰出人才作出贡献。要集中优质资源重点支持建设国家实验室和新型研发机构,发起国际大科学计划,为人才提供国际一流创新平台,加快形成战略支点和雁阵格局。

第三,构建绿色的人才创新生态系统。创新生态应该拥有让人才"宜居"和"宜业"的高质量生活环境。绿色的人才创新生态系统包括人才的生活环境和区域的自然环境,是吸引和留住人才的重要保障。要坚持社区国际化、生态化与数字化的建设理念,构建满足人才生活工作需求的环绕式绿色生态系统,打造有利于国际前沿学术交流的资源平台,高标准建设符合科创人才需求的软件和硬件环境。

第四,构建开放的人才创新生态系统。科学技术具有世界性、时代性,是人类共同的财富。国际科技合作是大趋势,发展科学技术必须具有全球视野,同样,构建人才创新生态系统也要用全球视野来谋划和推动。建设国际科技创新中心,要构建开放的人才创新生态系统,积极融入全球创新网络,努力打破制约知识、技术、人才等创新要素流动的壁垒,构筑集聚全球优秀人才的科研创新高地,营造一个鼓励知识创新、技术创新、服务创新、制度创新和文化创新的协同开放的人才创新生态系统。

第五,构建共享的人才创新生态系统。在这一过程中,要构建充分体现知识、技术等创新要素价值的收益分配机制,让事业激励人才,让人才共享发展成果;要加强区域间网络化合作,实现人才和智力资源共享,进行资源整合,实现人才发展优势互补;要加强个体间、组织间、系统间网络化合作,鼓励协同行动,构建具有相互依赖性和共享性的治理结构;要积极优化完善服务网络,搭建国际科学组织联盟、国际合作联盟等,切实构建共享的人才创新生态系统。

五、交通强国

(一)我国强国梦的历史渊源

1. 中国古代曾经的辉煌

中国早期的文明发展,使得中国与历代同期的其他国家相比一直处于富足、强大的比较优势地位。尤其是历史上大汉王朝、贞观之治乃至清初时的繁荣都显示着中国曾经的强大。公元 1000 年,中国的 GDP 占世界总额的 22.7%,1500 年时为 25%,1600 年时为 29.2%,1700 年时为 22.3%,1820 年为 22.9%。在此期间,中国人的生活水平在世界范围内相对较高。以 1900 年为基础,按照实际购买力计算世界主要国家的人均 GDP,1700 年时中国人均 GDP 为 600 美元,超出了同期美国的 527 美元和日本的 570 美元。但是,中国占世界 GDP 的比率在 1840 年鸦片战争爆发以后就开始一路下滑,从 1870 年的 17.2% 到 1913 年的 8.9%,再到 1950 年的 4.5%。可以说,一直到 300 年前,中国一直都处于世界财富的中心,然而从那之后,却是欧美经济崛起的 300 年,中国经济衰退的 300 年。在这段时间里,中国从世界的经济强国变成了经济弱国,又从经济弱国变为了第三世界国家。

2. 中国近代对强国梦的孜孜追求

自鸦片战争以来,作为一个强权主宰下的半殖民地"弱国",中国所体验到的屈辱历史,使得每一个中国人都对重塑中国辉煌历史、建成内外兼修的真正强国,从而对"实现中华民族伟大复兴"具有强烈的期盼。

"强国梦"并非是中国最近才萌生的想法,而是近代以来无数先驱所一直怀揣的梦想。中国民主革命先驱孙中山曾如此描述自己的"强国"之愿,美国需百年而达于强盛之地位者,日本不过五十年,直三分之一时间耳。准此以推,中国欲达富强之地位,不过十年足矣。

毛泽东在 1956 年"纪念孙中山先生诞辰 90 周年"的讲话中表达了实现强国梦的强烈愿望。他说:"自 1911 年的革命,也就是辛亥革命以来的 45 年间,中国发生了翻天覆地的变化,在今后 45 年也就是到 2001 年,21 世纪初的中国将成为一个强大的社会主义工业化国家。"在发表这个讲话的同时,中国政府为了实现在科学技术领域追赶世界先进水平的目标,于 1957 年 5 月派遣了 8000 名左右的中国人到以苏联为中心的 14 个国家的研究生院留学深造。1958 年 5 月,中国共产党在第八届全国代表大会第二次会议上确定了加快社会主义建设的"大跃进"方针,并在其后设定了"15 年赶超英国"的国家总体目标。尽管 1959 年"大跃进"受到了重挫,但是实现强国的梦想依然让毛泽东感到焦虑,他在 1964 年 12 月撰写的《把我国建设成为社会主义的现代化强国》一文中表示:"我国不能走世界各国技术发展的老路,跟在别人后面一步一步地爬行。我们必须打破常规,尽量采用先进技术,在一个不太长的历史时期内,把我国建设成为一个社会主义的现代化强国。"

邓小平提出四个现代化,也就是"在二十世纪内,全面实现农业、工业、国防和科学技术的现代化,把我们的国家建设成为社会主义的现代化强国,是我国人民肩负的伟大历史使命。"这也成为中国强国战略的基础,尤其是"科学技术是第一生产力"这一认识被后任的领导人所继承,科学技术和人才培养是实现强国战略关键的认识得到了普遍认同。邓小平为了实现强国战略,首先提出了"先富论",在此基础上又提出了"发展经济,到本世纪末翻两番,国民生产总值按人口平均达到八百美元,人民生活达到小康水平。更为重要的是,在这个基础上,再发展三十年到五十年,力争接近世界发达国家的水平。"

江泽民提出，"我们要在本世纪头 20 年集中力量，全面建设惠及十几亿人口的更高水平的小康社会，使经济更加发展、民主更加健全、科教更加进步、文化更加繁荣、社会更加和谐、人民生活更加殷实……经过这个阶段的建设，再继续奋斗几十年，到本世纪中叶基本实现现代化，把我国建成富强民主文明的社会主义国家。"在这次的报告中，首次提出了"实现中华民族伟大复兴"，表达了中央领导人对中国成为强国的期盼。

胡锦涛提出"科学发展观"。受到贫富差距、能源、环境等制约经济发展的要素影响，科学发展观强调了不再单纯追求经济增长，而是利用科学观点，以人为本，追求社会的整体和谐发展，确立具有可持续性的均衡发展观，以推动经济、社会和人的全面发展。

在党的十八大上，习近平总书记提出了实现中华民族伟大复兴的中国梦，作为其重要的执政理念，同时不断丰富中国梦的具体实践手段。习近平总书记强调，实现中华民族伟大复兴是中华民族近代以来最伟大的梦想，阐明中国梦的核心目标是"两个一百年"目标，即：到 2021 年中国共产党成立 100 周年时全面建成小康社会的目标，到 2049 年中华人民共和国成立 100 周年时，逐步并最终顺利实现中华民族伟大复兴。伟大中国梦已经从国内的先富、共同富裕走向了更加广阔的世界舞台，为了全人类的共同繁荣，贡献中国智慧、提供中国方案成为中国梦的更高境界和追求。党的十九大更进一步明确了中国梦的具体内涵和实现路径，就是要走高质量发展的道路，构建现代化经济体系，通过科技强国、质量强国、航天强国、网络强国、交通强国、人才强国等一系列的强国工程最终实现社会主义现代化强国。党的二十大继续强调，建设现代化产业体系，坚持把发展经济的着力点放在实体经济上，推进新型工业化，加快建设制造强国、质量强国、航天强国、交通强国、网络强国、数字中国。由此可见，交通强国建设意义重大。

（二）建设交通强国的意义

1. 建设世界交通强国是中国梦的重要组成部分

实现中华民族伟大复兴是中华民族近代以来最伟大梦想，核心目标概括为"两个一百年"奋斗目标：到 2021 年中国共产党成立 100 周年和 2049 年中华人民共和国成立 100 周年时，逐步并最终顺利实现中华民族的伟大复兴，实现国家富强、民族振兴、人民幸福。交通运输作为国家发展的重要产业部门，贯穿生产、流通、分配、消费各个环节，交通就如科技、制造、人才、网络、贸易等领域一样，是组成强国梦的有机部分，只有这些国民经济的基本要素的强大，才能支撑国家强大梦想的实现。

2. 建设世界交通强国是实现强国梦的重要基础和先决条件

交通运输担负着国民经济顺利运转的基础保障作用，是国家经济运转的战略性、引领性、基础性产业和服务性行业。实现国家强国梦想，需要交通运输发挥先行官的作用，支持新时期国家经济战略的实施，支持国家对外开放、构建世界话语体系的政治需求。交通发展有这个历史渊源和技术基础，是走向世界的一个重要突破口。

3. 建设世界交通强国是交通迈向更高水平交通文明的价值追求和战略取向

我国已然是一个世界交通大国，从交通发展的自身需求出发，建设交通强国是交通发展转型升级提质增效的内在要求与一般规律，是交通发展迈向更高水平交通文明的价值追求与战略取向。党的十九大将交通强国与科技强国、质量强国、网络强国等一道列入建设创新型国家的目标体系，不仅是对交通行业发展成就和坚实基础的肯定，更是交通行业面向第二个百年奋斗目标，对支撑国家富强的战略承诺，是交通发展在未来中长期的战略目标，是指引交通未来 30 年乃至更长发展的纲领性要求，党的二十大再次重申加快建设交通强国。

（三）交通运输强国的认识

1. 交通运输本质属性

交通发展的本质是交流。人类在组成社会、发展经济和文化的过程中不能缺少交流,这种交流需要导致了交通的产生。从古老的独木桥到现代的跨海大桥和隧道、从原始的独木舟到当今的远洋巨轮、从早期的马车到现代的汽车和火车、从明朝万户自制火箭飞天到如今的飞机和飞船,人类总在不断突破时空限制,从未停止过对更快、更安全、更舒适的出行的追求。人类这种摆脱时空束缚的需求是交通发展之本,是交通发展的源泉。

将交通发展与经济、社会、人文进步等外部环境相结合,从交通发展的需求角度剖析交通发展的功能与属性,可以有四个维度:

第一,从本质需求角度,交通之所以出现并存在的最为原始的需求,来自于国家、社会、经济发展的根本需要,即满足人们出行、经济发展以及国防机动性的基本需求,人便其行、货畅其流,同时确保人与货的运输安全。这是交通对社会表现出的基础保障作用,是其本质属性。

第二,从产业系统角度,交通运输作为国民经济的一个产业部门,对于国家经济发展具有促进和带动作用,不仅是基础和保障,而且自身对经济发展具有一定的贡献,要求将交通的效率发挥到最佳状态,促进经济的更好发展,这是其经济属性。

第三,从国家政治发展角度,历史告诉我们,交通发展也是国家开疆拓土的先行者,无论是早期国家内部建设还是外部扩张需要,交通都是国家政治的一个重要手段,而且是先行手段。所以,交通在一定程度上要先行于国民经济的发展,引领国家经济,从全球战略高度引领经济发展、国家强盛,拓展和增加国民福祉,这是其政治属性。

第四,从人类发展哲学角度,交通是自然社会的一部分,其存在有它的必然,也有它应当遵守的规则。交通与人类、与资源、与环境之间的和谐共存是世界和平永续发展的前提条件。作为最高境界的发展规则，交通的发展应当时刻考虑可持续性的问题，这是其社会属性。

（四）交通运输的时代功能

从发展的视角来看，交通运输的发展不断配合着国家经济社会发展的需要，其功能和属性也在不断地演变。"基础性、先导性、服务性"是我国对交通运输几千年来所扮演的社会作用演进的精准概括。在当前的历史阶段，交通运输的地位和作用已经远远超越了基础保障出行的原始认识，在国家确定交通运输业为服务性行业，是国家发展的"先行官"等一系列的新定位下，交通运输正在承担新的社会角色，彰显时代的特征。

1. 交通运输已经成为一种国家的战略资源

一国之大，安全为首。交通运输在保护国家政治安全、国土安全、经济安全以及人民生命财产安全方面已经成为国家重要的战略资源。我国重点战略物资的运输、国家军队的机动性保障、海外撤侨的顺利实现，以及我国布局的海外战略通道、全球枢纽节点都不断地表明交通运输已经成为国家的重要战略资源。而且，随着我国参与全球治理的逐步深入，交通运输这种战略资源地位将更加凸显。

交通运输正在成为体现政府意志的重要方式。"要致富、先修路"，"交通发展先行官"，"一带一路，交通先行"等一系列重要战略决策与论断体现了政府的意志。随着我国逐步走向世界舞台中心，我国在参与全球治理，推行中国方案、中国理念、中国标准、中国技术的同时，交通运输将是向世界各国人民展现友好、诚意的重要手段，是突破口，是"开路先锋"。

交通运输将成为引领社会发展的新动力。在新的时代特征下，交通运输已经不再仅仅是基础性、服务性的行业，交通正在从服务的角色，转变为引领者的角色。交通+旅游，交通+扶贫……交通将为传统经济社会创造新的发展模式。

2. 交通运输强国的内涵与特征

一个国家交通运输业的"强"与"弱"是与其他国家比较而言的,是相对的。从古今中外的交通运输发展来看,尽管对于"交通运输强国"的概念和内涵没有统一的描述,但是从历史上一路走来的"海上马车夫"、海洋霸权国、"日不落帝国"等对世界国家的称谓上可见,交通运输的强盛曾经影响着一个国家的国际地位和世界影响力。

研究认为,"交通运输强国"有两个层面的表现:一是交通运输强大的国家,是对当前状态的一种肯定。目前,可以称之为世界交通运输强国的有美国、德国、日本,这是大众的共识。其中,美国是全方位都强;德国、日本只是在部分领域强大。二是交通运输助力于国家政治经济的强盛,是对过程的一种描述。任何借希望于交通运输的逐步强大来实现国家强盛的国家都可以归为此。

立足交通运输的本质属性和时代功能,站位于当前我国提出交通运输强国的基本认识,借鉴世界交通发展的格局与特点,我们认为,"交通强国"是指在一定的区域范围内,国家交通基础设施、运输装备、管理能力等基本要素相比于他国具有明显的比较优势,既能高效体现其先行保障的基本功能,又能强力支撑时代发展要求,同时对世界交通发展具有较大的影响力。

交通强国的具体特征,主要表现在以下五个方面:

一是拥有高水平的交通运输保障能力。交通发展具有世界排名靠前的基础设施网络和运输规模,具备充分支撑本国发展需要和重大战略需求的高水平保障能力。

二是拥有高品质的运输服务能力。具有世界领先的运输生产效率和生产能力,百姓享有便捷、舒适、安心的出行体验,在服务经济社会发展中发挥重要作用。

三是拥有引领世界的科技创新能力。能够适应和把握全球科技革命和产业变革形势,拥有丰富的交通科技成果,具有在世界上领先的交通技术、专利等,能够引领世界交通科技发展的方向。

四是拥有强大的国际影响力。能够主导或广泛参与国际规则制定和核心事务决策,行业综合竞争力位于世界前列。

五是拥有可持续健康发展能力。具有保障全行业持续发展、绿色发展的现代化治理能力。注重生态环境影响,体现大国责任。

从我国当前发展阶段来看,我国要建设交通运输强国就是要使我国交通运输整体实力位居世界前列,建成一个"能力充分、网络完善、服务优质、装备先进、技术领先"的现代综合交通运输体系,满足经济社会发展的客货运输需求,引领和支撑区域协调发展,在国家发展全局中发挥战略作用。概括而言,交通运输强国首先有一个现代化的综合交通运输实体,对内满足国家经济社会发展需求,支撑国家发展战略,对外在国际上有影响力和话语权。

从交通运输强国自身的建设上,突出行业管理、科技研发、对外开放以及智力建设等的综合软实力。交通运输强国,必须建立现代化的行业治理体系,实现治理体系和治理能力现代化,形成系统完备、科学规范、运行有效的交通运输体系,形成政府、社会、市场共同参与行业治理的良好局面,通过治理主体多元化、治理手段多样化、治理机制高效化、治理责任均衡化和治理要素协同化。

交通运输强国,必须推动科技创新,加强基础研究和科研成果的转化应用,推进现代信息技术在交通运输领域的研发和应用,构建以企业为主体、市场为导向、产学研相结合的科技创新体系,发挥科技创新在全面创新中的引领作用,突破一批行业重大关键技术,引领世界交通运输科技发展的方向。

交通运输强国,必须构建具有国际影响力的对外开放体系。加强互联互通,充分发挥交通运输在世界区域交通战略中的基础作用,推动我国交通运输技术装备、标准规范和专业人才走出去,培育一批具有较强国际竞争力的交通运输企业,培养一批能够参加高层次国际活动的专家学者,大力提升在国际组织中的影响力和话语权。

交通运输强国,需要一支与强国相适应的智力支持队伍。必须努力造就一支规模充足、结构合理、素质优良、技术过硬的管理人才、专业技术人才和技能型人才队伍。着力发现、培养、聚集专家学者、科技人才、企业家人才队伍,满足现代综合交通运输体系建设的需要。

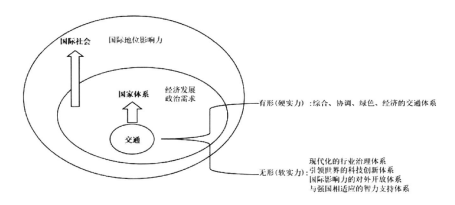

我国交通运输强国概念框架

(五)交通强国建设的人才需求

中央对人才工作提出了一系列新的要求,交通行业需要深入领会精神并予以创造性地贯彻落实。人才是发展中起决定作用的核心要素,是决定战略成败和国家兴衰的最根本的要素,千秋基业,人才为本。党的十八大以来,习近平总书记高度重视人才作用的发挥,在不同场合多次强调要爱才惜才,聚天下英才而用之,他指出:"人才是创新的第一资源。没有人才优势,就不可能有创新优势、科技优势、产业优势。"党的十九大报告中也明确提出"人才是实现民族振兴、赢得国际竞争主动的战略资源。要坚持党管人才原则,聚天下英才而用之,加快建设人才强国。""实行更加积极、更加开放、更加有效的人才政策,以识才的慧眼、爱才的诚意、用才的胆识、容才的雅量、聚才的良方,把党内和党外、国内和国外各方面优秀人才集聚到党和人民的伟大奋斗中来"。党的二十大指出,"深入实施人才强国战略","建成人才强国","完善人才战略布局,坚持各方面人才一起抓",为交通人才工作进一步指明方向。

习近平总书记关于人才工作的系列讲话为我们开展人才工作提供了根本遵循,重视人才成长规律、强化人才工作的系统性、坚持人才发展的时代性、强调人才管理的开放性成为人才工作的重要原则。需要我们在交通人才工作中认真落实和体会。

此外,党的十八大以来,国家有关部门深入推动人才发展的体制机制改革。围绕人才评价、人才激励、创新创业等先后出台了《关于深化人才发展体制机制改革的意见》《关于分类推进人才评价机制改革的指导意见》《关于深化职称制度改革的意见》《关于实行以增加知识价值为导向分配政策的若干意见》《关于深化项目评审、人才评价、机构评估改革的意见》等指导性文件,推进我国人才优先发展战略的实施。这些文件充分释放了尊重知识、尊重人才、激发人才活力、营造良好的人才发展环境等政策导向。交通行业需要认真贯彻落实国家政策文件,结合行业自身的特点,解读政策内涵,落实政策精神。

党的十九大、二十大提出建设"交通强国"的宏伟目标,为交通运输事业未来发展指明了方向。2019 年 9 月,党中央、国务院正式印发《交通强国建设纲要》,这是交通行业最高的行动纲领,提出了未来 30 年交通各项工作的根本遵循,也是交通人才工作的根本依据。"人民满意、保障有力、世界前列"的战略目标非常宏伟、任务非常艰巨,关键在人。

经过改革开放 40 多年的发展,我国在基础设施、运输服务能力等方面已经位居世界第一,成为名副其实的世界交通大国。目前,我国交通发展已经进入了交通强国建设时期。交通发展的主要矛盾已经从总量不足转移到优化调整结构,从满足国内经济发展需求转移到服务国家政治大局需要。交通发展处于从量变到质变的转型时期。一方面,国家经济高质量发展、国际全球化趋势跌宕、新一轮科技革命和产业革命涌动对交通运输发展提出了新的要求、带来变革机遇。高品质运输服务供给、5G、云计算、区块链等赋能的新基础设施发展、全球化供应链的构建、无人化交通产业模式创新等需要更多、更专业、更多元化的人才去实现。另一方面,我国交通发展进入了众多领域的深水区,无论是交通技术的升级探索、还是管理改革的深入破冰,都面临着空前的难度。不仅仅是新技术需要不断创新突破、新的管理模式带来颠覆性挑战,还有交通发展多年遗留下来的问题以及我国可持续发展、资金约束等发展中的问题长期存在。要解决这些问题,关键在于人才,在于大批掌握新技术、熟悉交通自身业务的专业技术人才,掌握先进管理理念、具备宽阔眼界,拥有丰富的管理、法律素养的行政管理人员。从实际情况看,我国交通行业人才资源结构不合理、缺乏与交通强国需求相适应的高层次技术人才、管理人才、国际人才是我国交通发展的主要制约因素之一。这就要求人才工作要以建设交通强国为根本出发点,围绕交通强国建设的总体目标和九大主要任务,针对交通发展与改革中已经出现的和将要出现的各种问题和矛盾,进一步加强人才资源开发与管理工作,不断改善人才结构,大力提高人才素质,进一步增强交通发展的人才资源保障与智力支持能力。

第二节 贵州交通运输人力资源
保障体系的内涵

一、交通运输人力资源内涵与特征

(一)基本内涵

结合上述"人力资源"和"人才资源"的定义,我们认为,"交通运输人力资源"是指交通运输行业中的全体从业人员;"交通运输人才"是"交通运输人才资源"的简称,是交通运输人力资源的一部分,即优质的交通运输人力资源,是交通运输行业从业人员中能力和素质较高的劳动者。

（二）主要特征

交通运输系统是将人、运输装备、基础设施以及交通管理作为一个相互作用的整体,其中人是交通运输系统中最具能动性的因素,居于主导地位。从宏观人力资源的范畴来看,交通运输人力资源是国家人力资源的重要组成部分,属于国家人力资源整体的部分,但是交通运输人力资源又具有交通运输行业的特色和专业性,主要体现如下:

一是交通运输是国民经济和社会发展的基础性、先导性和服务性产业。从产业属性来看,交通运输业涉及第二产业中的交通建筑、建设养护,第三产业中的交通运输仓储邮政业、营业性运输、私人交通（居民生活）等产业;从服务业分类属性看,涉及民生福祉的旅客运输业属于消费性服务业,现代货运物流属于生产性服务业,航运金融、航运保险属于现代服务业,客运代理、货运代理等客货运输辅助业属于中介服务,以及大量的维修、机动车驾驶员、船员、飞行员等服务人员。

二是交通运输业产业链条长、覆盖范围广、跨界融合明显。随着新时期信息技术手段的不断发展,互联网+交通、交通+产业、交通+旅游、交通+扶贫、邮轮游艇经济等新业态新模式层出不穷。

三是交通运输业发展呈现趋于自动化（无人化）、电动化（绿色化）、体验化发展态势。随着科学技术水平的发展、创新驱动的实施、国家生态文明建设的战略需求,交通运输业逐渐呈现无人化、绿色化等。

根据交通运输业的发展特点,交通运输人力资源具有以下特征:

一是具有基础性和保障性。交通运输人力资源是交通运输生产力要素中最能动、最积极、最活跃的因素,是交通运输发展的第一资源,在支撑国家发展战略、交通基础设施建设、运输服务水平提升、能力建设等起着全局性、基础性、先导性、保障性作用,构建与现代交通运输发展相适应的懂技术、会管理、能运营的交通运输人力资源队伍,是建设交通强国西部示范省的基本支撑和保证。

二是具有开放性和流动性。交通运输人力资源管理实施要开放的人才引进政策,树立全球视野和战略眼光,不唯地域、领域引进人才,不求所有开发人才,不拘一格用好人才,提高全球范围内配置人才资源能力。根据行业特点,打破各种有形无形的"围墙",促进人才横向和纵向流动,充分发挥市场在人才资源配置中的决定性作用,实现人才合理配置和资源共享。

三是具有共享性和层次性。我国每年近万亿元的交通建设投资,每年数以千计的高速铁路、高速公路、大型管道、特大型桥梁、长大型隧道、高等级航道、专业化码头和现代化机场等重大工程建设项目不断上马,交通建设、养护、管理和运输服务等各个领域以及前期决策、工程建养、安全保障、资源节约、环境保护和信息化等各个方面不断出现的大量科技和管理难题需要解决,需要大量的各层次的人力资源作为保障,特别急需是学科交叉重构、跨界融合,复合型高层次人才来适应交通强国建设的需要。

(三)类型划分

1. 交通运输人力资源类型划分

按照不同的划分标准,交通运输人力资源有如下不同的类型:

一是按运输方式划分,交通运输发展已经进入综合运输、"大交通"的发展时期,交通运输人力资源应当包括铁路、公路、水路、民航、邮政等运输方式领域在内的所有人力资源。为此可以划分为铁路运输人力资源、公路运输人力资源、水路运输人力资源、民航运输人力资源、邮政人力资源等五类,其中公路运输人力资源可进一步细分为道路运输人力资源和城市客运人力资源。

二是按交通领域划分,如交通运输基础设施建管养人力资源、运输装备人力资源、运输服务人力资源、支持保障系统(安全应急、信息化、绿色环保、科教文卫等)人力资源等。

三是按产业链条或环节划分,如交通运输建设人力资源、养护人力资源、管理人力资源、运输人力资源等。

2. 交通运输人才资源类型划分

针对于交通运输人才(资源),也有不同的类型划分:

一是按人才所属领域划分,依据《国家中长期人才发展规划纲要(2010—2020年)》中将人才划分的党政人才、企业经营管理人才、专业技术人才、高技能人才、农村实用人才以及社会工作人才六大类。结合交通运输行业实际,可以将交通运输人才划分为专业技术人才、技能实用人才以及管理干部人才,其中前两类人才分别对应《国家中长期人才发展规划纲要》中的专业技术人才和高技能人才。

二是按人才层次划分,有低层次交通运输人才、中层次交通运输人才、高层次交通运输人才之分。

此外,还可按照其他标准进行划分,如交通运输通用人才和专业人才;交通运输潜人才、隐人才和显人才;交通运输公共机构(机关公务员、事业单位、社团组织、国有企业)人才、交通运输非公有制经济(民营企业、自然法人)人才;交通运输城市人才和农村人才等。

二、贵州交通运输人力资源统计与发展指标体系

(一)国家统计局相关统计指标体系

国家统计局与交通运输人力资源相关的统计指标主要有:铁路运输业职工人数、道路运输业职工人数、水上运输业职工人数、航空运输业职工人数和管道运输职工人数统计。

国家统计局相关统计指标

统计科目	统计报表
交通运输业、邮政业就业人员数统计指标	铁路运输业职工人数
	道路运输业职工人数
	水上运输业职工人数
	航空运输业职工人数
	管道运输业职工人数

（二）贵州相关统计指标体系

贵州省对贵州交通运输人才统计指标体系的情况如表所示：

贵州人才统计中的时期指标、时点指标

指标项		时期指标	时点指标
人才发展主要指标		(1)人力资本投资占国内生产总值的比例 (2)人才贡献率	(1)人才资源总量 (2)每万劳动力中研发人员 (3)高技能人才占技能劳动者的比例 (4)主要劳动年龄人口受高等教育的比例
人才队伍建设主要指标	党政人才	录用、晋升、奖励、交流、培训等	规模、分布、构成
	企业经营管理人才	培训、选聘等	
	专业技术人才	继续教育等	
	高技能人才	获取职业资格证书的数量	
	农村实用人才		
	社会工作人才		素质、结构、分布

贵州人才统计指标体系

指标名称	指标解释
人才资源总量	指党政人才资源、企业经营管理人才资源、专业技术人才资源、高技能人才资源、农村实用人才资源和社会工作人才资源的总量。
每万劳动力研发人员	指每万劳动力（就业人口）中研发人员全时当量数。

指标名称	指标解释
高技能人才占技能劳动者的比例	指技能劳动者中高级技师、技师和高级技工数量之和所占比例。
主要劳动年龄人口受过高等教育的比例	指20—59岁人口中接受过大专及以上学历教育的人数所占比例。
人才资本投资占国内生产总值的比例	指全社会教育支出、卫生支出和研发（R&D）支出之和占GDP的比例。
人才贡献率	即人才资本对经济增长的贡献率，是指人才资本作为经济运行中的核心投入要素，通过其自身形成的递增收益和产生的外部溢出效应，对经济增长所作出的贡献份额。

（三）本研究采用的统计与发展指标体系

基于以上国家层面和省级层面的人力资源统计指标体系，综合考虑统计数据的可得性，根据《中国统计年鉴》《中国人口与就业统计年鉴》《中国第三产业统计年鉴》《贵州统计年鉴》等核心指标，结合行业实际，构建贵州交通运输人力资源发展指标体系。

本研究中分析研究的贵州交通运输人力资源发展指标主要包括：贵州交通运输行业从业人员期末总数，各交通运输方式就业人员分布，就业人员地区分布、年龄分布、受教育情况、性别分布、工资水平等。在进行交通运输行业从业人员数据预测时，相关历史数据主要来源于《中国第三产业统计年鉴》《贵州省邮政行业发展统计公报》《贵州统计年鉴》《贵州年鉴》《贵阳统计年鉴》《六盘水统计年鉴》《遵义统计年鉴》《安顺统计年鉴》《铜仁统计年鉴》《黔西南统计年鉴》《毕节统计年鉴》《黔东南统计年鉴》《黔南统计年鉴》。

交通运输行业人力资源发展指标体系

指标名称	单位	指标解释
交通运输人才资源总量	万人	指交通运输行业的专业技术人才资源、企业经营管理人才资源、专业技术人才资源、技能人才资源、人才资源等的总量。

指标名称	单位	指标解释
每万交通运输行业从业人员中研发人员	人年/万人	指每万交通运输行业从业人员中研发人员全时当量数。
高技能人才占技能劳动者比例	%	指交通运输行业技能劳动者中高级技师、技师和高级技工数量之和所占比例。
交通运输行业从业人员中大专及以上文化程度比例	%	指交通运输行业从业人员中接受过大专及以上学历教育的人数所占比例。
人力资本投资占交通固定资产投资比例	%	指交通运输领域教育支出、卫生支出和研发（P&D）支出之和占交通固定资产投资的比例。
交通运输行业从业人员人均增加值	元/人	指交通运输行业从业人员人均产出的经济增加值
交通运输人力资本贡献率	%	指交通运输人才资本对交通运输发展的贡献率，是指交通运输人才资本作为交通运输发展中的核心投入要素，通过其自身形成的递增收益和产生的外部溢出效应，对交通运输发展所作出的贡献份额。
交通运输人才贡献率	%	指交通运输人才资本增长对经济增长的贡献率，是交通运输人才资本作为交通运输发展中的核心投入要素

三、贵州交通运输人力资源保障体系要素构成

交通运输人力资源保障体系的"保障"二字是针对交通强国建设所提出的，指交通运输人力资源对交通强国建设起到重要的保障作用。交通运输人力资源保障体系由一个核心要素和四大支撑要素构成。

（一）核心要素

交通运输人力资源保障体系中最为核心的要素是"人"，即交通运输人力资源，也即交通运输行业全体从业人员。交通运输人力资源里的"关键少数"是交通运输人才，其在"硬环境"（如物质基础）以及"软环境"（如制度环境）的共同作用下发展，人才发展水平决定了交通运输人力资源发展的先进水平。除却人才的其他从业人员是交通运输人力资源的广大主体，其总量规模、结构和素质等因素决定了交通运输人力资源发展的整体规模和质量水平。

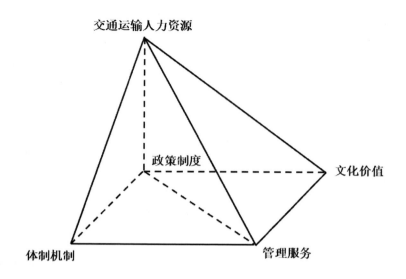

交通运输人力资源保障体系要素构成图

（二）支撑要素

除核心要素外,交通运输人力资源保障体系还包括四大支撑要素,以支撑和保障核心要素的发展。

一是文化价值。交通运输人力资源文化价值要素主要包括与交通运输行业从业人员发展有关的精神文化、制度文化和物质文化的总和,其核心内容是价值理念,属于交通运输从业者的意识形态范畴,包涵了从核心思想、道德规范、行为准则、外在形象到物质实体的贯穿行业发展各领域和各环节的价值理念,体现到每个从业者身上就是倡导的精神、发展的态度、采取的方式及表现的行为等。

二是体制机制。交通运输人力资源体制机制要素主要包括人力资源管理体制和人力资源机制两大部分。其中,人力资源管理体制包括组织领导机构设置、职能划分、跨部门协调等内容;人力资源发展机制包括人力资源的培养支持机制、评价机制、流动机制、激励机制、引才用才机制、保障机制等内容。

三是政策制度。交通运输人力资源政策制度要素与其他三个支撑要素均有所关联,主要包括促进、规范或保障交通运输人力资源发展的相关法律法规、部门规章、规范性文件,以及宏观政策方面的战略规划、规范性指导性制度文件等,是形成人力资源发展政策环境的主要内容。

四是管理服务。交通运输人力资源管理服务要素主要包括人力资源管理和人力资源服务两大部分。其中,人力资源管理包括人力资源规划、招聘与配置、培训与开发、绩效管理、薪酬福利管理、劳动关系管理等内容;人力资源服务包括人力资源市场、培养或孵化平台基地、公共服务机构及中介机构、公共服务体系等内容。

第三节　交通运输人力资源保障体系在贵州建设交通强国西部示范省建设中的定位

一、交通运输人力资源是贵州建设交通强国西部示范省建设的保障基石

实施交通强国战略,其关键的战略路径是科技强交、人才强交,而人才是其中具有主体地位、起到决定作用的核心要素。党的十九大明确提出建设交通强国,并且指出"人才是实现民族振兴、赢得国际竞争主动的战略资源。要坚持党管人才原则,聚天下英才而用之,加快建设人才强国。"党的二十大要求加快建设交通强国。建设交通强国西部示范省,人力资源是最为根本的保障基石,需要锤炼一支忠诚为民的行业从业者大军,用来厚植以人民为中心的根本发展理念;需要加强高层次科技人才、高技能实用人才、高素质管理人才队伍建设,以提升行业现代化服务水平和支撑保障能力;需要加强人才国际化培养与输送,以提升行业国际竞争力和话语权。

二、交通运输人力资源是贵州建设交通强国西部示范省建设软实力的重要标志

建设交通强国西部示范省,不仅要在基础设施、装备技术等硬实力方面位居世界前列,还要拥有与硬实力相匹配的交通运输软实力。与硬实力(物)相对的软实力要素有两个,分别为人和事,人即人力资源,事即管理活动,包括体制、战略、政策、法制、标准、文化等。硬实力和软实力相辅相成、相互制约和协调,硬实力是软实力的有形载体,软实力是硬实力的无形延伸。借鉴世界交通发展的格局与特点,交通强国无疑具有多维度的表征和内涵,但其核心指标或主要内涵应该包括高水平交通保障能力、高品质运输服务能力、新技术发展引领能力、重要国际事务影响力、可持续发展能力等。实现这些目标,人力资源是重要的软性支撑,尤其是对于实现新技术发展引领能力、重要国际事务影响力等方面,高素质的人才资源更是软实力中不可或缺的具体体现。

三、交通运输人力资源是贵州建设交通强国西部示范省建设的先行引领

建设交通强国西部示范省是一个庞大的、系统的、复杂的超级工程,是一个不断攻坚克难、爬坡过坎、转型升级的长期过程,新情况、新矛盾、新问题将会层出不穷。"有非常之人,然后有非常之事;有非常之事,然后才有非常之功"。解决这些问题,发展交通事业,首先要发展交通运输人力资源。贵州建设交通强国西部示范省,必须要确立人才引领交通运输发展的战略地位,加快实施人才强交战略,充分发挥人在交通运输业发展中的核心主体地位和作用,尤其是需要建设一支规模宏大、结构合理、素质优良的人才队伍,包括技术人才、技能人才、管理人才等。同时,贵州建设交通强国西部示范省的过程,也是锻炼和成就交通运输人才的过程,

人才队伍是体现交通强国建设水平和效益的重要成果之一。因此,人力资源是交通强国建设的先决条件,在各项要素中应当居于核心地位,必须摆在优先发展位置,以人才引领贵州交通运输高质量发展,以高质量人才发展助力交通强国贵州实践。

第二章 贵州建设交通运输人力资源保障体系的现状与发展趋势

第一节 贵州交通运输人力资源发展现状

一、贵州交通运输人力资源总体情况

（一）贵州交通运输人力资源总量增长稳定

随着贵州经济社会的飞速发展，各种交通运输方式快速发展，交通运输行业从业人员人数持续增长。贵州交通运输人力资源总量从 2017 年的 120367 人增加到 2021 年的 128945 人，平均增长率为 1.4%。

对比全国，2017 年至 2021 年贵州交通运输行业从业人员人数整体保持平稳并略有增加，每万人交通运输行业从业人员从 2017 年 29.2 人增加到 2021 年的 32.83 人。2017 年至 2021 年全国交通运输行业从业人员整体保持平稳并略有减少，每万人交通运输行业从业人员从 2017 年的 49.09 人减少到 2021 年 45.81 人。2021 年，贵州交通运输人力资源总量达到 128945 人。

（二）贵州交通运输人力资源总量显著偏少

相对于其他省份，贵州交通运输人力资源总量明显偏少。从全国各

2017—2021 年贵州省交通运输行业人力资源总体情况

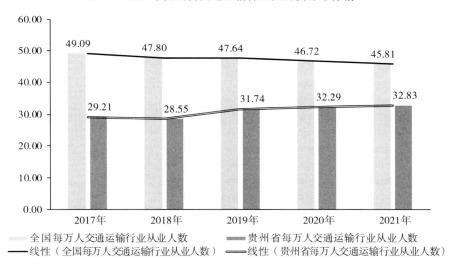

2017—2021 年每万人交通运输行业从业人数情况

省每万人交通运输行业从业人数来看,虽然 2021 年贵州每万人交通运输行业从业人数增加到了 32. 83 人,但在全国排名仍然靠后,位列第 27 位。排在前 3 位的是广东、北京和上海。

按照东部 10 省(北京、天津、河北、上海、江苏、浙江、福建、山东、广东、海南)、中部 6 省(山西、安徽、江西、河南、湖北、湖南)、西部 12 省市

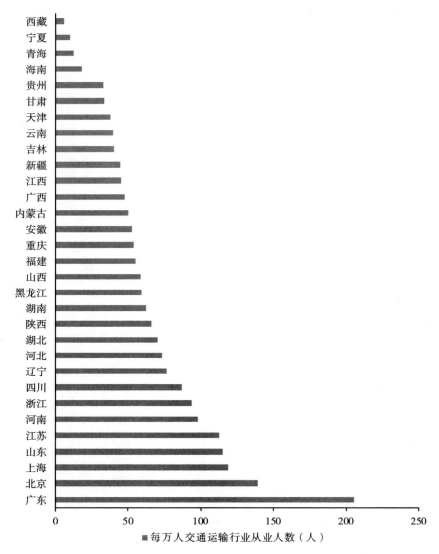

■ 每万人交通运输行业从业人数（人）

2021 年全国 32 个省市及自治区交通运输行业从业人员总数情况

（西南五省区市：重庆、四川、云南、贵州、西藏；西北五省区：陕西、甘肃、青海、新疆、宁夏和内蒙古、广西）、东北 3 省（辽宁、吉林、黑龙江）地理位置划分，2021 年贵州每万人交通运输行业从业人数在西部 12 个省市中排名较后，位列第 9 位，但比 2019 年前晋升 1 位。西部地区中，排在前 3

位的是四川、陕西和重庆。在西南5省中,2021年贵州每万人交通运输行业从业人数排在第3位,排在前2位的是重庆和四川。

西部地区 **12** 个省市区每万人交通运输行业从业人数排名表

排名 省份	2017 年	2018 年	2019 年	2020 年	2021 年
贵州	10	10	9	9	9
重庆	3	3	3	3	3
四川	1	1	1	1	1
云南	6	6	7	7	7
西藏	12	12	12	12	12
陕西	2	2	2	2	2
甘肃	8	8	8	8	8
青海	9	9	10	10	10
宁夏	11	11	11	11	11
新疆	7	7	6	6	6
广西	5	5	5	5	5
内蒙古	4	4	4	4	4

(三)贵州交通运输人力资源总量分布不均衡

从2021年底贵州交通运输人力资源分布来看,铁路运输业、道路运输业、水上运输业、航空运输业和管道运输业5种运输方式的就业人员数量不均衡。其中,道路运输业从业人员最多,占5种运输方式就业人员总数的55.1%,达55969人;其次是铁路运输业,从业人员占总数的32.6%,达33078人;第三位的是航空运输业,从业人员占总数的11.9%,达12040人;第四位为水上运输业,从业人员占总数的0.3%,达281人;管道运输业从业人员最少,约占总数的0.1%,达143人。

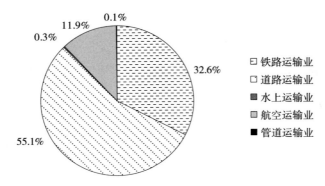

2017—2021 年贵州省交通运输行业人力资源构成情况

二、贵州交通运输不同领域人力资源情况

目前贵州交通运输不同领域从业人员相关统计资料缺乏,没有针对贵州交通运输全行业从业人员的全口径统计数据,《中国第三产业统计年鉴》仅对贵州铁路运输业、道路运输业、水上运输业、航空运输业和管道运输业 5 类交通运输职工人数进行统计,而这 5 类职工人数规模总量难以体现全行业从业人员规模总量情况。为了解决交通运输行业从业人员基础统计数据不足问题,尽可能找到能反映贵州交通运输各领域从业人员规模发展实际情况的样本数据,为贵州建设交通强国示范区人力资源提供数据支撑,我们增加了邮政行业从业人员统计数据。

主要领域的数据来源如下:

公路领域从业人员的数据来自《中国第三产业统计年鉴》道路运输业职工人数。水路领域从业人员的数据来自《中国第三产业统计年鉴》水路运输业职工人数。铁路领域从业人员的数据来自《中国第三产业统计年鉴》铁路运输业职工人数。民航领域从业人员的数据来自《中国第三产业统计年鉴》航空运输业职工人数。邮政领域从业人员的数据主要来自《贵州省邮政行业发展统计公报》和《贵州年鉴》邮政领域从业人员数。管道领域从业人员的数据来自《中国第三产业统计年鉴》管道运输业职工人数。

贵州交通运输行业各领域从业人员历年数据,如表所示:

2011—2021 年贵州交通运输行业各领域从业人员数量 （单位:人）

年份	铁路运输领域从业人员	公路运输领域从业人员	水上运输领域从业人员	航空运输领域从业人员	邮政运输领域从业人员	管道运输领域从业人员
2011 年	31854	24528	744	3841	/	/
2012 年	31290	36248	791	4608	/	/
2013 年	31797	54795	1142	6018	/	/
2014 年	32061	54836	707	6391	21899	/
2015 年	34325	55655	637	7649	25078	192
2016 年	35094	55171	626	9635	30575	176
2017 年	35289	55903	465	10581	40506	165
2018 年	34578	56007	586	12351	41941	117
2019 年	33450	59640	193	15109	51082	141
2020 年	33264	57805	237	13575	31612	142
2021 年	33078	55969	281	12040	33255	143

（一）铁路

近年来,贵州省铁路运输业经过快速发展后趋于稳定,就业人数呈现出先增后减态势。根据第三产业统计年鉴统计数据显示,铁路运输业从业人员数整体稳定在 3 万人左右,从 2011 年的 31854 人稳步增长至 2017 年 35289 人后减少到 2021 年 33078 人,但仍然高于 2015 年前从业人员数。2021 年铁路货物运输总量达 7275.6 万吨,比上年增长 25%。

贵州省国有铁路由中国铁路成都局集团公司管辖。2018 年底,中国铁路成都局集团公司职工人数 122572 人,较上年末减少 1263 人,减幅 1%。

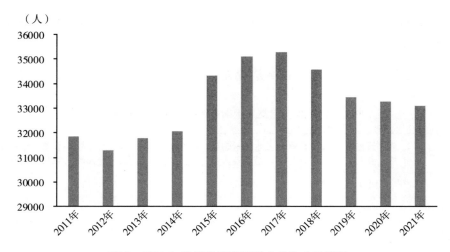

2011—2021 年贵州省铁路运输业从业人数情况

（二）公路

随着贵州省交通运输基础设施体系的建立和完善,贵州道路运输业从业人员数量不断增长,2013 年,贵州省道路运输业就业人数增长迅速,由 2010 年的 25472 人快速增长到 2013 年的 54795 人,其后 2014 年至 2018 年期间从业人数一直保持 5.5 万人规模,2019 年快速增长到 5.964 万人,比 2018 年增长 6.5%。在贵州公路运输业得到大力发展,截至 2019 年底,贵州省公路客运量达 84255 万人,比上年增长 0.24%,客运周转量达 4714653 万人千米,比上年增长 0.51%;公路货运量达 99605 万吨,比上年增长 3.94%,货运周转量达 12670570 万吨千米。

贵州高速公路集团有限公司主要从事高速公路经营管理,原由省人民政府委托省交通运输厅履行出资人职责,2019 年出资人授权委托管理部门由省交通运输厅移交至省国资委。截至 2020 年底,共有在编在岗员工 6820 人。随着各单位不断引进高素质青年人才,全系统人才年龄结构呈现逐步年轻化态势,40 岁以下青年人才合计 4672 人,占人才总量的 68.50%,成为公司发展的人才主力军;从人才学历来看,拥有本科以上学历人员共 3490 人,占人才总量的 51.17%,其中:硕士研究生 161 人,占人才总量的 2.36%,博士研究生 2 人,占人才总量的 0.03%;拥有专业技术任职资格人员共计 1736 人,其中:高级职称及以上人员 424 人、中级职称人员 572 人。高级职称以上人员主要集聚在工程领域,集团公司在高速公路建设、营运方面的人才在同行业中处于优势地位。

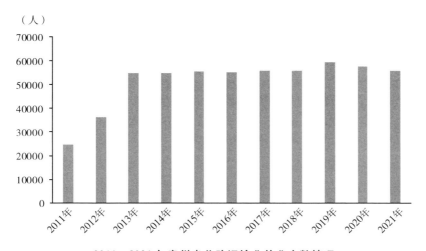

2011—2021 年贵州省公路运输业从业人数情况

(三)水路

贵州水运紧紧围绕"大扶贫、大数据、大生态"三大战略,主动融入长江经济带、珠江——西江经济带、粤港澳大湾区、成渝城市群,积极抢抓补齐水运发展短板的战略机遇,强力推进水运交通基础设施建设,截至2021 年底,全省航道统计里程 3954 公里,位居全国 14 个内河非水网省(市)第一。但是,我国水上运输就业人员数量与全球航运业形势密切关联,并且呈互增互涨的正相关关系。截至 2021 年底,贵州水上运输业从业人员数量仅为 281 人,比 2018 年下降了 52.0%,比 2010 年下降了 62.2%。

(四)民航

改革开放至今,贵州民航业取得了长足的进展,截至 2019 年底,贵阳机场共有航线 253 条,其中国内 228 条,国际地区航线 25 条,通航点 132个。2019 年贵州机场共完成旅客吞吐量 3030.9 万人次、货邮吞吐量

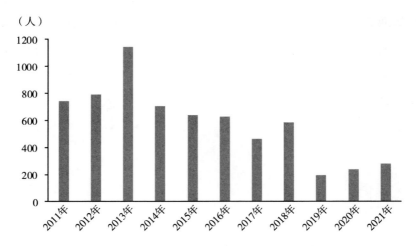

2011—2021 年贵州省水上运输业从业人数情况

12.7 万吨、飞机起降 26.2 万架次,同比分别增长 8.3%、8.0% 和 5.9%。伴随航空运输业务的不断扩展、行业规模的不断壮大,航空运输业的就业人员数也持续增长。2011 年航空运输业从业人员数为 3841 人,截至 2021 年底,航空运输业从业人员数已达 12040 人,同比增长 213.4%。

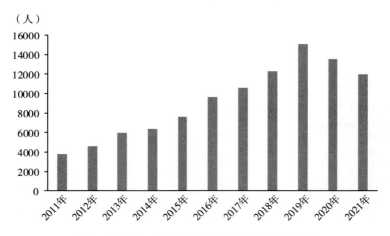

2011—2021 年贵州省航空运输业从业人数情况

(五)邮政

贵州省邮政行业全面贯彻落实党中央决策部署,坚持稳中求进工作总基调,坚持以供给侧结构性改革为主线,坚持新发展理念和以人民为中心的发展思想,坚定不移推动邮政业高质量发展,改革发展取得了新成效,保持了总体平稳、稳中有进的良好态势。2021年全省邮政行业业务总量和业务收入分别完成87.8亿元和88.9亿元,同比分别增长20.6%和12.0%,快递业务量突破2亿件。贵州省邮政行业从业人员数持续增长,2014年全省邮政行业从业人员达21899人,2021年增长至33255人,增长率为51.9%。2019年,贵州省邮政行业业务总量完成87.80亿元,同比增长20.57%;业务收入完成88.95亿元,同比增长12.04%,快递业务量累计完成24584.40万件,增长16%。

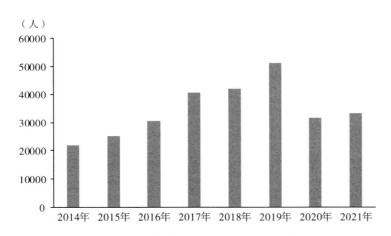

2014—2021年贵州省邮政行业从业人员数情况

(六)管道运输

贵州管道运输业从业人员数量呈现下降趋势,截至2021年底,贵州管道运输业从业人员数量仅为143人,虽然比2018年增加了22.5%,但比2011年减少了25.5%。从2014年到2018年,贵州管道运输业从业人员数量持续减少。

三、贵州交通运输人力资源分布与构成情况

由于受到数据可得性的影响,在对交通运输人力资源地区分布与构

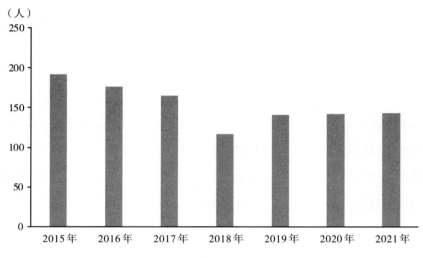

2015—2021 年贵州省管道运输业从业人数情况

成情况进行分析时,采用《贵阳统计年鉴》《六盘水统计年鉴》《遵义统计年鉴》《安顺统计年鉴》《铜仁统计年鉴》《黔西南统计年鉴》《毕节统计年鉴》《黔东南统计年鉴》《黔南统计年鉴》中 2021 年底交通运输、仓储和邮政业(包括铁路运输业、道路运输业、城市公共交通业、水上运输业、航空运输业、管道运输业、装卸搬运和其他运输服务业、仓储业、邮政业)非私营单位从业人员相关统计数据。

(一)地区分布

交通运输发展与区域经济发展二者相互作用和影响,经济越发达,交通运输业发展也越好,因此从业人员也越多。从贵州各地区的生产总值来看,贵州经济发展极不平衡,比如:排在第一位的贵阳市生产总值是最后一位安顺市的 4 倍多。贵州经济发展的不平衡也带来了交通运输业发展的不平衡,其从业人员数量差异显著。贵州交通运输行业从业人员最多的是贵阳市,达 104585 人;其次是黔南州,达 14704 人,但不到贵阳市的七分之一。虽然遵义生产总值仅次于贵阳市,比贵阳市少 541 亿元,但是遵义市交通运输行业从业人员偏少,只占贵阳市的 12.3%。此外,排在第 4 位黔东南州后的其他地市（州）交通运输行业从业人员数都不足 7000 人,从业人员数明显不足。因此,贵州交通强国示范区建设亟待吸引大量交通运输人才,推动贵州交通运输业快速发展。

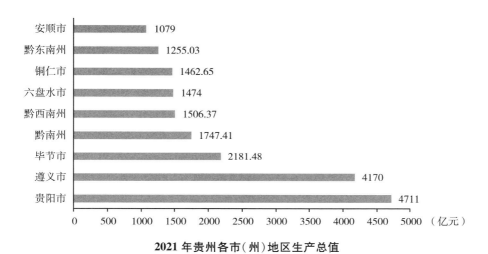

2021 年贵州各市（州）地区生产总值

2021 年贵州各市（州）地区交通运输行业从业人员

从男女性别构成上看,男性一直是贵州交通运输业的主力军。各地区男女比例在 2∶1 至 3∶2 之间。贵阳市男女比例为 10∶7,协调度最高。

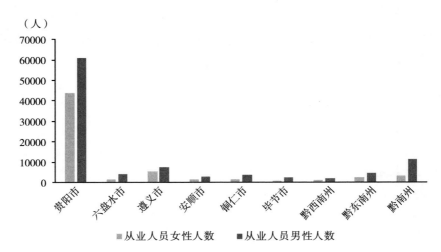

2021 年贵州各市（州）地区交通运输行业从业人员男女构成情况

（二）年龄构成

鉴于数据的可得性,根据《2022 年中国劳动统计年鉴》的中"交通运输、仓储和邮政业"年龄构成,结合《贵州省第七次全国人口普查公报(第四号)》的贵州教育水平情况,综合分析贵州交通运输行业从业人员年龄构成情况。

从 2021 年全国交通运输仓储和邮政业从业人员年龄构成比例来看,就业人员中以 25—55 岁年龄段的人员为主,基本符合我国目前劳动人员的结构状况。

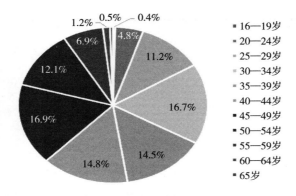

2021 年全国交通运输仓储和邮政业从业人员年龄构成

从 2021 年贵州各地区人口年龄构成占总人口比重(%)来看,贵阳市年轻人口比重稍高,其他地区人口年龄水平无显著差异。整体上,贵州各地区人口以 15 岁至 59 岁为主,适宜交通运输业发展。

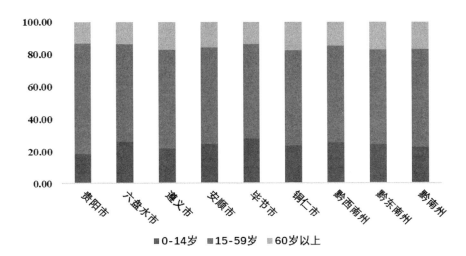

2021 年贵州各地区人口年龄构成占总人口比重(%)

(三)教育程度

鉴于数据的可得性,根据《2022 年中国劳动统计年鉴》的中"交通运输、仓储和邮政业"受教育程度,结合《贵州省第七次全国人口普查公报(第五号)》的贵州教育水平情况,综合分析贵州交通运输行业从业人员学历情况。从 2021 年全国交通运输仓储和邮政业从业人员学历情况来看,目前交通运输行业的从业人员学历仍然普遍较低,从业人员受教育程度一半只有初中水平,还有 19.72%的是小学文化程度及以下,大学本科及研究生的比例非常小,只有 9.99%。从 2021 年贵州各地区每 10 万人口中拥有的各类受教育程度人数来看,除贵阳人口具有明显的教育优势外,各地区人口各类受教育程度构成没有显著区别。综合来看,贵州交通运输业要充分利用现有的人力资源优势,其他地区要加大人才引进力度,不断优化交通运输行业从业人员整体质量,服务交通强国示范区建设。

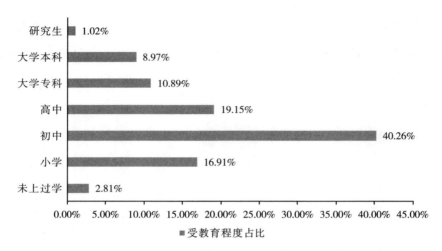

2021 年全国交通运输仓储和邮政业从业人员学历构成

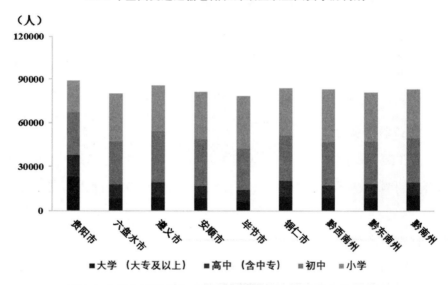

2021 年贵州各地区每 10 万人口中拥有的各类受教育程度人数

（四）工资水平

从 2022 年贵州各地交通运输行业从业人员工资总额来看,各地区存在显著差异。排在第一位的是贵阳市 11.41 亿元,第二位的是遵义市9.80 亿元,其他地区都在 5 亿元以下,不到贵阳市从业人员工资总额的一半。从 2022 年贵州各地交通运输行业从业人员平均工资来看,贵阳市交通运输行业从业人员工资突破 12 万元,达到 128909 元,毕节市交通运输行业从业人员平均工资为 95258 元,其他地区交通运输行业从业人员平均工资不到 10 万元。根据《2022 年中国劳动统计年鉴》显示全国交通运输、仓储和邮政业就业人员平均工资为 109851 元,明显高于贵州除贵阳市和遵义市的平均工资。显然,提高贵州其他各地交通运输行业从业人员工资待遇,有利于吸引交通运输人才,打造交通运输队伍。

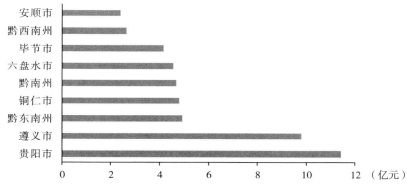

2022 年贵州各地交通运输行业从业人员工资总额

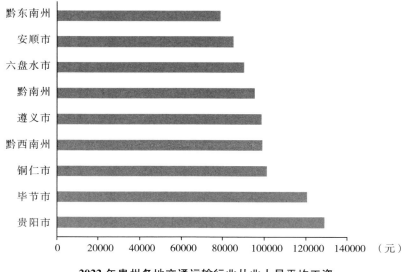

2022 年贵州各地交通运输行业从业人员平均工资

四、贵州交通运输系统内人力资源情况

（一）基本情况

1.人力资源总量

省交通运输厅系统及改制企业、各市（州）县（区、市）交通运输局及其所属单位人员从 2015 年的 41747 人增加到 2020 年的 46000 人,增幅 10%左右。

2.人力资源素质

省交通运输厅系统及改制企业、各市（州）县（区、市）交通运输局及其所属单位接受高等教育的人员由 2015 年的 28950 人增加到 2020 年的 31000 人以上,占比由 2015 年的 61.7%提高到 2020 年的 70%以上。

3.人才结构

紧缺人才占专业技术人才的比例明显上升。人才的年龄结构和各类人才的比例更加适应发展需要。人才的分布、层次和类型等结构逐渐趋于合理。

4.人才机制

适应交通运输人才发展的人才工作领导体制和人才培养、引进、使用、激励等机制改革创新取得新进展,人才平台载体和公共服务体系建设初具规模。

5.人才环境

在全省交通运输系统基本形成尊重人才、服务人才、促进人才发展的良好氛围,支持人才干事创业和维护人才合法权益的政策法制体系进一步完善,人才工作、生活环境明显改善,人才效能和人才贡献率明显提升,交通运输人才资源对经济增长的贡献率显著提高。

（二）高层次人才情况

1.高层次创新型人才

以人才创新能力建设为核心,以高层次创新型交通科技人才和优秀

青年交通科技人才为重点,实施"251 工程",到 2020 年,在全省交通运输系统培养 20 名领军人才、50 名省内知名专家,培养 100 名青年科技英才,形成贵州现代交通运输人才比较优势。

2. 高素质管理型人才

以全省交通运输系统党政人才、事业单位管理人才和企业高级管理人才为重点,以提高领导水平和管理能力为核心,培养造就一支富有创新活力和奋发有为的高素质管理人才队伍。

3. 高技能实用型人才

围绕现代交通发展需求,以提升职业素质、职业技能为核心,以培养跨工种、跨专业的复合型高技能实用人才为重点,到 2020 年,培养造就 300 名以上交通技术能手等高技能骨干人才。

（三）重点领域人才

1. 公路工程领域人才

围绕加快构建互联互通综合交通运输网络,以引进和培养公路、桥隧工程及养护等方面人才为重点,到 2020 年,培养造就一支满足公路交通运输基础设施建设、养护及营运需要,精通工程专业技术、富有工程管理经验的人才队伍。

2. 道路运输管理领域人才

围绕交通运输产业突破性发展需要,以公路客运、现代物流等人才队伍建设为重点,到 2020 年,全省交通运输系统道路运输管理人才达到 7000 人以上,比 2015 年增加 1000 人以上,年均增长 3%以上。

3. 安全与应急管理领域人才

以提升监管队伍的业务素质和责任感为核心,以构建高效集中、协调有力的公路安全监测与应急保障体系为重点,加快构建一支适应全省公路安全监测、监管与应急保障体系的人才队伍。到 2020 年,全省交通运输系统专职从事安全与应急管理工作的人才达到 2000 人以上,比 2015 年增加 548 人以上,年均增长 8%以上。

4. 行政执法领域人才

以基层执法队伍职业化、基层执法场所标准化、基层管理制度规范化为抓手,以文明执法、规范执法为根本,以基层执法为重点,着力培养造就一支素质过硬、作风优良、纪律严明的行政执法队伍。到 2020 年,全省交通运输系统行政执法人才(含海事执法人才)达到 9000 人以上,比 2015 年增加 2280 人以上,年均增长 7%以上。

5. 信息化与智能交通领域人才

适应现代交通运输业信息化、智能化及"云上交通"的发展要求,以智慧交通云建设为核心,以智能交通系统、交通运输的计算机处理、云管理等为重点,锻造一支熟悉交通运输业务、掌握现代信息技术与智能交通技术的信息化专门人才队伍。

6. 水运领域人才

紧紧围绕贵州构建"两主四辅的水运出省通道"目标和"坚持规划引领、主攻航道建设、突破闸坝碍航、着力产业培育、创新机制保障"五大重点建设要求,以水运通道、枢纽港口人才建设为重点,加强港口航道工程、港口航道管理、航运经营管理、船员培训、海事管理、船舶检验、航电开发等内河航运人才引进与培养。到 2020 年,全省交通运输系统内河航运人才(不含海事执法人才)达到 1000 人以上,比 2015 年增加 316 人以上,年均增长 9%以上。

7. 交通产业化经营领域人才

围绕公路水运经济产业带建设,努力造就一支以公路水运经济、旅游服务、娱乐休闲、商贸物流等为重点的公路水运配套产业经营管理人才队伍,培养造就一批具有责任感、事业心,善经营、会管理的交通运输复合型企业经营管理人才。

（四）人才工程实施情况

1.“一对一”高层次人才培育工程

以重大建设工程、重点科研项目、人才基地为依托,采用高层次人才“一对一”的“老带新”培养方式,认真落实高层次人才培养的各项支持措施,采取倾斜政策,培养国务院特殊津贴专家、交通运输部新世纪十百千人才、交通运输部交通青年科技英才等 15 人以上,培养省核心专家、省管专家、省政府特殊津贴专家、省创新人才、省青年科技人才等 20 人以上,工程技术应用研究员和博士研究生 200 人以上。

2.能力素质提升工程

围绕交通运输业的跨越发展,以转变发展方式、加快发展现代交通运输业为主线,以全面提升能力素质为基础,以高层次专业技术人才、高素质管理人才和高技能实用人才的培养为重点,大力加强交通运输人才培养。到 2020 年,培训机关事业单位管理人才 10000 人次以上,培训企业经营管理人才 5000 人次以上,培训专业技术人才 26000 人次以上,培训技能人才 22000 人次以上。

3.紧缺急需人才引进培养工程

适应贵州交通运输发展需要,加强道路、桥梁与隧道工程、公路与特长隧道养护、危旧桥梁加固改造、工程监理、船舶检验、水路航道和通航枢纽管理与养护、安全应急与搜救、智能交通和交通综合执法等专业领域紧缺人才的培养。到 2020 年,引进培养紧缺急需专业领域人才 200 人左右。同时,引进培养一批节能减排、环保评价、物流管理、投融资、新闻宣传策划等交通运输人才 100 人左右。

4.现代交通职业资格体系建设工程

围绕现代交通职业资格体系建设,以注册土木工程师（道路工程）、注册结构工程师（桥梁工程）、注册造价工程师（交通行业）、注册验船师、交通监理工程师等为重点,加强交通职业资格人才培养。到 2020

年,全省交通运输系统具有职业资格人才达到15000人,年均增长4%
左右。

5.继续教育基地建设工程

依托贵州交通职业技术学院,建立人才继续教育基地,重点建设贵州
交通人才教育培训基地。以提高培训师资队伍综合素质和能力为核心,
制定并实施师资队伍培养计划,着力培养一批善于项目策划、组织和管理
的专业培训教师和管理人员。

6.人才团队建设工程

根据工业强省和城镇化战略实施的需要,结合全省交通运输业发
展的要求,以促进高层次交通运输人才及其创新发展为目标,以交通科
研项目和生产重点项目为载体,打造一批以公路工程、桥梁隧道、勘察
设计等行业首席专家为引领的人才团队。规划期内,继续抓好1—2
个省级人才基地、博士后科研工作站和2—3个省级创新人才团队
建设。

(五)人才工作总体评价

贵州省交通运输系统各级人才管理部门,将人才资源作为贵州交通
运输大发展的第一资源,管宏观、管政策、管协调、管服务等,人才服务、人
才生态、人才竞争进步明显,支撑贵州省交通运输快速发展。

1.人才队伍规模不断壮大

截至2018年底,贵州省地方交通运输主管部门各类人才总数为
10612人,其中机关和事业单位管理人才5496人,占人才总数的
51.79%;企业经营管理人才最少,为1015人,占人才总数的9.56%;专业
技术人才2410人,占人才总数的22.71%(其中具有专业技术职称的为
2122人,占人才总数的20.00%);技能人才1691人,占人才总数的
15.94%。

贵州省地方交通运输主管部门人才规模表

序号	类型	总量	比例	备注
1	机关和事业单位管理人才	5496	51.79%	
2	企业经营管理人才	1015	9.56%	
3	专业技术人才	2410	22.71%	
4	技能人才	1691	15.94%	
总计		10612	100%	

2.人才队伍结构有所改善

从人才构成来看,全省交通运输人才队伍的专业分布趋向合理。人才资源在城乡、产业、各交通组织之间的布局有所改善;交通运输人才的专业、知识、能力、素质结构进一步优化;交通运输人才逐步向交通企业、优势产业、交通生产部门和交通服务业聚集。

从人才学历来看,整体学历和专业化程度有所提升。截至 2018 年底,机关和事业单位管理人才 5496 人,其中本科以上学历占 52.20%,专科以上学历占 93.26%;企业高级经营管理人才 1015 人,本科以上学历占 15.47%,专科以上学历占 48.08%;专业技术人才 2410 人,本科以上学历占 60.87%,专科以上学历占 93.46%;技能人才专科以上学历占 53.08%。

从年龄结构上看,中青年人才正成为人才队伍的主体。机关和事业单位管理人才 45 岁以下所占比例为 66.49%,企业高级经营管理人才 45 岁以下所占比例为 62.76%,专业技术人才 45 岁以下所占比例为 77.45%,技能人才 45 岁以下所占比例为 63.54%。

3.人才队伍素质进一步提高

从学历、职称等反映人才基本素质的因素来看,高素质人才已成为人才的主体。

截至 2018 年底,贵州省地方交通运输主管部门具有大专及以上学历的人才 8432 人,占人才总数的 79.46%,其中研究生学历人才 183 人,占人才总数的 1.72%;全省专业技术人才队伍中拥有中级以上职称人员占 34.50%;高技能人才占全市技能人才总量的 34.48%。贵州交通运输行业聚才引才载体不断增长。

4. 人才体制机制建设成效显著

先后出台了《新时代贵州交通运输学习大讲堂》《贵州省交通运输第四批高层次创新型人才选拔》《贵州省交通运输厅关于做好职称工作的通知》《贵州省交通运输人才培养计划》等 20 多项政策性文件。这些政策性文件为推进全省交通运输的人才工作提供了制度保障,进一步营造了贵州交通运输行业尊重知识、尊重人才的社会氛围。人才市场体系进一步健全,服务功能进一步完善,市场调配人才资源的能力进一步加强;人才流动的体制性障碍逐步减少,人事管理制度进一步深化,选才用人机制进一步健全。

(六)人才工作创新点和亮点

省交通运输系统结合实际,突出重点,狠抓落实,着重从体制机制创新、政策措施保障、重点工程实施等方面,以激发人才创新创造活力,促进人才全面发展为目的,着重抓好培养、吸引、用好三个环节,切实加强人才队伍建设,充分发挥各类人才的作用,为贵州交通运输发展提供坚强的人才智力保证。

1. 创新工作机制

(1)健全人才工作运行机制。坚持党管人才,调整充实交通运输厅人才领导小组。2016 年,为加强对人才工作的领导,贵州交通运输系统及时调整充实了交通运输厅人才工作领导小组成员,健全工作机构,保持了工作的连续性。近三年,交通运输厅人才工作领导小组先后召开了 12 次小组会议,传达学习上级会议精神,分析任务形势,总结部署工作,研究重大事项,制定人才工作政策,较好地发挥了交通运输厅人才工作领导小组管宏观、管政策、管协调、管服务的职能,形成党委统一领导,组织部门牵头抓总,有关部门各司其职、密切配合,社会力量广泛参与的人才工作格局。

(2)健全人才培养开发机制。制定并跟踪人才规划,下发《贵州省交通运输"十三五"人才发展规划》,提出全省交通运输人才工作的指导方针、战略目标、实施步骤、重点工程等一系列政策举措,成为贵州交通运输系统各级各部门抓人才工作的依据和实施路线。根据全省交通运输系统大力实施"十大党建工程"总体部署,贵州省交通运输厅人事处把"人才聚集工程"作为抓党建、聚人才、促发展的有力抓手,提出了贵州省交通运输"人才聚集工程"思路,明确了各项重大人才工程、人才专项工作和各类人才培训培养的牵头单位和责任单位,全省交通运输系统发现人才、聚集人才、使用人才、造就人才的能力有了新提升。

(3)积极健全人才工作制度机制。贵州交通建设集团有限公司出台《贵州交通建设集团有限公司人才引进实施办法(试行)》《贵州交通建设集团有限公司公开招聘管理办法(试行)》,以贵州省一年一届的人才博览会为载体,依托"百千万人才引进""黔归人才"等引才计划,以"青蓝工程"人才培养活动为抓手,通过"内培"与"外引"相结合的方式,培养和引进人才先后获得国家级奖项 10 项,省部级奖项 86 项,地厅级奖项 65 项。多个政策性文件,内容涵盖面广,适用范围宽,既涉及"蓝领"交通运输技能型人才,也涉及高层次、急需紧缺交通技术人才;既考虑了国内优秀交通运输人才,也考虑了海外高层次交通运输人才,进一步完善了人才培养、人才发现和引进、人才管理运行与评价使用、人才保障激励相结合的交通运输引才用才机制。

(4)健全人才选拔任用机制。贵州交通运输系统开展了一系列的选拔表彰优秀人才活动,隆重表彰拔尖人才,选聘出"十百千"人才共有 5 人,"特聘专家"两批共有 6 人。选拔培养"十百千人才工程"、享受国务院政府特殊津贴专家 11 名。选派 7 名优秀青年科技骨干为"西部之光"

访问学者。

2. 强化投入保障

(1)深入实施重大人才工程,统筹推进各类人才队伍建设。交通运输厅把组织实施好重大人才工程作为统筹推进各类人才队伍建设的重要抓手,专门制订实施方案和若干子计划,明确各项工程的任务目标、主要内容、工作分工、进度安排、经费预算和组织领导机制,同时注意与科技教育发展规划、交通运输机构改革、专项业务发展规划提出的重大工程和现有人才工程相衔接,形成协调一致、整体推进的良好局面。

(2)扎实推进党政人才素质提升工程。以能力建设为重点,有计划地开展党政人才大规模培训。在干部教育培训中,贵州省交通运输厅人事处把深入学习贯彻落实党的二十大报告和习近平总书记系列重要讲话精神作为重点,牢牢把握加强党的执政能力建设、先进性和纯洁性建设这条主线,以建立健全具有贵州省交通运输特色的干部教育培训体系为目标,紧紧围绕贵州交通运输系统"人才强交"战略,以加快提升贵州交通运输发展质量为目标,持续推进大规模培训干部、大幅度提高干部素质的战略任务。依托贵州交通职业技术学院等干部培训主阵地,共举办专题培训班、"贵州省交通运输讲堂",培训各级各类干部。选派厅、处级干部参加中央、交通运输部和省委举办的培训班学习。选派青年干部赴省外学习、参加研究生班的学习。

(3)大力抓好"双百"人才工程。全省交通运输系统共聘请59名国内外高层次人才担任顾问、讲座专家或咨询专家,均为全国知名高校的教授与博导。共引进298人次高层次人才来贵州省交通运输讲学或解决技术难题,签订技术合作协议、达成合作意向88项,解决技术难题、有效指导项目318项。贵州交通运输业成为一个集聚众多高等院校、科研院所人才发挥作用的平台,赢得了尊重知识、尊重人才的口碑,树立了良好形象。

（4）深入开展交通运输学术和技术带头人培养工程。新世纪交通运输学术和技术带头人培养工作是贵州交通运输系统科技人才工作的重要内容，遴选出的人选均为贵州交通运输系统各领域中有较高学术造诣，在经济建设和社会发展中成绩显著，能起骨干和核心作用的优秀青年科技人才，是贵州交通运输系统加快转变经济发展方式的重要人才基础。全省交通运输系统共选拔培养了省、市跨世纪学术、技术带头人。其中，省级百层次人选是在国内同行业领先的、有重要影响力的带头人，省级千层次人选是在省内领先、科研能力突出的后备骨干人才，通过多层次人才选拔培养结构合理的人才梯队建设，为全省交通运输快速发展和高质量发展提供强有力的人才支持。

（5）持续开展"贵州省交通运输人才数博会引才"计划。全省交通运输系统借助贵州大数据博览会，共邀请了北大、清华、中国人民大学等25所知名"985""211"工程高校共736名硕士以上优秀人才来贵州省交通运输系统考察参观，其中"985"工程高校约占总数的三分之一，来贵州省考察的人才与贵州省交通运输各企事业单位达成意向数近1000人次，黔东南州交通运输局机关还成功引进了上海交通大学博士人才。这些活动极大地宣传了贵州省交通运输，增进各类人才对贵州省交通运输现状及发展前景的了解，帮助优秀人才在贵州省交通运输系统寻找发展机会，成为贵州省交通运输吸引人才的新名片。

（6）积极推进"优秀专家对口帮扶贫困县"工程。根据省委、省政府"大扶贫"战略部署，针对对口支援的贫困县在引才政策、用才平台、留才环境等方面先天不足的现状，贵州交通运输系统认真贯彻落实党的十九大关于大力实施边远贫困地区人才支持计划，选派一批拔尖人才和优秀青年科技人才对口联系帮扶贫困县单位，通过成立专家服务基层工作中心，在对口贫困县设立专家服务基层工作站，构建了"三站一中心"专家服务基层新模式。先后有24名进站专家，深入基层交通运输一线，发挥交通运输专业特长,尽职尽责,积极帮助贫困县促成了一批产业项目,培养了一批当地专家人才,为当地经济社会发展提供了强有力的智力支撑。2021年全省扶贫英雄表彰大会上,贵州交通运输厅选派的人才也获此项殊荣。

3.加强载体建设

(1)加强人才公共信息服务平台建设。加强各类平台建设,聚合聚才引才效力,大力推进人才小高地建设。充分发挥人才小高地集聚、培养和承载交通运输高层次创新创业人才的特区功能,打破所有制、部门和地域限制,形成了一批在省内有影响的品牌人才团队。全省交通运输系统申报建设和自主建设人才小高地共计12个,数量均居全省前列,人才小高地建设取得实质性突破,构建起全省首个区、市、县三级交通运输人才小高地体系;争取到省专项资助1000多万元,获得专项资金700多万元;各级小高地累计引进各类人才(含柔性引进)630多名,培训、培养各类人才近230406人次。人才小高地人才团队拥有高层次人才3063人,其中博士348人、硕士952人。

(2)建立健全人才交流服务平台。一是积极推进引进国外智力工作。通过国家外国专家局渠道,全省交通运输系统获得国家外专局项目立项60个,获资助110万元。每年举办"国(境)外专家贵州省交通运输行活动",共有150多名国际、国内著名专家学者围绕工业经济发展的新模式及发展战略等课题开展研究和项目合作。外国专家的指导涉及交通运输设计、勘察、建设、管理、养护、服务等领域,专家分别来自美、德、日、荷、英、以色列等10多个发达国家和地区。二是加强校企合作实现共赢发展。与大连海事大学、重庆交通大学、长安大学、武汉理工大学、贵州理工学院、贵州大学、贵州财经大学等共同建立了研究生社会实践基地,建立实验转化基地各1个,共安排100多名博士、硕士生来贵州省交通运输进行社会实践,协助交通运输企业解决技术难题。三是加快交通运输企业技术中心和工程技术中心建设,吸引了一大批人才从事技术研发工作。借助省委承办的"院士专家贵州行"活动,邀请了包括工程院院士在内的100多人次的国内外著名高等院校和科研院所的知名专家来贵州省交通运输系统为专业技术人员讲学和开展项目合作,缓解了贵州交通运输企业高层次人才紧缺的问题。四是深入推进企业技术站所建设。注重发挥博士后工作站和企业技术中心的纽带作用和孵化器功能,把人才培养、科技研发和成果转化有机结合起来,科技成果的产业化进程不断加快。全省交通运输系统现有 3 家企业,建立了企业博士后科研工作站,以"高进站率、高产出率"领先全省,累计引进博士 36 名。博士后工作站承担了国际项目、国家"863"项目、国家科技攻关项目等。五是充分发挥骨干人才传帮带作用,以项目建设为载体,打造青年人才培养计划。该计划以师带徒结对培养为抓手,以轮岗管理、实操训练等为辅助手段,通过师带徒结对培养、轮岗管理、实操训练及考核激励等措施,选择专业对口、经验丰富、能力优秀的骨干老员工作为师傅,通过签订师徒结对协议,安排青年职工到项目施工一线的施工、测量、技术、计量计价、试验检测等岗位之间轮流学习实践,由师傅亲手操作和实践,看懂、学会具体工序的标准和规范、操作方法和流程步骤,负责青年职工一对一指导和培养,并开展年度优秀师徒评选活动,实现"青出于蓝而胜于蓝",促进技术人才在实践中锤炼提升工作能力。桥梁集团自 2016 年启动"青蓝工程"活动以来,累计有 116 人参与到活动中,其中 2016 年 52 人,2017 年 64 人。贵州路桥集团自 2014 年 5 月全面启动实施"青蓝工程"活动以来,累计有 299 名青年员工参与到"青蓝工程"活动中,其中 2014 年 102 名,2015 年 73 名,2016 年 56 名,2017 年 58 名。先后有 20 余人走上了项目技术主管、科长、工区长、项目副经理、项目总工等重要岗位,该计划培养高层次人才成效明显。

4. 优化人才环境

（1）强化服务保障。一是出台相关政策引进紧缺人才。为进一步改善人才环境，鼓励交通运输系统党政机关及企事业单位引进、留住更多优秀人才，提高贵州交通运输系统自主创新能力和核心竞争力，截至 2020 年底，贵州交通运输系统引进"211 工程"重点大学定向选调生 45 名。同时，出台贵州交通运输系统企事业单位引进紧缺专业人才的政策，明确每引进 1 名将获得省政府颁发的人才配套奖励，用于引进人才的安家补助，并对引进的紧缺人才给予子女就读、配偶安置等方面的优惠政策。"十三五"期间共引进了 33 名紧缺专业人才，共计奖励 660 万元。二是鼓励厅属单位和交通运输企业引进优秀人才和在职人员攻读研究生学位。贵州交通运输系统各单位在职人员在职攻读硕士、博士研究生学位，并且取得学位后在贵州省交通运输系统工作满三年的，给予硕士 5000 元/人、博士 10000 元/人的奖励，结合交通运输部支持西部地区干部培训政策，贵州交通运输系统共奖励中小企业引进优秀人才、贵州交通运输系统人员在职攻读研究生共计 200 万元。地方交通运输主管部门引进的全日制本科及其以上学历的优秀人才，每引进一名全日制本科生或硕士生并在用人单位工作满三年的，争取省委人才工作领导小组分别按 6000 元、10000 元的标准奖励。截至 2020 年底，贵州交通运输系统共引进高层次人才 50 多人，兑现奖励共计 300 多万元。三是着力做好人才培训工作。截至 2020 年底，贵州交通运输系统共选派了 10 批、200 多名学员赴省外参加各类专业知识培训，所学专业包括交通业务、经济管理、财务会计、信息技术等 20 多个专业。通过加大投入、构建多层次的人才培养平台，开创了贵州省交通运输人才队伍建设新局面，为贵州省交通运输创新发展奠定了扎实的人才基础。

（2）营造良好氛围。持续实施厅领导联系关护优秀人才制度。交通运输厅领导每人联系 2 位优秀科技人才，坚持重大节日看望慰问，经常了解其工作、生活情况,征求联系对象对全省交通运输发展的意见和建议,协调解决遇到的困难和问题。交通运输厅每年召开博士等高层次人才迎春团拜会、座谈会,专业技术人才相对集中的部门,坚持举办专家座谈会,慰问专家和优秀人才。成立"博士联谊会"和"正高级职称人才协会",为高层次专业技术人才搭建了相互联系交流,以及为交通运输厅献计献策的平台,营造了以人为本,爱才、护才、容才的良好氛围。目前"博士联谊会"已有100多人,"正高级职称人才协会"已有300多人。

(七)人才工作主要经验

1. 坚持围绕发展、聚焦主业抓人才,是人才工作保持持续生命力的有力保障

实现建设人才强交的战略目标,要把服务交通运输发展作为人才工作的根本点和落脚点,在交通运输发展主题中确立人才优先的战略布局。紧紧围绕贵州交通运输发展需求谋划人才工作,把人才资源开发纳入贵州交通运输发展总体布局中去规划,融入人才强交战略总体进程中去推进。紧扣重大项目、重点企业、新兴交通运输产业的需要,大力开发重点领域紧缺的专门人才,充分发挥高层次人才在交通运输发展和人才队伍中的引领作用。围绕交通企业、产业和区域优势布局人才规划,延伸到体制外和交通运输相关企业与组织。

2. 坚持以用人单位为主体,放开用人权,是人才工作取得实效的必然要求

交通运输厅直属机构、地方交通运输主管部门、交通运输企业是用人的主体,只有用人主体才深知自己需要什么样的人才。交通运输厅直属单位把用人权充分放开,引导各业务单位依托重点项目聚集精英人才。如贵州省道路运输局通过从基层遴选、公开招考、调入及军转安置等方式,新进人员17人,新增人员占该局总人员的22.08%,有效充实该局人才力量。该局根据干部职工的专业优势等特长,努力通过干部选拔任用机制发现人才,重用人才,积极将干部调整到适合的岗位。2016年以来共开展干部选拔和轮岗交流5次,涉及交流或提拔任用干部41人次,其中,2016年13人次,2017年13人次,2018年15人次,努力做到人尽其才。贵州省交通建设工程质量监督局通过人博会引进具有硕士研究生学历的急需紧缺人才8人,通过公开招考引进专业技术人才3人。加强交通建设项目的质量安全研究,建立质量安全监督人才库,为加强专业技术人才培养打下一定的基础,为扩充专业技术专家提供平台。

3. 坚持打造开放包容的人才环境,是引才留才的有力支撑

开放包容的氛围与环境是人才选择的重要因素。贵州省交通建设工程质量监督局专门成立了技术创新管理小组,对技术创新项目进行评价,评价结果与职称聘用挂钩,将专业技术职务评聘分开,以专业技术人员的技术创新能力作为奖惩、晋职、职务聘用的重要依据,以激励专业技术人员勤奋工作,不断创新,覆盖到交通质量安全监督工作的各个方面,对业务工作起到极大的推动作用。为贵州省交通运输系统吸引人才,留住人才提供了有力的支撑。贵州省高速公路管理局基本形成尊重人才、服务人才、促进人才发展的良好氛围,人才工作、生活环境明显改善,人才效能和人才贡献率明显提升。贵州省公路管理局结合垂直管理实际,以"聚人才"与"聚人心"相结合,重点突出解决人才个人的实际困难,并将困难一一列出清单予以解决,收到了很好的效果。

4. 坚持以用为本、重在发挥实效,是使人才作用发挥最大化的有效举措

将"不求所有、但求所用"的柔性引才方式作为引进人才的方式之一,对高层次人才、特殊人才、急需人才,打破地域、户籍、身份、人事关系等限制,建立报酬、福利、住房等优惠措施,开启了贫困山区柔性引才的"绿色通道"。先后聘请了264名国内外专家担任交通运输主管部门和

所属机构顾问,引进 1000 多人次专家来贵州省交通运输系统讲学,进行技术开发。建立起"户口不迁、关系不转、双向选择、自由流动"的柔性引才机制,探索出咨询式、情感式、项目式、合作式、租赁式等人才柔性引进模式,实现了人才、智力"刚性使用"向"柔性引进"转变。贵州省交通建设工程质量监督局对《绩效工资分配办法》进行了修订,并重新制定了《绩效考核评分表》,结合各项业务工作实际着力突出"两个功效":一是突出激励功效,二是突出实用功效。打破"干好干坏一个样"的常规工资发放模式,用每个月每位员工的绩效工资与工作效率和工作质量挂钩。工作效率不高、工作质量不好,哪项工作上出现了差错,都能从绩效考核评分表找到扣分依据,并直接影响工资收入,有效地提高了职工的工作积极性。

5. 坚持关口前移,久久为功抓引才,是人才工作有效有力的重要保障

人才资源是第一资源,各个地方都在争抢,必须把工作做在前面,使聚才引才关口前移。截至 2020 年底,贵州省乌江航道管理局等多家单位邀请知名大学的数批博士生、硕士生团免费来实地参观考察,亲身感受贵州交通运输充满生机的事业、优美的生态环境和宽阔的事业发展空间。把聚才引才工作做在前面,从学生大二大三开始就邀请其接触贵州省交通运输,在促进优秀人才感知贵州省交通运输,宣传推介贵州省交通运输,提升贵州交通运输的知名度,增强交通运输业留人方面取得了实效。同时,人才工作不能一蹴而就,需要长久抓、抓长久。各级交通运输主管部门和厅属单位逐年加大人才开发投入力度。每年投入到学术技术带头人培养、"双百人才工程"、中青年人才出国境培训、人才小高地建设、优秀人才表彰奖励及其他人才开发项目的专项经费达 2000 多万元,为交通运输人才工作提供了有力的保障。

第二节　贵州交通运输人力资源发展政策环境

一、国家人才政策环境

党中央明确提出坚定实施科教兴国战略、人才强国战略，提出人才是实现民族振兴、赢得国际竞争主动的战略资源。要坚持党管人才原则，聚天下英才而用之，加快建设人才强国。实行更加积极、更加开放、更加有效的人才政策，以识才的慧眼、爱才的诚意、用才的胆识、容才的雅量、聚才的良方，把党内和党外、国内和国外各方面优秀人才集聚到党和人民的伟大奋斗中来，鼓励引导人才向边远贫困地区、边疆民族地区、革命老区和基层一线流动，努力形成人人渴望成才、人人努力成才、人人皆可成才、人人尽展其才的良好局面，让各类人才的创造活力竞相迸发、聪明才智充分涌流。

2010年6月，中共中央、国务院印发《国家中长期人才发展规划纲要（2010—2020年）》。纲要提出，当前和今后一个时期，我国人才发展的指导方针是：服务发展、人才优先、以用为本、创新机制、高端引领、整体开发。到2020年，我国人才发展的总体目标是：培养和造就规模宏大、结构优化、布局合理、素质优良的人才队伍，确立国家人才竞争比较优势，进入世界人才强国行列，为在本世纪中叶基本实现社会主义现代化奠定人才基础。

围绕这一指导方针和目标，人才队伍建设的主要任务包括以下三点：一是突出培养造就创新型科技人才；二是大力开发经济社会发展重点领域急需紧缺专门人才；三是统筹推进各类人才队伍建设。同时，纲要从多个方面提出一系列重大政策和人才工程。重大政策包括实施促进人才投资优先保证的财税金融政策、实施产学研合作培养创新人才政策、实施引导人才向农村基层和艰苦边远地区流动政策等 13 项;重大人才工程包括创新人才推进计划、青年英才开发计划、企业经营管理人才素质提升工程等 12 项。

2016 年 3 月,中共中央印发《关于深化人才发展体制机制改革的意见》。意见明确了在推进人才管理体制改革、改进人才培养支持机制、创新人才评价机制、健全人才顺畅流动机制、强化人才创新创业激励机制、构建具有国际竞争力的引才用才机制、建立人才优先发展保障机制、加强对人才工作的领导等方面的具体要求,提出深化改革的主要目标是,到 2020 年,在人才发展体制机制的重要领域和关键环节上取得突破性进展,人才管理体制更加科学高效;人才评价、流动、激励机制更加完善;全社会识才爱才敬才用才氛围更加浓厚;形成与社会主义市场经济体制相适应、人人皆可成才、人人尽展其才的政策法律体系和社会环境。

2016 年 7 月,国务院印发《"十三五"国家科技创新规划》。规划坚持把人才驱动作为本质要求,加快培育集聚创新型人才队伍。从推进创新型科技人才结构战略性调整、大力培养和引进创新型科技人才、健全科技人才分类评价激励机制、完善人才流动和服务保障机制四个方面提出了具体要求,培育造就规模宏大、结构合理、素质优良的人才队伍。

2017 年 2 月,国务院印发《"十三五"现代综合交通运输体系发展规划》。规划提出应加快综合交通运输人才队伍建设,培养急需的高层次、高技能人才,加强重点领域科技领军人才和优秀青年人才培养。加强人才使用与激励机制建设,提升行业教育培训的基础条件和软硬件环境。做好国外智力引进和国际组织人才培养推送工作,促进人才国际交流与合作。

2018 年 2 月,中共中央办公厅、国务院办公厅印发《关于分类推进人才评价机制改革的指导意见》。意见以激发人才创新创业活力,加快形成导向明确、精准科学、规范有序、竞争择优的科学化社会化市场化人才评价机制,建立与中国特色社会主义制度相适应的人才评价制度为目的,在分类健全人才评价标准、改进和创新人才评价方式、加快推进重点领域人才评价改革、健全完善人才评价管理服务制度等方面提出具体意见。

2018年5月28日,习近平总书记在中国科学院第十九次院士大会、中国工程院第十四次院士大会上的讲话中指出,我们坚持创新驱动实质是人才驱动,强调人才是创新的第一资源,不断改善人才发展环境、激发人才创造活力,大力培养造就一大批具有全球视野和国际水平的战略科技人才、科技领军人才、青年科技人才和高水平创新团队。牢固确立人才引领发展的战略地位,全面聚集人才,着力夯实创新发展人才基础。要创新人才评价机制,建立健全以创新能力、质量、贡献为导向的科技人才评价体系,形成并实施有利于科技人才潜心研究和创新的评价制度。要注重个人评价和团队评价相结合,尊重和认可团队所有参与者的实际贡献。要完善科技奖励制度,让优秀科技创新人才得到合理回报,释放各类人才创新活力。要通过改革,改变以静态评价结果给人才贴上"永久牌"标签的做法,改变片面将论文、专利、资金数量作为人才评价标准的做法。要营造良好创新环境,加快形成有利于人才成长的培养机制、有利于人尽其才的使用机制、有利于竞相成长各展其能的激励机制、有利于各类人才脱颖而出的竞争机制,培植好人才成长的沃土,让人才根系更加发达,一茬接一茬苗壮成长。要尊重人才成长规律,解决人才队伍结构性矛盾,构建完备的人才梯次结构,培养造就一大批具有国际水平的战略科技人才、科技领军人才、青年科技人才和创新团队。要加强人才投入,优化人才政策,营造有利于创新创业的政策环境,构建有效的引才用才机制,形成天下英才聚神州、万类霜天竞自由的创新局面。

此外,国务院印发的《"十三五"促进就业规划》《国务院关于做好当前和今后一段时期就业创业工作的意见》等文件也充分肯定了人才在劳动市场和经济发展中的重要位置,提出人才优先发展、人才引进、人才培养等政策,为实现比较充分和更高质量的就业、全面建成小康社会提供强大支撑。2018年之后,中央发布了多项人才政策文件,其中《关于分类推进人才评价机制改革的指导意见》由中央办公厅、国务院办公厅印发,旨在改进人才评价体系。《加快数字人才培育支撑数字经济发展行动方案(2024—2026年)》由多个部门联合发布,目标是加快数字人才的培育,支持数字经济的发展。2019年之后,党的人才政策文件强调了实施新时代人才强国战略,旨在建设世界重要人才中心和创新高地。2020年以来,党的人才政策文件继续强调深化人才体制机制改革,旨在打破体制壁垒,为人才提供更广阔的发展空间,强调"放权、松绑",突出"精准、分类"要求,构建更加完善的人才政策体系。

二、行业人才政策环境

党中央提出建设"交通强国"的宏伟目标,为交通运输业未来发展指明了方向,这是国家经济社会发展到一定阶段的必然结果,也是交通人的时代使命和历史担当。行业作为重要的基础性产业之一,其建设发展离不开劳动力大军的参与。交通基础设施的建设,需要大量施工人员和技术人员;运输服务的供给,需要大量运输从业者;行业科学可持续发展,需要高素质的管理人员;推动高新交通技术不断突破,需要高层次科技人才。建设交通强国西部示范省,关键之一在于建设交通强国西部示范省人力资源保障体系,以充分发挥人在交通运输事业发展中的核心主体地位和作用。

为深入贯彻落实党中央对人才强国提出的要求,交通运输部印发了行业人才发展总体规划纲要,国家铁路局、中国民用航空局和国家邮政局等分别印发了交通专项规划,提出了多项人才培养和发展政策,推进了人力资源保障体系建设各项工作,为人才强国、交通强国战略目标的实现营造了良好的政策环境。

2011 年 6 月,交通运输部印发《公路水路交通运输中长期人才发展规划纲要(2011—2020 年)》,提出完善人才发展的体制机制,优化人才发展的政策环境,持续推进人才资源开发,有效增加人才总量,着力优化人才结构,合理调整人才分布,显著提高人才素质。各级、各地交通运输主管部门要根据人才工作实际需要,积极争取在政府公共财政预算中,建立交通运输人才发展专项资金,用于资助科技领军人才、优秀青年人才、急需紧缺人才的培养,用于深化人才发展问题研究和开展人才资源统计调查。在重大建设和科研项目经费中,安排部分经费用于人才培训,强化人才发展的资金保障。

2016 年 3 月,交通运输部印发《交通运输科技"十三五"发展规划》。规划提出从培育科技领军人才和创新团队、支持青年科技人才持续发展、激发大众创业万众创新活力等方面加强科技创新人才队伍建设。

2017 年 2 月,国家铁路局印发《铁路标准化"十三五"发展规划》,指出应加强标准化专业人才培养,利用标准制修订工作平台,更好地吸引、培养、造就技术和管理人才,重点培养一批掌握标准化专业知识和铁路专业技术、了解国家政策和产业发展规划、精通外语并熟悉国际标准化规则的技术标准专家人才。进一步强化专业管理,建立专家库,树立权威地位,发挥技术主导作用。指导相关单位制定和落实标准化人才培养计划,提高标准化基层队伍工作水平。

2016 年 12 月,中国民用航空局印发《民航科技发展"十三五"规划》。规划提出,着力优化科技资源配置,加强民航科技创新平台与基地建设,推动高端科技人才队伍建设,造就一批高层次科技创新团队,进一步改善科研基础条件和创新型科技人才队伍建设,通过加强条件支撑和智力保障提升科技创新能力。包括加强民航科技创新平台与基地建设、推动高端科技人才队伍建设,造就一批高层次科技创新团队等。

2018 年 2 月,中国民用航空局印发《民航科技创新人才推进计划实施方案》。推进计划旨在通过创新体制机制、优化政策环境、强化保障措施,培养造就一批高水平的行业科技创新人才和创新团队,引领和带动民航科技人才队伍发展,为持续提升民航科技创新能力提供强有力的人才支撑。

2017 年 12 月,国家邮政局印发《国家邮政局关于推进邮政业服务"一带一路"建设的指导意见》,肯定了人才资源交流合作的重要意义,支持有关院校、科研机构、企业与沿线国家高等院校、科研机构、知名企业开展合作,联合培养行业紧缺人才和企业中高级经营管理人才。创新人才培养机制,着力培养具有国际视野、通晓国际规则和掌握行业知识的复合型国际化人才。推动实施邮政业高端引智计划,吸引沿线国家和有关国际机构高层次人才来华联合研发技术装备、参与企业经营管理、参加重大项目建设和开展专项培训。探索与沿线国家实施邮政快递领域技能人才职业等级互认。

除了针对各种运输方式的专项规划外,2016 年 9 月,交通运输部印发《中国船员发展规划(2016—2020 年)》,提出加强海员特别是高级海员队伍建设,大力培养专业化、国际化海运人才,为完善海运业人才培养体制机制、实现海洋强国战略目标提供坚强人才保障。

三、典型省市人才政策环境

我国东中西部地区依托各地方人才政策和发展实际制定了人才引进、培养、激励等相关政策。

(一)浙江省

浙江省以科学发展观为指导,按照省委省政府、交通运输部关于人才工作和人才队伍建设的总体部署,深入实施"人才强交"战略,发布《浙江省交通运输中长期人才发展规划纲要(2011—2020 年)》。纲要指出:一是加强高层次科技人才培养,以人才创新能力建设为核心,造就一支数量足、水平高、能力强的高层次科技人才队伍;二是加强高技能人才培养,以人才实践能力建设为核心,造就一支涵盖交通运输行业、立足交通运输第一线的高技能人才队伍;三是加强紧缺人才培养,以保障当前交通重点领域为重点,培养和引进一批工程建设、桥梁管理、城市轨道交通、行政执法、现代交通物流、信息技术等方面人才;四是加强高素质管理人才培养,以交通运输主管部门公务员和所属单位领导干部为重点,以提高领导素质和管理能力为核心,造就一支德才兼备、勤勉廉洁、求真务实、奋发有为的高素质管理人才;五是加强企业经营管理人才培养,以提升创新创业能力、市场竞争能力和现代经营管理能力为核心,以培育现代企业家和职业经理人为重点,培养一批引领创新创业、具有世界眼光和社会责任感的优秀企业家。

浙江省委、省人民政府于 2016 年 6 月印发了《关于深化人才发展体制机制改革,支持人才创业创新的意见》。意见就创新更具竞争力的人才集聚机制、构建充满活力的人才使用机制、完善便捷高效的人才服务机制、健全市场化和社会化的人才管理体制、建立人才优先发展保障机制五个方面提出了具体政策建议,努力把浙江建设成为人才集聚之地、人才辈出之地、人才向往之地。

(二)江苏省

江苏省委、省人民政府于 2017 年 2 月发布了《江苏省"十三五"战略性新兴产业发展规划》。该规划将航空航天、高速铁路、先进轨道交通装备等重大工程建设急需的关键材料、新一代轨道交通、新能源汽车产业、空天海洋装备产业等纳入重点发展领域。该规划指出,为深入实施科教与人才强省战略,紧密结合战略性新兴产业发展需要,应加大人才引培力度,优化人才发展环境,着力构建以高端人才为引领、各类专业人才为支撑的人才高地,为战略性新兴产业发展提供强有力的智力支撑。

一是加快引培领军人才。实施"新兴产业双创人才"计划。支持高等院校、科研院所、企业自主吸引和选聘国内外科研人员,完善政府与企业联合引进人才方式。依托省"凤还巢"计划、国外人才智力引进工程、产业人才高峰行动计划、高层次人才培养计划、急需紧缺高技能领军人才引进和培养计划、留学回国人员创新创业扶持计划等,加大战略性新兴产业领军人才、急需紧缺人才、特色产业人才的引培力度。二是大力培养专业人才。建立高校学科专业、人才结构与区域分布动态调整机制,完善产学研用结合的协同育人模式。制定战略性新兴产业紧缺专业人才目录,在相关人才计划中给予重点支持。深入实施百千科技企业家培育工程,培养一批科技型、复合型创新创业人才。实施新型技能大军培育工程,鼓励校企一体化办学、职业教育联合培养、企业新型学徒制,创新技术技能人才教育培训模式,推动技能人才结构调整。

(三)四川省

四川省在《关于深化人才发展体制机制改革,促进全面创新改革驱动转型发展的实施意见》中提出完善创新型人才培养模式,包括大力加强创新型企业家队伍建设,培养造就一批具有世界眼光、开拓精神和支撑产业转型升级的创新型企业家队伍。改进科技人才培养支持方式,坚持高端引领、梯次开发、以用为本,系统实施科技创新创业苗子、杰出青年科技人才、科技创业领军人才、青年科技创新研究团队培养支持计划,梯次培养开发创新型科技人才队伍。完善技术技能人才培养模式,推行产教融合、校企合作、工学一体的培养模式,支持园区、企业与职业院校开展学科专业共建,以订单式和企业新型学徒制、现代学徒制等方式培养技能人才。改革高等教育人才培养模式,完善创新型人才培养机制,加大大学生创新创业教育培训力度,促进人才培养与经济社会发展紧密对接。

(四)其他典型省市

为了加快城市升级转型,提升区域竞争力,2018 年以来,全国各地纷纷出台一系列政策加紧对人才的争夺。例如,新疆维吾尔自治区对引进人才带有重点课题或重大项目的,在科研资助、创业扶持、工作经费、投融资、税收等方面给予积极支持,对引进高层次紧缺人才,在户籍转移、安家补助、收入分配、配偶就业、子女入学、保险就医、职称评聘、出入境方面实行特殊灵活政策。长沙市给予高校毕业生"零门槛"落户,两年内租房和生活补贴 0.6—1.5 万元/年,首次购房补贴 3—6 万元,建设 200 家左右就业见习基地满足高校毕业生见习需求,每年统筹 5000 个左右基层公益性岗位吸纳普通高校毕业生就业。西安市面向全国在校大学生,提出仅凭学生证和身份证即可完成在线落户的新举措,对新设立的西安市博士后创新基地,一次性给予 10 万元奖励。南昌、武汉、郑州、成都、重庆、济南、南京、杭州、青岛、厦门、天津、无锡、沈阳等城市也在户籍政策、住房保障、就业保障、其他配套保障方面给出了优惠政策。

为深入贯彻落实《国家中长期人才发展规划纲要(2010—2020 年)》对人才投资优先保证的财税金融政策,各级政府相继出台了人才发展与引进资金政策,规范对各类高层次人才的选拔和培养,支持出人才、出成果,确保高层次人才队伍的发展。例如,宁夏回族自治区发布《宁夏回族自治区人才专项资金使用管理办法(试行)》;黑龙江省发布《黑龙江省人才发展资金管理办法》;河北省财政每年将安排引智及人才培养专项资金 1 亿元,统筹安排资金支持引进外国人才工作;天津市发布《天津市高等学校高层次人才引进和培养激励项目专项资金管理办法》;上海市发布《上海市促进人才发展专项资金管理办法(试行)》等。

四、贵州省人才政策环境

贵州省交通运输厅按照国家深化职称领域"放管服"改革要求和人才分类评价要求,结合行业实际,推动工程系列交通运输专业职称制度改革,与省人社厅联合印发了《贵州省工程系列交通运输专业技术职务任职资格申报评审条件(试行)》。出台了《贵州省交通运输厅系统高层次人才培养及管理办法（试行）》《贵州省交通运输人才培养计划》《贵州交通科技英才命名办法（试行）》《贵州交通技能尖兵命名办法（试行）》等文件，为推进全省交通运输行业人才工作提供制度保障。

第三节　贵州交通运输人力资源发展体制机制

一、国家层面

《国家中长期人才发展规划纲要（2010—2020 年）》提出，人才队伍建设应坚持党管人才原则，完善党管人才的领导体制，创新党管人才方式方法，完善党委统一领导，组织部门牵头抓总，有关部门各司其职、密切配合，社会力量广泛参与的人才工作格局。健全各级党委人才工作领导机构，建立科学的决策机制、协调机制和督促落实机制，形成统分结合、上下联动、协调高效、整体推进的人才工作运行机制。建立党委、政府人才工作目标责任制，提高各级党政领导班子综合考核指标体系中人才工作专项考核的权重。建立各级党委常委会听取人才工作专项报告制度。完善党委联系专家制度。实行重大决策专家咨询制度。完善党委组织部门牵头抓总职能，发挥政府人力资源管理部门作用，强化各职能部门人才工作职责能力，充分调动各人民团体、企事业单位、社会组织的积极性，动员和组织全社会力量，合力形成人才工作整体。

二、行业层面

经过多年的发展和不断的改革完善，在交通运输行业，人力资源管理相关工作的体制机制和组织架构逐步健全。

1. 成立人才工作领导小组，加强对行业人才工作顶层指导

早在 2016 年 7 月中共交通运输部党组召开专门会议，根据中共中央

《关于深化人才发展体制机制改革的意见》的精神,决定成立交通运输部人才工作领导小组,加强对综合交通运输体制下行业人才工作的领导和统筹指导。交通运输部人才工作领导小组会议由交通运输部党组主要负责人主持召开,国家铁路局、中国民航局、国家邮政局有关负责同志和部总师出席会议,部人才工作领导小组成员单位负责同志和办公室成员参加会议。部人才工作领导小组成立以来,全面贯彻落实党的十八大、十八届历次全会以及党的十九大、十九届历次全会和党的二十大精神,深入学习贯彻习近平新时代中国特色社会主义思想,坚持党管人才原则,交通运输部和三个国家局制定和修订了一系列加强人才队伍建设的政策制度,在选才、用才、聚才等方面都取得了明显成效,为各项工作推进奠定了扎实基础。

2. 部内及国家局设有专门的人事机构,系统管理人事相关工作

交通运输部内设人事教育司,负责机关和直属单位的干部人事、机构编制、劳动保护和卫生监督工作;负责指导交通运输行业人才队伍建设工作;负责公路、水路行业教育管理工作;负责有关智力引进和对外劳务合作工作;负责部业务主管社会团体相关事务。国家铁路局人事司是国家铁路局的职能司局,承担机关和地区铁路监督管理局等直属单位的人事管理、机构编制、队伍建设等工作;负责局机关退休干部工作。中国民用航空局人事科教司负责拟订局直属单位人事、劳动、教育等工作的规章制度,并组织实施;负责局管领导班子后备干部队伍建设,指导民航行业人才队伍建设;负责民航专家队伍选拔、管理等工作。国家邮政局人事司拟订机关人事、教育、培训、劳动工资管理制度并组织实施,指导邮政行业人才队伍建设,承办国家邮政局系统机构、人员编制和干部管理工作。

3. 各省厅设有专门的人事管理部门,统筹全省行业人才工作

为深入贯彻习近平总书记系列重要讲话精神,全面落实中共中央《关于深化人才发展体制机制改革的意见》,浙江省、江苏省、福建省等多

个省份也分别建立了以省委主要负责人为小组组长,各省厅单位为小组成员的省人才工作领导小组,并定期召开省人才工作领导小组会议,各省高度重视人才工作,针对本省人才政策和发展实际,建立健全工作机制,提出针对性措施,激发各类人才的积极性主动性创造性,对全省人才工作和人才队伍建设进行统筹规划。

与此同时,各省分别设有专门的人事管理机构,统筹管理全省人事工作。

浙江省交通运输厅内设人事处,省厅人事处主要负责管理厅机关和直属单位的机构编制、人事、劳动工资工作,按权限管理直属单位领导班子和厅管干部;负责全省交通队伍建设、岗位培训、专业技术人员管理的相关工作;负责国际和港澳台交通运输经济技术合作和交流;管理省级交通社团。

江苏省交通运输厅内设政治处,省厅政治处负责指导交通运输行业队伍建设和精神文明建设;承担机关和直属单位的机构编制、组织人事和劳动工资工作;负责厅管干部和直属单位领导班子管理;负责机关和直属单位并指导交通运输行业人才、职称、职业资格和技能鉴定等工作。

福建省交通运输厅机关设有人事处,省厅人事处负责厅机关、直属单位人事、劳动工资、体制改革、机构编制、行政奖惩等工作;负责按管理干部权限负责厅机关及直属单位领导班子建设;配合从事全省交通行业工种工人职业技能,培训、鉴定工作。

三、省内层面

贵州省交通运输厅机关设有人事教育处,承担厅机关及直属单位的机构编制和干部人事管理工作;承办专业技术职务评聘及技工考评工作;承办统战、出国(境)审查、社团管理等相关工作;指导交通运输业成人教育、职业技术教育工作。贵州省交通运输厅按照国家深化职称领域"放管服"改革要求和人才分类评价要求,结合行业实际,推动工程系列交通运输专业职称制度改革,与省人社厅联合印发了《贵州省工程系列交通运输专业技术职务任职资格申报评审条件(试行)》,出台了《贵州省交通运输厅系统高层次人才培养及管理办法(试行)》《贵州省交通运输人才培养计划》《贵州交通科技英才命名办法(试行)》《贵州交通技能尖兵命名办法(试行)》等文件,为推进全省交通运输行业人才工作提供制度保障。

第四节 贵州交通运输人力资源发展管理服务

一、培养教育方面

(一)国家层面

综合《国家中长期人才发展规划纲要(2010—2020 年)》《关于深化人才发展体制机制改革的意见》《"十三五"国家科技创新规划》等政策文件,国家层面培养教育机制主要包括以下五个方面。

一是人才培养开发机制上,把社会主义核心价值体系教育贯穿人才培养开发全过程,不断提高各类人才的思想道德水平。建立人才培养结构与经济社会发展需求相适应的动态调控机制,优化教育学科专业、类型、层次结构和区域布局。全面推进素质教育。坚持因材施教、建立高等学校拔尖学生重点培养制度,实行特殊人才特殊培养。改革高等学校招生考试制度,建立健全多元招生录取机制,提高人才培养质量。建立社会参与的人才培养质量评价机制。完善发展职业教育的保障机制,改革职业教育模式。完善在职人员继续教育制度,分类制定在职人员定期培训办法,倡导干中学。构建网络化、开放式、自主性终身教育体系,大力发展现代远程教育,支持发展各类专业化培训机构。支持建立军民结合、寓军于民的军队人才培养体系。

二是实施产学研合作培养创新人才政策。建立政府指导下以企业为主体、市场为导向、多种形式的产学研战略联盟,通过共建科技创新平台、开展合作教育、共同实施重大项目等方式,培养高层次人才和创新团队。实施研究生教育创新计划,发展专业学位教育,建立高等学校、科研院所、企业高层次人才双向交流制度,推行产学研联合培养研究生的"双导师制"。改革完善博士后制度,建立多元化的投入渠道,发挥高等学校、科研院所和企业的主体作用,提高博士后培养质量。实行"人才+项目"的培养模式,依托国家重大人才计划以及重大科研、工程、产业攻关、国际科技合作等项目,重视发挥企业作用,在实践中集聚和培养创新人才。对企业等用人单位接纳高等学校、职业学校学生实习等实行财税优惠政策。

三是创新人才教育培养模式。突出经济社会发展需求导向,建立高校学科专业、类型、层次和区域布局动态调整机制。统筹产业发展和人才培养开发规划,加强产业人才需求预测,加快培育重点行业、重要领域、战略性新兴产业人才。注重人才创新意识和创新能力培养,探索建立以创新创业为导向的人才培养机制,完善产学研用结合的协同育人模式。健全以职业农民为主体的农村实用人才培养机制。弘扬劳动光荣、技能宝贵、创造伟大的时代风尚,不断提高技术技能人才经济待遇和社会地位。

四是改进战略科学家和创新型科技人才培养支持方式。更大力度实施国家高层次人才特殊支持计划(国家"万人计划"),完善支持政策,创新支持方式。构建科学、技术、工程专家协同创新机制。建立统一的人才工程项目信息管理平台,推动人才工程项目与各类科研、基地计划相衔接。按照精简、合并、取消、下放要求,深入推进项目评审、人才评价、机构评估改革。

五是建立基础研究人才培养长期稳定支持机制。加大对新兴产业以及重点领域、企业急需紧缺人才支持力度。支持新型研发机构建设;鼓励人才自主选择科研方向、组建科研团队,开展原创性基础研究和面向需求的应用研发。

（二）行业层面

综合《公路水路交通运输中长期人才发展规划纲要（2011—2020年）》《"十三五"现代综合交通运输体系发展规划》《交通运输科技"十三五"发展规划》等政策文件,交通运输行业层面培养教育机制主要包括以下三点。

一是重点加强优秀拔尖人才培养。高层次科技人才方面,坚持以重大建设工程、重点科研项目、重点科研基地为依托,采取倾斜政策,支持科研骨干潜心开展基础研究和科技攻关,加强高层次创新型科技人才培养。高技能实用人才方面,以交通运输主干专业和紧缺人才为重点,继续推进技能人才实训基地和示范院校建设。探索加强新型职业教育教师队伍建设、加强行业技能工人在职培训和农民工培训。高素质管理人才方面,整合利用行业和社会教育培训资源,继续对干部加强法律、管理、现代经济、交通运输专业、公文写作知识和信息化知识的培训,支持、鼓励和组织干部接受再教育,增强干部队伍的履职能力和执行力;不断加大干部轮岗、交流和挂职力度,在艰苦、复杂环境和急难险重工作中培养锻炼干部。

二是大力加强重点领域急需紧缺人才培养。重点领域急需紧缺人才包括综合运输人才、工程管理人才、现代交通物流人才、道路运输人才、轨道交通人才、港口与航运人才、救助打捞人才、行政执法人才和信息化人才九大类。培养紧缺急需人才,应引导高等院校调整课程体系与师资队伍建设,加强国际层面的考察培训、学术交流与合作办学,增设重点领域课程,增加实践环节的教学与实训,加强对该领域人才的培养力度。在职业教育方面,继续支持改善职业院校实训条件,建立相关领域人才培养实训基地。推进相关领域从业人员的职业资格制度建设,着力完善和规范认证培训市场,强化职业资格认证监管,确保认证制度的实用性和认可度。

三是继续支持中西部地区人才队伍建设。实施对口援助计划。加大"双向挂职"力度,进一步加大东部地区对中西部地区和东北老工业基地在干部援助和人才培养等方面的支持力度;进一步明确援助干部在担任实职、工作时间、收入待遇和相关补贴等方面政策;进一步明确鼓励各类人才到中西部地区建功立业、支援建设的鼓励性政策。实施西部地区干部培训计划。确保专项资金,采取请出来和派进去,通过参与项目、短期讲学、学术交流和国际培训等多种形式,组织对西部地区交通运输管理干部、技术人员和教育师资的培训。建立健全科技合作计划。继续依托交通运输科学技术计划,实行人才培养与科研项目和基地建设相结合,吸纳中西部地区工程技术和科研人员参与,帮助中西部地区培养和稳定骨干人才,增强当地交通运输科技可持续发展能力。

二、资金投入方面

《国家交通运输中长期人才发展规划纲要(2011—2020 年)》(以下简称《纲要》)指出,各级、各地交通运输主管部门要根据人才工作实际需要,积极争取在政府公共财政预算中,建立交通运输人才发展专项资金,用于资助科技领军人才、优秀青年人才、急需紧缺人才的培养,用于深化人才发展问题研究和开展人才资源统计调查。在重大建设和科研项目经费中,安排部分经费用于人才培训,强化人才发展的资金保障。

为贯彻落实《纲要》关于加强交通运输行业高层次人才培养的要求,进一步加大人才培养力度,"十二五"期间,交通运输部在资金有限的情况下,每年列支一定资金设立行业高层次人才培养专项经费,重点用于资助部评选的优秀科技人才开展学术总结、出版专著、学术交流、知识更新等活动。2015 年,针对青年科技英才、科技领军人才、科技创新人才以及高技能人才共 4 类行业高层次人才进行了资助,资助人数共 168 名,资助金额共计 536.3 万元。2017 年,资助对象主要是"交通运输青年科技英才"和人选交通运输行业科技创新人才推进计划的"科技创新领军人才"
"卓越创新团队"带头人、"全国水运工程勘察设计建造大师"的获得者,
资助人数共 69 名,资助金额共计 498 万元。

同时,中央财政从车辆购置税和港口建设费中安排资金用于交通运
输科研工作,有利于促进交通运输科技成果转化和高新技术的应用,以及
交通运输行业总体科研能力和科技人员素质的提高。

三、平台搭建方面

截至 2017 年底,交通运输行业已拥有交通运输部认定的 137 个行业
重点科研平台。经过多年的持续投入建设,行业重点科研平台规模不断
壮大、结构不断优化,已形成国家、部两个层次,重点实验室、研发中心两
个体系为主体的层次分明、结构合理的重点科研平台体系,成为科技创新
和人才培养的重要基地,在交通运输创新发展中发挥了重要支撑和引领
作用。截至"十二五"末,重点科研平台有固定科技活动人员 5416 人,其
中正高级职称 1289 人、博士 1638 人,行业重点科研平台建设规模和质量
不断发展,平台作为科技创新高地、人才培养基地和重大成果产地的作用
日渐凸显,为打造现代交通、引领转型升级发挥了重要作用。根据《交通运
输科技"十三五"发展规划》,行业重点科研平台建设将从发挥既有平台作
用、优化平台整体布局、支持平台持续发展三个方面进行整体提升推进。

但是,目前交通运输行业内的人才引进仍然依托于"国家海外人才
引进计划""国家高层次人才特殊支持计划"以及各地、各单位的具体人
才引进计划,尚未构建明确的交通运输行业人才引进平台。

第五节　贵州交通运输人力资源发展文化建设

文化是人类在社会历史发展过程中不断创造的各种精神财富和物质

财富的总和。由此可以看出,文化的产生根本是人,文由人生、以文化人,文化是人类长期共同创造的产物,同时文化也影响并约束着人类发展的未来方向。文化是一个国家、一个民族的灵魂。文化建设首先要牢牢掌握意识形态工作领导权,这决定文化前进方向和发展道路。文化既包括世界观、人生观、价值观等具有意识形态性质的部分,又包括自然科学和技术、语言和文字等非意识形态的部分。意识形态支配着人们的生存方式,是人们自觉遵守的价值准则和思维方式,优秀的意识形态具有强大的凝聚力和引领力,使广大人民在理想信念、价值理念、道德观念上紧紧团结在一起。

交通运输行业作为国家重要的基础性服务性行业,覆盖范围广泛,从业人员众多,4000多万从业者组成了保障人民出行、货物流通的坚实力量。经过多年的发展,行业深刻贯彻落实国家相关指示精神,紧密结合自身属性特点,着力于价值理念的发掘、提炼、整合与升华,在行业内广泛开展文化建设,形成了良好的文化自觉。行业文化建设已经成为推进行业文明发展、实现转型升级的重要切入点、着力点和创新点。可以说,行业文化建设是人力资源发展的内部粘合剂和催化剂,内聚人心、外塑形象,贯穿于行业发展的每个环节,有效发挥人的积极性、主动性和创造性,规范人的行为,提升人的使命感和责任感,充分激发出行业人力资源的最大潜能。

1. 加强行业培育践行核心价值观的顶层设计,用核心价值观引领行业思潮、凝聚行业共识

交通运输部印发《交通运输行业培育践行核心价值体系行动方案》(2013年5月),在全行业开展了"核心价值倡导行动、道德模范引领行动、文明主题创建行动、文化品牌培育行动、行业形象塑造行动"等"五大行动",切实推进核心价值观落地生根。《交通运输部关于在全国交通运输行业开展"爱岗敬业明礼诚信"社会主义核心价值观主题实践的通知》

（2015年7月）等系列指导性文件，推进实施"思想政治教育工程、核心价值践行工程、宣传舆论引导工程、文化建设示范工程、行业文明创建工程"等"五大工程"，对全行业培育践行社会主义核心价值观作出全面安排。在实际工作中，社会主义核心价值观宣传教育纳入了各级党委（党组）中心组学习计划，纳入各级党委讲师团经常性宣讲内容。深入开展习近平新时代中国特色社会主义思想宣传教育，增强全行业"四个自信"。

2.深入开展群众性精神文明创建活动，形成行业发展合力、引领文明风尚

在行业连续多年组织开展"学先进、树新风、建体系、创一流"群众性精神文明创建活动，不断扩大文明行业创建的覆盖面和影响力。开展高速公路服务区文明服务创建、文明工地创建、寻找中国道路运输风范人物领袖品牌、寻找最美航标工、寻找最美路姐、寻找最美海员、品质工程大讨论等文明创建活动。大力弘扬雷锋精神，积极开展"暖流行动""爱心送考"等学雷锋志愿服务活动。推进文明单位、青年文明号等创建活动，开展文明交通出行专项行动，不断提升行业文明素质和社会文明程度。以诚信交通建设为重点，加强社会公德、职业道德、家庭美德、个人品德教育，传播修身律己、崇德向善、礼让宽容等道德风尚。开展交通运输道德领域突出问题专项教育和治理，完善企业和个人信用记录，在行业内形成守信光荣、失信可耻的氛围。

3.持续开展行业先进的推选宣传活动，突出先进典型示范引领

行业一直注重大力宣传先进典型，评选表彰道德模范，形成学习先进、争当先进的浓厚风气。多年持续在全行业组织开展"感动交通年度人物"推选宣传活动，通过行业推荐、群众评议，每年推选出10名"感动交通十大年度人物"，40名"感动交通年度人物"，在行业内外大力宣传典型的感人事迹，形成强大的舆论声势，树立行业干部职工学习的标杆。

"最美基层干部"王高乐、"最美司机"吴斌、"水上交通运输安全卫士"陈维、"灯塔世家"叶中央、"全国岗位学雷锋标兵"郭娜、"全国劳动模范"方秋子、"当代愚公"苗天才、"孤岛鸿雁"谢坚等一大批具有鲜活时代特征的先进典型脱颖而出。同时,结合行业特点组织开展了"最美养路工""最美航标工"学一系列"身边好人"的群众性推选活动,让崇尚先进、学习先进在全行业蔚然成风。

4. 注重树立文化品牌,充分发挥行业文化怡情养志、涵育文明的作用

全行业认真贯彻落实习近平总书记在党的文艺工作座谈会上的重要讲话精神,推动交通运输文化建设,组织开展了交通运输文化建设"十百千"工程,围绕"十大文化品牌、百家文化建设示范单位、千名行业精神文明建设先进个人"的目标,指导全行业开展主题创建活动。积极培育建设先进的交通文化,结合行业实际,积极开展公路文化、水运文化、长江文化、海事文化、救捞文化、灯塔文化等一系列文化主体建设,推进交通运输主题博物馆、展览馆、陈列馆建设,加强网络精神文明建设和网上博物馆建设,成为践行弘扬社会主义核心价值观的生动载体。通过文化品牌的塑造,使行业发展价值理念深入人心。

5. 大力加强宣传引导,营造人人参与交通、人人热爱交通的舆论氛围

长期坚持团结稳定鼓劲、正面宣传为主,牢牢把握正确舆论导向,把社会主义核心价值观贯穿到日常形势宣传、成就宣传、主题宣传、典型宣传、热点引导中,弘扬主旋律,传播正能量。党的十八大以来,围绕习近平总书记关于农村公路发展和川藏青藏公路建成通车六十周年的重要指示批示精神,组织全行业开展了声势浩大的农村公路成就宣传,组织"同走进藏路"主题采访活动,生动展示了党中央对农村建设发展的关心,弘扬了"一不怕死,二不怕苦,顽强拼搏,甘当路石军民一家,民族团结"的"两

路"精神。开展了交通救助打捞主题宣传,生动诠释了"把生的希望送给别人、把死的危险留给自己"的交通救捞精神。通过正面舆论宣传引导,让更多的公众理解交通行业,让行业从业者热爱交通行业,形成全民共建交通的良好氛围。

第六节　贵州交通运输企业人才建设典型案例

一、贵州交通建设集团有限公司

(一)企业基本情况

贵州交建集团于 2013 年 11 月成立,属省政府授权省国资委履行出资人职责,由省交通运输厅代管的省管大型国有企业。职能定位为通过整合交通运输资源,实行市场化运作,重点对高速公路、专用公路、水运设施和仓储物流等交通运输产业进行投融资、建设及经营管理。交建集团自成立以来,紧紧围绕高速公路项目建设,通过"投融资+施工+运营"的模式着力做强做优做大企业。旗下贵州公路集团、贵州桥梁集团和贵州路桥集团均具有国家公路工程施工总承包特级资质并入围"贵州省 100强企业",拥有 3 个省级认证企业技术中心。集团承建了各类山区拱桥、大跨度刚构桥、高墩斜拉桥、大跨径悬索桥、高瓦斯隧道、特长隧道等省内外重难点工程,已建及在建高速公路总里程 1956 公里,世界 100 座高桥中有 23 座是下属子集团修建。目前,贵州高速公路通车总里程排全国第五,综合密度西部第一,集团公司为贵州形成覆盖全省、通达全国、内捷外畅的"西南重要陆路交通枢纽"的地位作出了较大贡献。

(二)人才工作的主要做法

1. 建立健全人才管理体系

"十三五"初期,集团人力资源管理存在体系不健全、激励措施缺乏、人才风险凸显等问题。在集团党委领导下,下定决心对人力资源工作进行改革和优化,坚持"建立健全,逐步优化"的原则,制定了详细的改革推进方案和年度推进目标。经过不懈努力,建立了包含"选""育""用""留"四大维度在内的共141项人力资源管理制度,并完成了150余项重点工作任务,完成了组织机构的顶层设计,重新设置并明确了各部门的职责边界,建立了结构合理、竞争力强的薪酬激励体系,搭建了指标明确、流程清晰、信息畅通的绩效管理体系,构筑了较为完善的培训管理体系等,使得劳动规范性得到明显改善,人才吸引力得到极大提高,人力资源管理系统性得到显著提升。

2. 有效控制人员规模

交建集团下属公路、桥梁、路桥三家子集团成立时间较长,员工人数众多,在一定程度上使企业负担较重。立足"控总量"的目标,交建集团积极推动机构、岗位和编制改革,按照战略导向、精简高效、合理配置的原则,对总部和下属公司开展机构整合调整,并严控招聘需求,开展内部需求调研分析,按照专业类别,拟定清晰明确的人才引进方案。同时加强内控管理,制定印发《人才引进实施办法》《关于从严控制机关管理人员规模的规定》等多项制度办法,严控人员增量。"十三五"期间,交建集团尽管面临高强度的业绩压力和竞争挑战,但在人员规模控制方面仍取得显著效果,人工效能得到明显提升。截至2020年12月31日,投资的高速公路项目已建成通车里程1114公里、在建里程704公里;集团资产总额增长了181.37%;营业收入由239亿元增长到372亿元,增幅为55.65%;净资产由241亿元增长到514亿元,增幅为113.28%。在集团经营业绩取得重大突破的同时,员工数量得到有效控制,截至2020年12月31日,集团共有在职员工10733人(不含劳务派遣人员),较2016年在职人数11970人减少10%。

3. 着力优化人才结构

作为市场竞争型国有企业,交建集团在现有人才资源的基础上,立足"调结构"的目标,不断优化人才队伍结构。一是调整学历结构,提高人才引进标准,必须大专及以上人员才可入职,招聘院校多为西南地区重点高校,同时不断鼓励员工提升学历水平,对员工学历提升学习给予充分支持。二是调整职称结构,积极安排技术骨干参与重大项目,担任重要职位,完善所需项目经历,积极开展动员,全面落实技术人员职称申报工作,最后深入开展各类专业技术培训,提高员工专业技术水平。三是调整干部年龄结构,建立青年骨干人才库和年轻干部库,持续开展系统内部青年人才推荐选拔工作,目前青年骨干人才库47人,专业化年轻干部库110多人。四是调整专业结构,鼓励员工转岗,大力开展专业培训,促进内部员工向投资运营、交通金融、交建高科、物资商贸、旅游等领域转型。五是提高人岗匹配度,进一步对集团公司人员招聘、人员调配、员工档案管理等工作进行规范,实现人员动态化管理,促进人员合理化流动,提高员工与岗位的匹配度,做到人尽其才,同时加强对内部不胜任岗位要求的干部和员工进行及时调整,并进行及时对其进行思想意识和能力素质培训,解决不会干、不想干、不愿干等问题。

截至2020年底,集团系统内本科及以上学历占比52.05%,较2016年上升11.23%,其中,博士研究生5人、硕士研究生168人、本科5413人。具有职称的专业技术人员4483人,占比49.36%,较2016年增长20.76%,其中,正高级职称179人、副高级职称952人、中级职称1517人。中青年职工比例持续扩大,青年人才的作用逐渐凸显,专业结构愈发合理。

4. 稳步提升整体素质

围绕"建成大型交通综合运营集团"的企业发展战略,交建集团立足"提素质"的目标,稳步提升人才队伍整体素质。一是提高思想政治水平,组织开展以民主集中制、班子议事规则、领导人员选拔任用等内容为重点的学习教育活动。开展党的十九大精神宣贯工作,如中心组学习、专题报告会举办等。二是提升能力水平,首先初步建立培训体系,加强培训统筹管理,采取走出去、请进来等方式,精选培训机构和课程,引入多元、特色培养方式;其次采用多元化员工培养方法,通过轮岗、交流、挂职锻炼等方式快速提升关键人才的实操能力,还探索形成了双师带徒、青蓝计划等人才培养特色项目,做到因材施教、事半功倍。三是充实高层次人才队伍,积极推进人才评先选优工作,集团员工先后获得了"全国杰出专业技术人才""省管专家""国务院政府特殊津贴""贵州省杰出人才"等多项殊荣。拥有一级建造师 428 人、二级建造师 640 人、造价工程师 70 人、试验检测师 312 人、注册安全工程师 135 人、注册会计师 5 人。

5. 有效防范人才风险

为切实保障企业持续健康发展,深入实施人才强企战略,交建集团积极防范人才流失风险和劳动用工风险,大力营造干事创业良好环境。防范人才流失风险方面,一是构建人力资源体系以及良好的政治生态环境,营造交建集团浓厚的干事创业氛围,扩大企业影响力,吸引外部优秀人才主动流入;二是提升薪酬吸引力,制定了《薪酬管理制度》,设计有竞争性的薪酬水平和差异化的薪酬结构;三是提高绩效激励性,制定《绩效考核管理办法》,将薪酬与业绩挂钩,保证员工付出与回报成正比;四是打通职业晋升通道,明确干部晋升标准,并开展公开竞聘工作,打通干部成长通道,同时建立职称积分晋升通道,满足员工的成长需求和待遇提升需求;五是完善福利保障,如及时调整在缴员工社保基数、建立补充医疗保险体系、完善企业年金方案等,制定《员工补充医疗保险管理办法》《企业年金管理办法》,同时充分理解福利政策,一对一做好服务,着力提升员工幸福感。防范劳动用工风险方面,一是制定《借用(挂职)人员管理办法》,规范员工借调流程、薪酬待遇、晋升等问题;二是梳理和规范人员劳动关系,优化劳动合同,解决借调人员、退休在岗人员的劳动关系、医保和社保缴纳等问题;三是规范体系内员工调动,劳动关系转移等问题;四是结合岗位特点和员工特点采用多种用工形式,如劳务派遣、见习、实习等,降低人工成本;五是结合集团总部实践经验,督促和指导子集团和子公司进行管理优化;六是建立完善休假考勤制度,制定《考勤休假管理制度》;七是严格审核直属单位招聘方案,指导营运公司、投资公司等下属单位开展公开招聘及内部竞聘活动。

6. 积极履行社会责任

作为省属大型国有企业,交建集团牢记职责使命,积极履行社会责任,踊跃投身脱贫攻坚和乡村振兴。一是通过精准选派驻村队伍、提供稳定就业岗位、拓宽收入渠道、建强帮扶村基层党组织等方式,抓牢抓实"脱贫攻坚工作"。二是积极响应党中央号召,妥善安置退役军人。三是积极提供见习和实习岗位,努力解决大学生就业问题。截至 2020 年 12 月 31 日,交建集团解决贫困人员就业 564 人。安置退役军人 112 人,安排见习人员 487 人,安排实习人员 954 人,积极践行国企使命担当,贡献出较大社会价值。

(三)人才队伍建设成效

截至 2020 年底,集团公司紧扣企业高速发展的实际,坚定实施人才兴企发展战略,经过努力建立健全人力资源管理体系,并且在"控总量、调结构、提素质、防风险"方面取得了突出成绩,为增强集团公司综合实力、实现贵州交通枢纽地位战略目标、助力交通强国建设,提供了有力的智力支撑和坚强的人力资源保障。目前,集团拥有国务院政府特殊津贴 3 人,全国十大桥梁人物 2 人,交通运输部青年科技英才 6 人,全国交通技术能手 3 人,省政府特殊津贴 4 人,省管专家 1 人,贵州省高层次创新人才 12 人("百层次"1 人、"千层次"11 人),贵州交通科技英才 9 人,贵州工匠 2 人,贵州交建工匠 13 人。2021 年 10 月,贵州交建集团桥梁建造技术团队荣获"全国专业技术先进集体"称号,该团队经过 60 余年技术沉淀和人才培养,深耕桥梁建造技艺,寻求技术创新突破,先后获得发明专利 352 项、省部级工法 126 项、省科学技术进步一等奖 4 项和二等奖 3 项;荣获国际桥梁界的"诺贝尔奖"——"古斯塔夫金奖"2 个,"詹天佑奖"4 项,"鲁班奖"4 项,"李春奖"7 项,"中国钢结构金奖"4 个。

二、贵州省机场集团有限公司

(一)企业基本情况

贵州省机场集团前身为民航贵州省管理局,2004 年与首都机场集团公司实现联合重组。公司下辖贵阳龙洞堡国际机场、兴义万峰林机场、铜仁凤凰机场、黎平机场、安顺黄果树机场、遵义新舟机场、荔波机场、毕节飞雄机场、凯里黄平机场。2019 年贵州省机场集团持续加强人才队伍建设。加大人才储备,招录涉及综合管理、安全管理、工程管理、信息数据保障、旅客服务及航空物流保障等人员 250 余名,其中研究生学历 25 人,本科学历 161 人、大专学历 64 人,职工总数达到 4300 余人。

(二)人才工作的主要做法

人才是支撑企业发展的根本保障,实施前瞻性、系统性的人才发展规划是落实人才强企战略的重要举措。为进一步深入贯彻落实习近平总书记关于人才工作的系列重要指示批示精神,助力贵州开启全面建设社会主义现代化新征程,推动经济社会高质量发展,开创高质量改革转型发展基本局面,贵州省机场集团有限公司(以下简称"机场集团")紧紧围绕贵州构建综合交通运输体系要求,按照"一二三三四"民航总体工作思路,以建设"平安、绿色、智慧、人文"的四型机场为蓝图,以"三个一"为发展目标(构建一张综合立体交通网、完善一条航空服务产业链、融合一处区域动力核心圈),以"一五五"为发展思路(一个统筹核心、五个管控支点、五个产业板块),以"安全服务、航班航线、建设开发、深化改革、技术创新、对外合作"为核心发展策略,以重点项目、重点工程为抓手,从人才引进、培育、发展、激励及保留等环节入手,致力成就一支有能力、有冲劲、有理想的干部人才队伍,为打造具有核心竞争力的大型枢纽机场企业集团而努力奋斗,为续写新时代贵州发展新篇章,奋力开创贵州高质量发展新局面提供坚实人才支撑和智力支持。

1. 实施"四项工程"

(1)实施经营管理人才"头雁引领"工程。着力打造领军型的经营管理者队伍,以提高企业经营管理水平和市场竞争力为核心,以高精尖人才和职业经理人为重点,加快推进经营管理人才职业化、市场化和专业化,培养造就一批具有战略思维、市场开拓精神、管理创新能力和担当责任感的经营管理人才队伍。

(2)实施专业技术人才"智汇国企"工程。着力打造效能型的专业人才队伍,以提高专业水平和技术能力为核心,以高层次人才和紧缺人才为重点,加强航空安全主业板块专业技术人才的培养锻炼,打造一支素质优良、结构合理、技术突出和能解决实际工作难题的专业技术人才队伍。以数字化转型为契机,对外引进一批专业化技术人才,对内挖掘和培养一批高端智慧机场人才,形成贵州机场行业智能化人才集群。

(3)实施技能人才"工匠兴企"工程。着力打造专家型的高技能人才队伍,以提升职业素质和职业技能为核心,以技师、高级技师等高技能人才为重点,培养造就一支种类齐全、爱岗敬业、技艺精湛的高技能人才队伍。

(4)实施党务工作人员"强根固魂"工程。着力打造复合型的党务人才队伍,严格落实同职级、同待遇政策,让党务人员劳有所获、干有所得,以更足的精气神投身到党建群团工作中。加强党务工作岗位与经营管理岗位员工之间的双向交流,加快培养一批熟悉生产经营、善于做党建工作的复合型人才队伍。以抓实贵州"空港先锋"党建品牌为抓手,培养一批高素质的党务人才,切实发挥其在推动企业发展、支撑企业创新、服务党员职工等方面的核心引领作用。

2.实施"四项行动"

(1)实施人才引进"筑巢引凤"行动。适应企业高质量需要,依托人才博览、柔性引才、知名高校引才等活动和形式,引进一批具备专业水平,熟悉相关行业发展状况和能为企业带来明显经济或社会效益的稀缺人才。首先,拓宽获取渠道。根据各细分类别人才储备情况和市场化情况,结合机场集团管理现状,从供需角度入手,创新、完善人才选聘机制。拓宽招录渠道,丰富招聘形式,探索院校委培方式,提高成熟人才引进效果,保证各类人才能够按比例、及时、有序流入,促进员工素质提高,推动人才结构调整优化。其次,推进分类选聘。在现有制度基础上,规范和创新不同类别员工的选拔任用机制,其中,生产类普通员工一律通过公开招聘录用;二、三级机构经营管理负责人一般通过集团内部竞争上岗或市场化公开选聘相结合的办法选任;在明确岗位需求,设定专业学历、工作经验、专业成果等条件的前提下,优秀专业技术人才可由本人自荐或单位推荐。最后,完善选拔标准。针对重点核心岗位,借助能力素质模型等工具,形成人才画像,构建任职资格、能力素质模型、人才画像相结合的选拔标准体系。

(2)实施人才培养"墩苗育树"行动。优化整合现有人才培养平台载体和计划项目,建立覆盖全面、资源共享、衔接有序、梯次递进的人才培养体系,到2025年对机场集团所有经营管理人才、技能人才、专业技术人才、党务工作人员进行轮训。注重专业化年轻干部的磨炼性、跟踪性培养,到2025年有计划地从各二级单位中安排一定数量的年轻干部到生产一线、创收难度大、重大专项项目、重大改革项目等吃劲岗位"墩苗壮骨",培养其战略决策、开阔思路、驾驭全局、解决问题的能力。

(3)实施人才激励"裂变创效"行动。围绕企业战略发展目标,建立健全以岗位职责为基础,以品德、能力和业绩为导向,考核结果与人才培养、使用、激励相挂钩的评价体系。坚持岗位职责与工作业绩相挂钩,物质激励和精神激励相结合,短期激励与中长期激励相衔接的激励机制。一是强化激励效果。围绕机场集团战略发展,匹配市场化程度更高、更富激励性的薪酬机制,为机场集团战略落地和目标达成提供支持和动力。进一步强化绩效结果与薪酬的挂钩力度,特别是市场化经营单元的经营业绩与薪酬的挂钩力度;完善短中长期相结合的薪酬机制,根据任期管理要求,设计任期激励机制,并着手构建针对中高层管理人员和核心技术骨干的中长期激励计划。二是完善福利保障。进一步优化福利保障,提升服务质量,促进企业劳动关系和谐。通过补充医疗保险、企业年金等多样化福利模式,满足不同员工群体的个性化需求。

(4)实施人才使用"选贤任能"行动。坚持民主、公开、竞争、择优原则,建立健全组织选拔、市场配置和依法管理相结合的选拔任用制度,推进市场化引进方式,形成职务能上能下、人员能进能出、符合现代企业制度要求的人才选用和管理机制。同时,明确发展路径,综合应用跨专业轮岗、基层实践等路径,探索建立人才退出机制,盘活人才活性,促进人才的流动性健康;将岗位与职级分离管理,打通员工向上晋升路径;确立红线制度,从制度层面明确可衡量、可比较、可操作的"能下"标准,确立人才向下流动红线。

3. 全方位构建人才发展支撑体系

围绕机场集团战略发展需要,从人才获取、人才培养、人才发展等环节入手,推动人才队伍建设工作开创新局面,进入新阶段。

(1)创新更加灵活的人才引进机制。基于机场集团战略发展规划,重点对资源开发与统筹、管理与创新、商业开发与经营、生产运营以及综合管理等 5 大类 17 项关键能力进行强化。根据机场集团现有人才情况梳理,为获取和强化这 17 项关键能力,机场集团形成了 25 类重点人才清单。以贵州省人才博览会、省外知名高校引才活动为载体,以《贵州机场集团招聘管理办法》《贵州机场集团特殊人才引进办法》《贵州机场集团职业经理人管理办法》为抓手,一是简化人才引进程序,特别是针对投融资、经营管理等紧缺型专业技术人才缺口,与省外知名高校保持联系,举行线上线下专场招聘会,对优秀应届生择优录取,简化人才录用审批流程。二是不断拓宽引才渠道,着力引进符合新时代企业发展需要的管理人才和专业人才,重点引入投融资建设、信息管理、现代金融等具有理论知识或实践经验的人才;在新业态积极探索职业经理人引进模式,建立科学高效的管理体系,健全评价、考核、激励约束机制,为机场集团实现高质量发展提供坚强的干部人才队伍。

(2)完善差异化的人才培训机制。一是完善课程体系。重视培训需求的收集和分析,分类把握不同业务板块、不同序列、不同层级的人才培训需求,设计差异化的课程体系。针对一些专业性较强的培训,由各板块主导,注重长期培养,联动民航系统资源、联合培养;对市场关联度高的管理人员打破民航行业限制,与市场保持高效同步,重视专业知识和市场风向的及时更新,保持在专业领域中的先进性。二是加强师资建设。在现有工作基础上,进一步完善机场集团内部的讲师认证机制和讲师激励机制,进一步加强内部讲师队伍建设,特别是鼓励值班经理群体进入内部讲师队伍,充分发挥值班经理在理论知识、实践经验传授方面的突出优势。完善外部专家讲师库,筛选一批优质的外部讲师入库,充分利用社会优质资源。完善现有网络学习平台,整合民航业、集团公司内部、社会优秀网络学习资源,研究开发针对性和实操性强、岗位特点鲜明、知识技能系统完整的网上教育培训课件,强化培训工作基础,创造便利学习的机会,营造自主学习、不断提升的氛围。三是健全联动机制。健全培训质量控制、评估体系,加强培训与人才评估鉴定、人才梯队建设、人才使用选拔的联动,将干部员工参训成绩纳入个人绩效考核。制订具体的激励措施,鼓励员工积极参加岗位知识技能培训。

（3）打造多样化人才发展通道。一是拓宽发展通道。基于各类人才的个人发展需求，设计宽口径、多样性的人员职业发展路径，将专业纵向提升、管理横向扩展，全面提升人才职业发展的广度，激励员工从长远角度去规划自己的成长、发展和个人价值，营造重视人才、吸引人才、留住人才、发展人才的选人用人环境。二是完善保障机制。通过建立相应的考核及保障机制，形成适应机场集团人才发展通道有效支撑以及有力保障体系，有效将绩效考核结果与薪酬分配、干部选拔、职位选聘、职称评聘等挂钩，保障人才发展通道的有效运作。

（三）人才队伍建设成效

1. 人才总量稳健增长

每年以"员工总量增幅低于当年生产运输总量增幅"为控制标准，对员工总量进行有序规划、提前储备、科学配置，机场集团员工总数控制在5200人以内（年均增速6.62%）。

2. 人才素质全面提高

机场集团基层及以上管理人员，第一学历为本科及以上者占比超过40%；在人才队伍中，逐步形成"橄榄型"年龄结构，即45岁以上为企业经营管理"舵手"，着重发展36岁—45岁的中坚力量，重点加强31—35岁青年队伍建设和补充，积极培养30岁以下后备管理力量。

3. 人才结构合理优化

根据机场集团业务发展需要，进一步优化人才队伍的专业能力结构、学历结构和年龄结构。

4. 人才效能不断提升

持续强化人力资本概念，继续深化和推进管理改革和运营效率提升工作，进一步提升机场集团运行效率和效能，实现人均创收水平以及单位人工成本创利水平持续提升。

第三章　贵州交通运输人力资源保障体系建设形势与需求

第一节　国家发展战略新使命强化贵州交通运输人力资源保障体系新担当

一、贯彻国家整体战略布局对交通运输人力资源保障体系的要求

　　党的十八大以来,我国形成并积极推进经济建设、政治建设、文化建设、社会建设、生态文明建设五位一体的总体布局,形成并积极推进全面建成小康社会、全面深化改革、全面依法治国、全面从严治党的战略布局,并在此基础上进一步强调要统筹推进"五位一体"总体布局和协调推进"四个全面"战略布局。党的十九大提出习近平新时代中国特色社会主义思想及新时代坚持和发展中国特色社会主义的战略任务,描绘了把我国建成社会主义现代化强国的宏伟蓝图,开启了实现中华民族伟大复兴的新征程。党的十九大报告中再次明确中国特色社会主义事业总体布局是"五位一体"、战略布局是"四个全面"。"五位一体"总体布局、"四个全面"战略布局构成我国经济社会发展顶层设计,创新、协调、绿色、开

放、共享的新发展理念日益深入社会各个领域,供给侧结构性改革引领了新时期、新常态下宏观经济管理主旋律期。党的二十大要求,加快构建新发展格局,着力推动高质量发展。

交通运输业既是国民经济中基础性、先导性、战略性产业,也是国家重要的服务性行业,肩负支撑中国式现代化的重任。在国家总体战略布局下,当前我国交通运输业也面临着转型升级和提质增效的挑战,必须不断深化供给侧结构性改革,优化结构、转换动能、补齐短板、提质增效,满足更加多元、舒适、便捷的客运需求和更加经济、可靠、高效的货运需求,以提高发展质量和效益为中心,加快完善现代综合交通运输体系,为实现中国式现代化奠定坚实基础。

广开进贤之路,广纳天下英才,是保证党和人民事业发展的根本之举。面对行业发展面临的重大机遇和风险挑战,人才资源作为第一资源的特征和作用更加凸显。只有不断提升人才竞争比较优势,充分发挥人才对行业发展的重要支撑作用,才能不断增强行业发展实力。因此,交通运输行业要有力支撑国家"五位一体"总体布局、"四个全面"战略布局,实现高效高质发展,迫切需要改善行业人才发展环境、激发人才创造活力,大力培养造就一支规模宏大、结构合理、素质精良的人才队伍。

二、服务国家重大战略发展对交通运输人力资源保障体系的要求

交通运输业是支撑国民经济重要的基础产业,对经济社会发展具有战略性、全局性影响,对国家重大战略实施也起到了至关重要的支撑作用。而国家重大战略的推进,也对交通运输人力资源保障体系提出了更高要求。

(一)创新驱动发展战略迫切要求交通运输行业加强创新型人才队伍建设

创新是引领发展的第一动力,是建设现代化经济体系的战略支撑。

要建设现代化的交通运输体系,行业必须具有强大的科技实力和创新能力。通过创新,能够掌握全球交通运输科技竞争先机,在前沿领域乘势而上、奋勇争先;能够推动关键技术重大突破,实现创新引领行业发展;能够构建完善的科技创新体系,不断激发行业创新潜能。只有不断创新,推动科技实力实现由量到质的飞跃,才能推动行业持续发展。创新驱动实质是人才驱动,人才是创新的第一资源。实现行业创新驱动发展,迫切需要培养造就一大批具有国际水平的交通运输战略科技人才、科技领军人才、青年科技人才和高水平创新团队。

(二)全面开放战略迫切要求交通运输行业加强国际化人才队伍建设

党的十九大报告强调,要推动形成全面开放新格局,以"一带一路"建设为重点,坚持引进来和走出去并重,遵循共商共建共享原则,加强创新能力开放合作,形成陆海内外联动、东西双向互济的开放格局。设施联通是国际合作发展的基础。在全面开放的格局中,交通运输肩负"开路先锋"的重任。我们必须着力推动陆上、海上、天上、网上四位一体的联通,促进政策、规则、标准三位一体的联通,聚焦关键通道、关键城市、关键项目,联结陆上公路、铁路道路网络和海上港口网络,推动设施互联互通迈上新台阶。然而,推进国内外交通基础设施的无障碍联通,增强交通运输行业国际话语权,推动国内交通企业走出去,都需要高水平国际化交通专业人才的强力支撑。国际化人才队伍建设须提上重要议事日程。

(三)区域协调发展战略、乡村振兴战略迫切要求交通运输行业人才队伍优化布局、合理流动

党的十九大报告指出,必须始终把解决好"三农"问题作为全党工作重中之重,要坚持农业农村优先发展,建立健全城乡融合发展体制机制和政策体系;要加大力度支持革命老区、民族地区、边疆地区、贫困地区加快发展,建立更加有效的区域协调发展新机制。党的二十大要求,全面推进乡村振兴。交通运输是引导生产力布局和人口空间分布变迁,进而优化国土空间开发格局、塑造区域发展新格局的重要支撑;也是繁荣乡村经济、助力农业现代化的关键基础,在京津冀协同发展、长江经济带发展和新型城镇化、脱贫攻坚等乡村振兴、区域协调方面有着重要的支撑保障作用。这也要求交通运输行业不断优化人才结构、均衡人才分布、增加人才总量,提升人才素质,引导人才合理流动,特别是向中西部地区、贫困落后地区倾斜,满足区域均衡发展的需求。

(四)建设美丽中国迫切要求交通运输行业加强专业领域优秀人才培养

党的十九大报告提出,要加快生态文明体制改革,建设美丽中国,坚持节约优先、保护优先、自然恢复为主的方针,形成节约资源和保护环境的空间格局、产业结构、生产方式、生活方式,还自然以宁静、和谐、美丽。交通运输业是国家节能减排和应对气候变化的重点领域之一,是国家实现绿色发展的先行行业。交通运输行业需要加快推进运输结构调整,将绿色发展和生态保护理念贯穿交通运输基础设施规划、建设、运营和养护的全过程,全面推进绿色交通发展。这就需要在相关专业领域培养并引进优秀人才,不断提高行业绿色交通治理能力及绿色交通发展专业水平,整体提升绿色发展的科学性和系统性。

三、落实人才强国战略对交通运输人力资源保障体系的要求

2007 年,人才强国战略作为发展中国特色社会主义的三大基本战略之一,写进了中国共产党章程和党的十七大报告。由此,人才强国战略的实施进入了全面推进的新阶段。党的十八大以来,党中央把加快建设人才强国摆到更加突出的位置。习近平总书记多次作出重要指示,提出一系列新思想、新观点、新论断,为加快建设人才强国进一步指明了方向、提供了根本遵循。

党的十九大报告中再次强调人才的重要性,"人才是实现民族振兴、赢得国际竞争主动的战略资源",要"坚定实施科教兴国战略、人才强国战略",明确要求"培养造就一大批具有国际水平的战略科技人才、科技领军人才、青年科技人才和高水平创新团队","加快建设人才强国,努力形成人人渴望成才、人人努力成才、人人皆可成才、人人尽展其才的良好局面,让各类人才的创造活力竞相迸发、聪明才智充分涌流"。党的二十大报告指出,必须坚持科技是第一生产力、人才是第一资源、创新是第一动力,深入实施科教兴国战略、人才强国战略、创新驱动发展战略,开辟发展新领域新赛道,不断培育发展新动能新优势。

习近平总书记曾多次指出,人才资源是第一资源,也是创新活动中最为活跃、最为积极的因素。人才是决定战略成败和国家兴衰的最根本的要素。因此,在诸多强国战略中,人才强国战略是实现国家强盛的第一战略。这既是由人才资源在当代社会的地位和作用决定的,也是由我国基本国情决定的。人才强国战略对国家的人力资源发展及人才体系建设提出了整体部署和具体要求,主要包括以下几个方面。

(一)开发人才资源

人力资本理论提出以后,人们越来越深刻地认识到人才资源的巨大价值,正如"人力资本之父"舒尔茨所指出的那样:"人类的未来不取决于空间、能源和耕地,而取决于人类智慧的开发,取决于其智力的挖掘。地球上最丰富的矿藏是在人的脑子里,影响人类前途和命运的不是石油,也不是其他矿藏,而是通过人类智慧的开发来更好地利用这些矿藏。"2014年6月9日,习近平总书记在《加快从要素驱动、投资规模驱动发展为主向以创新驱动发展为主的转变》中更加明确地指出,一年之计,莫如树谷;十年之计,莫如树木;终身之计,莫如树人。必须把人才资源开发放在创新发展最优先的位置,改革人才培养、引进、使用等机制,努力造就一批世界水平的科学家、科技领军人才、工程师和高水平创新团队,注重培养一线创新人才和青年科技人才。只有把人才资源开发摆在首位,切实改革人才资源开发的体制机制,才能造就出高质量、创新型的人才大军,为实现强国梦提供强有力的人才支撑。

(二)调整人才结构

在现代社会,人才不仅具有支撑作用,高端人才还具有引领作用。正如美国现代化问题理论家英格尔斯所指出的那样:"在整个国家的现代化进程中;人是一个基本的因素。一个国家,只有当它的人民是现代人,它的国民从心理和行为上都转变为现代的人格,它的现代政治、经济和文化管理机构中的工作人员都获得了某种与现代化发展相适应的现代性,这样的国家才可真正称之为现代化的国家。"只有调整人才结构、优化人才结构,使人才结构不断高级化、现代化,才能促使经济社会结构的调整和优化,促进经济社会结构的高级化和现代化。人才结构既包括宏观层面,也包括中观层面和微观层面。人才结构的微观层面是指人才的内在素质和品格,它是人才结构优化和现代化的内在基核。在重视人才的宏观和中观结构调整优化的同时,必须高度重视人才微观结构的调整、优化和现代化。

(三)加强人才投资

中国社会主义现代化建设需要数以亿计的人才。"实现中华民族伟大复兴,人才越多越好,本事越大越好。"培养和造就这样一大批素质优良的人才队伍,就必须加大人才投资。过去,在很长一段时间,我国人才投资水平比较低,直到 2012 年,教育经费占 GDP 的比重才达到 4%。此后,我国教育经费占 GDP 的比重逐年上升,到 2017 年,已经占到 GDP 的5.15%。但与国际比较,仍有提升空间。例如,英法等国均高于 5.5%,挪威达到 6.5%,丹麦更是达到了 8.6%。因此,在落实人才强国战略的实践中,必须首先保证人才投资,依法规定人才投资占 GDP 的比重,依法保证这一规定不折不扣地落实到位。

（四）创新人才制度

充分发挥人才资源作用,必须在全面深化改革中,改革和创新人才制度,加快构建具有全球竞争力的人才制度体系。而构建具有全球竞争力的人才制度体系,核心问题是尊重人才的自主性,给予人才以充分的自由,使人才的潜能、积极性和创造性得到最大限度的发挥。落实强国第一战略,必须以充分发挥人才作用为核心,以创造人才充分发挥作用的良好环境为重点,深化人才体制改革,创新人才制度:聚天下英才而用之。要着力破除体制机制障碍,向用人主体放权为人才松绑,让人才创新创造活力充分迸发,使各方面人才各得其所,尽展其长。

这些要求既是人才强国战略对国家人力资源发展的要求,同样也适用于交通运输行业。要推动交通运输行业转型升级发展,必须依靠高素质人才队伍的有力支撑,要将人才资源开发摆在首位,优化调整人才结构,不断加大人才投资,完善人才制度体系,激发人才发展活力,充分发挥行业人才的最大潜能,以人才支撑并引领行业科学发展。

四、实施交通强国战略对交通运输人力资源保障体系的要求

交通强国建设就是在推动行业质量变革、效率变革和动力变革的基础上,全面建成安全便捷、经济高效、绿色智慧、开放融合的现代化综合交通运输体系,全面建成世界领先、人民满意、有效支撑我国社会主义现代化建设的交通强国。要实现这一宏伟而实际的发展目标,最根本的是把在一庞大体系中起到重要支撑作用的人力资源的能动作用充分发挥好。

（一）交通强国建设要求人力资源实现由大向强的转变

交通强国意味着高质量的交通运输供给能力和供给水平,要具有世界排名靠前的交通基础设施网络和运输规模,具有世界领先的交通运输现代服务体系以提供高品质的服务,能充分支撑居民出行和经济发展需

要,能够高水平支撑保障国家重大战略需求,体现出可达、便捷的交通价值追求。人力资源既是交通运输行业的基本构成,也是行业转型发展的基础支撑。交通实现由大国向强国的转变,首先要实现行业人力资源由大到强的跨越。

交通运输业作为重要的基础性产业之一,其建设发展离不开劳动力大军的参与。交通基础设施的建设,需要大量施工人员和技术人员;运输服务的供给,需要大量运输从业者;行业科学可持续发展,需要高素质的管理人员;推动高新交通技术不断突破,需要高层次科技人才。

总的来说,行业要实现转型发展和品质提升,必须适应未来技术进步加快和产业优化升级,适应行业发展方式转变、科技进步和管理创新对提高劳动者素质提出的更高要求,不断提升人力资本的质量,推动行业人力资源整体素养由大到强的转变。

(二)交通强国建设要求充分发挥人才红利

纵观当今世界交通强国,均以科技创新引领交通发展,具有较强的国际竞争力、影响力和话语权。要使我国交通运输业跻身世界交通强国之列,必须以创新促发展,推动科技创新成为行业发展的第一动力。创新是发展进步的不竭动力,而支撑和推动创新的根本是人才。国以才立,政以才治,业以才兴。

人才是第一资源,人才优势是最有潜力、最可依靠的优势。人才是交通运输业创新发展的主体和主导者,创新驱动实质是人才驱动。推动行业转型升级,必须把人才开发作为战略基点,推动"人力红利"转变为"人才红利",以"人才红利"促进管理创新、技术创新和劳动生产率提高,增强转型发展的内生动力;必须着力培养造就一大批高层次创新型科技人才,在创新实践中发现人才、在创新活动中培育人才、在创新事业中凝聚人才,支撑行业突破发展瓶颈,抢抓发展机遇;必须充分发挥人才优势,引领关键核心技术实现重大突破,不断提升行业科技实力和自主创新能力。

（三）交通强国建设要求提升人才国际竞争优势

交通强国不仅仅是自己跟自己比有所进步，更是要放眼于世界，与其他交通发展的先进国家进行对比，交通综合竞争力要世界领先才能称之为交通强国。行业竞争力说到底是人才竞争力。从世界范围来看，为了抢占未来发展的战略制高点，各国纷纷制定实施新的人才战略，策划出台新的政策法规和举措，加大对他国创新创业人才的吸引留置力度。例如，美国参议院通过《移民改革法案》，提出取消科技、工程等领域人才移民配额，获得博士学位的外国人取得绿卡可以不受数额限制等一系列优惠政策；欧盟实施支持青年人才跨境培养行动计划，确保优秀人才在欧盟国家内良性循环；加拿大、韩国等国家专门制定吸引外国专业技术人才、海外企业家的移民项目。

高端人才和科技创新已成为大国角逐的决定性力量，谁能培养和吸引更多优秀人才，谁就能在未来一个时期的综合竞争中占据优势。面对严峻的人才国际竞争形势，我国要赶超世界交通强国，必须推动交通运输行业发展从理念到技术实现全面提升，这种超越离不开高端专业人才的支持，需要广开进贤之路、广纳天下英才，实行更加开放的人才政策，形成具有国际竞争力的人才制度优势，不唯地域引进人才，不求所有开发人才，不拘一格用好人才，吸引全世界交通运输领域精英为我所用，在国际人才竞争中赢得主动。

第二节　贵州经济社会发展新形势赋予贵州
交通运输资源体系建设新责任

中国特色社会主义进入了新时代，已开启了全面建设社会主义现代化国家新征程，经济步入高质量发展新阶段，我国社会主要矛盾已经转化为人民日益增长的美好生活需要和不平衡不充分的发展之间的矛盾。国务院《关于进一步促进贵州经济社会又好又快发展的若干意见》(国发〔2012〕2号)曾指出:贵州是我国西部多民族聚居的省份,也是贫困问题最突出的欠发达省份。贫困和落后是贵州的主要矛盾,加快发展是贵州的主要任务。贵州尽快实现富裕,是西部和欠发达地区与全国缩小差距的一个重要象征,是国家兴旺发达的一个重要标志。贵州省通过坚持不懈的努力奋斗,并与全国同步实现全面建成小康社会,但总体上以及与发达地区相比,贵州的经济基础和经济体系仍然不强,交通基础设施和运输服务体系仍然不完善、质量不高,存在着许多短板和弱项。在我国建设社会主义现代化新征程中,贵州的现代化建设依然是西部和欠发达地区的一个重要象征和路径探索。为了进一步加强基础支撑和保障,提升贵州经济社会赶超发展能力和引领推动高质量发展,支撑贵州与全国同步推进社会主义现代化建设进程和同步实现现代化,对贵州省的交通运输发展提出了更高的新要求。

(一)建设贵州省现代化经济体系要求更加完善、更高质量的现代化综合交通运输体系支撑

建设现代化经济体系是党中央从党和国家事业全局出发,着眼于实现"两个一百年"奋斗目标、顺应中国特色社会主义进入新时代的新要求作出的重大决策部署。现代化经济体系,是由社会经济活动各个环节、各个层面、各个领域的相互关系和内在联系构成的一个有机整体,它包括创新引领、协同发展的产业体系,统一开放、竞争有序的市场体系,彰显优势、协调联动的城乡区域发展体系,资源节约、环境友好的绿色发展体系,多元平衡、安全高效的全面开放体系等多个方面。无论产业发展、产业联动、统一市场、商品和要素自由流动、区域协调发展、生产力布局结构优化、资源节约、国土资源利用效率提高、对外开放等都离不开发达的交通运输体系支撑和纽带作用、服务支持。进一步提升贵州省交通运输发展水平,加强对外对内网络化互联互通水平,有效提高交通运输效率和降低交通运输成本,全面克服地理区位劣势,创造吸引要素和产业发展的有利环境,是贵州省建设现代化经济体系和实现经济赶超发展的重要基础条件。

（二）推动交通运输高质量发展和建设交通强国,贵州要求抓住机遇加快完善综合立体交通网和服务体系建设

贵州交通运输实现了从"非常落后""瓶颈制约""总体缓解"到"基本适应"和"总体适应"的基础网络布局和数量规模大发展,交通网络总规模和总承载能力总体适应当前的经济社会发展,具备了由注重数量规模发展向更高结构层次、更高质量、适应未来发展需求的现代化综合交通运输体系建设的发展基础和条件。国家交通强国建设,为贵州省加快现代化综合交通运输体系建设、推动交通运输高质量发展提供了历史性机遇,贵州省必须牢牢抓住这一机遇,加大力度补短板和深化供给侧结构性改革,优化交通运输结构,建设高质量互联互通的对外对内大通道和综合交通运输枢纽,全面提升交通运输发展水平,打造交通强省,强化交通对经济社会更快、更高质量发展的支撑和引领作用。

（三）加快城市化和城镇体系建设,要求功能更加强大的城际、都市圈交通运输体系支撑

城镇化是现代化的必由之路,是我国最大的内需潜力和发展动能所在。其中,城市群是我国新型城镇化的主体形态,也是拓展发展空间、释放发展潜力的重要载体。党的十九大报告提出,要以城市群为主体构建大中小城市和小城镇协调发展的城镇格局,加快农业转移人口市民化。党的二十大报告指出,到2035年基本实现新型工业化、信息化、城镇化、农业现代化。贵州省城镇化率低于全国平均水平10多个百分点,未来的增长潜力巨大。在城镇体系格局中,是以省会贵阳市为中心、市（州）首府区域中心城市为支点环形格局,城市规模不大（仅贵阳一个Ⅰ型大城市）,（黔中）城市群尚处发育阶段。加快贵州省城镇化和促进黔中城市群加快形成,要求加大交通运输对城镇化的引领力度,加强城际交通运输体系和都市圈交通体系建设,构建城际交通快速化、都市圈交通便捷化、城市内外一体化转换衔接的以轨道交通为主体、多元化、功能性强、保障有力的交通运输体系。

(四)加快工业化和产业集群发展,要求提供更强的交通运输保障和降低物流成本

工业化是现代化不可逾越的历史阶段,贵州发展的差距在工业,潜力在工业。2008 年以前,很多观点认为第三产业比重高、超过第二产业是一个地区经济发展水平高、有发展潜力的表现。2008 年国际金融危机,真正能扛住金融危机的都是制造业大国,如德国、日本、中国等,之后,很多国家开始反思去工业化的弊端,尤其是西方大国纷纷开启再工业化的进程。美国:先进制造业国家战略;德国:工业 4.0;日本:工业价值链战略;中国:《中国制造 2025》。同样,对于贵州省来说,工业是经济持续健康赶超发展的支柱,加快实现工业化才能确保经济发展水平不断提高。

贵州省"十二五"时就提出了工业强省战略和城镇化带动战略。贵州省委省政府反复强调,贵州实施工业强省战略要从贵州实际出发,坚持高端承接产业转移、高端嫁接现代产业,坚持工业文明与生态文明协调同步推进,坚持既要金山银山、又要青山绿水的发展理念,努力走出一条就业容量大、经济效益好、资源消耗低、环境污染少、具有贵州特色的新型工业化之路。随着贵州省工业强省战略、大数据战略行动的深入实施,以煤电磷、煤电铝、煤电钢、煤电化等资源深加工"四个一体化"为重点的资源深加工基地加快提升改造和布局新建,以大数据为引领的电子信息产业、装备制造业等产业进入快速发展期,以大旅游、大健康为主体的新兴产业加速发展壮大。由此,对交通运输提出了更高要求,一是要求建设发达畅通的对外对内交通网络,支持产业布局、吸引人才和要素资源、扩大产业合作;二是要求有足够的运力保障和便捷的运输服务以及较低的物流成本,提升产品市场竞争力;三是要求满足电子信息等高价值产品的高质量运输需求。

（五）加快转变经济发展方式，要求交通加大供给侧结构性改革，加强与产业融合发展

党的十九大报告指出，我国经济已由高速增长阶段转向高质量发展阶段，正处在转变发展方式、优化经济结构、转换增长动力的攻关期。必须坚持质量第一、效益优先，以供给侧结构性改革为主线，推动经济发展质量变革、效率变革、动力变革，提高全要素生产率。党的二十大报告强调，加快发展方式绿色转型。推动经济社会发展绿色化、低碳化是实现高质量发展的关键环节。加快推动产业结构、能源结构、交通运输结构等调整优化。交通运输是土地资源占用和能源消耗的主要领域之一，既有的粗放型发展路径和服务模式对贵州的土地资源供给和生态环境保护压力大，因而要求加快转变交通发展方式，优化交通运输结构，新建与存量提升改造相结合；要求加大先进技术推广应用，推进信息技术与交通运输深度融合，加快交通运输智能化，创新交通运输发展方式和运输组织新模式，培育发展新动能；要求立足当前、着眼未来，注重交通领域的关键性重大技术、前沿性技术的发展以及交通运输模式的重大变革，前瞻性开展技术合作与应用试验，确立贵州省在西部地区的交通领先地位；要求交通运输业与贵州省旅游业、贵州省航空制造业等产业融合发展；要求做大做强综合交通运输枢纽，依托功能强大的交通运输枢纽和发达的交通网络，支撑枢纽经济、通道经济的发展。

（六）贯彻实施乡村振兴战略，要求提高城乡交通一体化和实现农村交通基本公共服务均等化

实施乡村振兴战略，是党的十九大、二十大作出的重大决策部署，是决胜全面建成小康社会、全面建设社会主义现代化国家的重大历史任务，是新时代"三农"工作的总抓手。农业农村农民问题是关系国计民生的根本性问题。没有农业农村的现代化，就没有国家的现代化。当前，我国发展不平衡不充分问题在乡村最为突出,农村基础设施和民生领域欠账较多,城乡之间要素合理流动机制亟待健全。实施乡村振兴战略,是解决人民日益增长的美好生活需要和不平衡不充分的发展之间的矛盾的必然要求,是实现"两个一百年"奋斗目标的必然要求,是实现全体人民共同富裕的必然要求。中共中央、国务院专门印发文件,要求加快推进农业农村现代化。相比全国农村发展水平,贵州农村更为落后、城乡差距更大、发展不平衡不充分问题更为突出。在农村交通方面,近年来,贵州省着力加大了投资建设,实现了村村通、组组通,为打赢脱贫攻坚战和实施乡村振兴战略奠定了较好基础。但是,目前基础还比较单薄,网络布局还不完善,线路质量还较低,城乡交通一体化发展不足。为此,贯彻实施乡村振兴战略,要求发挥交通运输的基础性、先行性作用,进一步完善农村交通网络和对外连接线,支撑乡村产业和全域旅游发展;要求按照"四好农村路"的标准,提升公路质量和加强养护维修,保障通行质量,适应现代化发展需要;要求积极统筹城乡交通一体化发展,促进城乡资源要素双向流动,并不断提高乡村地区交通基本公共服务均等化水平,助推城乡融合发展和城乡发展差距、居民生活水平差距显著缩小。到本世纪中叶,城乡全面融合,乡村全面振兴,全体人民共同富裕基本实现。

(七)建设内陆开放型经济试验区和融入"一带一路"对外开放,要求加强枢纽口岸和国际通道建设

2016 年 8 月国务院批复设立贵州内陆开放型经济试验区,着力建设内陆投资贸易便利化试验区、现代产业发展试验区、内陆开放式扶贫试验区,营造良好的营商环境,为内陆地区在经济新常态下开放发展、贫困地区如期完成脱贫攻坚任务、生态地区实现生态与经济融合发展探索新路径、积累新经验。推进内陆投资贸易便利化和现代产业发展要求建设完善的交通体系和相应配套的口岸体系,提供更加高效、便捷化的交通运输和进出口服务支撑。融入"一带一路"对外开放和打造贵州"国际知名山地旅游目的地"也要求贵州大力完善航空口岸、建设铁路口岸,以及开发有效覆盖的国际航线网络,建设连接"一带一路"主要通道、港口、中欧班列始发枢纽站的便捷运输大通道;同时,也要求加强区域交通协同和互联互通建设,紧密区域关系,促进区域产业合作发展。

第三节　交通强国西部示范省建设新任务激励贵州交通运输人力资源建设新作为

一、贵州交通运输发展总体要求

未来 30 年是贵州抢抓新一轮西部大开发重大机遇、经济社会跨越式发展,实现经济高质量发展的重要时期,也是推进工业强省和城镇化带动主战略、推进国家内陆开放型经济试验区建设,发挥作为西部地区"一带一路"高质量发展重要连接线作用的关键时期,经济社会发展对贵州综合交通运输提出了新的要求。

(一)支撑产业发展,要求构筑结构合理、功能完善的交通运输服务网络

随着贵州省工业强省战略、大数据战略行动的深入实施,以煤电磷、煤电铝、煤电钢、煤电化等资源深加工"四个一体化"为重点的资源深加工基地加快提升改造和布局新建,以大数据为引领的电子信息产业、装备制造业等产业进入快速发展期,以大旅游、大健康为主体的新兴产业加速发展壮大。

支撑产业发展要求贵州全面加快交通运输体系建设,构建服务产业基地(聚集区)、主要城镇以及物流集散地(园区)、经济技术开发区、旅游景区(点)等重要节点的干线交通服务网络,进一步降低物流成本,提高贵州发展整体竞争力,同时要求贵州巩固和提升西南陆路交通枢纽地位,

深度参与"一带一路"建设、长江经济带发展、西部陆海新通道和新一轮西部大开发等国家战略,不断推动贵州深度融入区域、全国和全球产业链。

(二)加快城镇化进程,要求功能更加强大的城际、都市圈交通运输体系支撑

贵州正处于城镇化进程加快推进阶段,与新型城镇化发展相适应的产业发展空间逐步完善,未来将推动形成山水城市、绿色小镇、美丽乡村、和谐社区的多彩贵州格局,强化中心城市带动作用,推进区域一体化进程,在空间布局上形成以黔中城市群为引领的多层次、多向开放的城镇化发展格局,实现大中小城市、小城镇和新农村协调发展,城镇化空间格局不断完善。2020年,黔中城市群建设取得新进展,贵阳构建承载超过500万人的城市框架,遵义、贵安新区构建承载200万人的区域中心城市框架。预计到2030年,省域城镇人口达到2700万人左右,城镇化率超过60%,基本形成较为完善的城乡体系格局,城镇综合承载能力达到西部发达地区水平。加快贵州省城镇化进程,要求加大交通运输对城镇化的引领力度,推进城际交通运输体系和都市圈交通体系建设,大力发展轨道交通,构建城际交通快速化、都市圈交通便捷化、城市内外一体化转换衔接的交通运输体系。

(三)加快推动乡村振兴,要求统筹城乡交通协调发展,不断提高基本公共服务均等化水平

实施乡村振兴战略,是党的十九大做出的重大决策部署,是决胜全面建成小康社会、全面建设社会主义现代化国家的重大历史任务,是新时代"三农"工作的总抓手。按照国家统一部署,贵州正加快社会主义新农村建设步伐,推动农村现代化产业发展,满足农民出行需求以及服务农村经济、政治、文化和社会建设。农村公路是农村重要基础设施和公共服务设施,是社会主义新农村建设的基础。未来贵州继续推进"四好农村路"建设,进一步提高农村公路畅达深度,加大对贫困地区的支持力度,推进旅游景区、特色小镇、农业产业园区等乡村经济节点的县乡公路提质改造,加强城乡公路互联互通,推进城乡客运服务一体化,不断提高农村交通均等化服务水平。

(四)建设国家内陆开放型经济试验区,要求实现设施联通,提高互联互通水平

党的十九大报告提出要坚持"引进来"和"走出去"并重,形成陆海内外联动、东西双向互济的开放格局。党的二十大报告要求,推动西部大开发形成新格局。这为新时代贵州内陆开放型经济试验区建设指明了发展方向,是贵州从开放末端走向开放前沿,实现经济新旧动能转换的重大历史机遇。贵州将继续按照党中央、国务院的统一部署,充分利用近海、近边、近江区位特点,深度融入"一带一路"建设和长江经济带发展、粤港澳大湾区等国家重大战略,着力建设投资贸易便利化试验区、现代产业发展试验区和内陆开放式扶贫试验区,着力打造国际一流、公平竞争的营商环境。贵州推动"一带一路"建设,以建设国家内陆开放型经济试验区为抓手,要求加快设施互联,推进高速公路建设,加快完善口岸基础设施和智慧航空口岸建设,利用大数据先行先试优势,推动数字丝绸之路跨境数据枢纽港建设,积极推进入境旅游便利化,实施航旅一体化发展,提供便利通关条件。

(五)建设世界知名、国内一流旅游目的地,要求提升交通路网服务体系

贵州旅游资源丰富,近年旅游产业呈井喷式发展。2015 年,习近平总书记要求贵州把旅游业做大做强,丰富旅游生态和人文内涵。《国务院关于进一步促进贵州经济社会发展的若干意见》提出把贵州建设成为世界知名、国内一流旅游目的地、休闲度假胜地和文化交流的重要平台的发展目标。贵州实施"大扶贫、大数据、大生态"三大战略行动,为贵州进一步做强大旅游长板、建设国家全域旅游示范省、实现旅游产业赶超跨越汇聚强大势能。随着贵州全面进入高铁时代,率先在西部地区实现县县通高速,通航机场各市(州)全覆盖、乌江四级航道全面通航,全省交通条件发生翻天覆地的变化,成为西南地区连接华南和华中地区的枢纽,为贵州旅游跨越赶超再增优势条件。根据《贵州省交通运输发展趋势与需求研究》预测,2035 年各种运输方式承运的全口径旅客人数将达 35.45 亿人至 37.97 亿人次,为 2018 年 21.99 亿人次的 1.61 倍至 1.71 倍。

未来贵州将建设接轨国际、覆盖全省、特色示范的快旅慢游交通服务体系,创建完善交通路网服务体系、交通便捷服务体系、交通特色产品体系、旅游信息服务体系、交通服务保障体系等五大体系,这要求贵州升级和建设重要的交通场站,打造交通旅游服务的重要基地,建设标准化、景观化的旅游公路,构建贵州旅游交通的骨架网络,发展多类型、有特色的交通方式,实现交通和旅游节点间的无缝衔接,为广大旅游者提供体系完备、规范标准、优质高效、安全舒适的交通旅游服务。

(六)有效应对自然灾害,要求不断提高交通安全应急保障能力

贵州地质地理条件特殊,地质环境脆弱,按照国家地质灾害防治规划划分,全省均为地质灾害易发区,是全国地质灾害的重灾区之一,具有"全、重、多"的特点,对交通运输安全应急提出了更高要求。面对诸多不确定的自然因素和人民群众对安全的新期待,必须进一步提升交通基础设施防毁抗灾能力,加强交通基础设施安保工程建设,建立健全交通安全应急机制,建立应急保障处置资源基地和紧急运力储备,全面提高应对突发公共交通事件和自然灾害的能力,提升交通运输系统整体的安全性,保障人民群众出行安全、国家经济安全和国防安全。

二、贵州省推进交通强国建设的两阶段战略目标

根据国家推进交通强国建设的总体战略部署和贵州省推进交通强国

建设的总体要求,结合贵州自然地理特征、资源禀赋、人口特点、交通现状等现实基础和经济社会发展对交通运输的新要求、交通运输发展新需求,参照国外发达国家交通运输发展目标以及国内典型省份目标,提出了2035 年和 2050 年贵州交通运输发展的两阶段战略目标。该战略目标是方向性的,是引领未来贵州交通运输发展的宏观指引,覆盖交通运输发展的全领域、全要素和全周期。

基于对"交通先行"和交通对贵州经济社会发展具有重要支撑引领作用的认识,本研究总体考虑贵州省推进交通强国建设应与国家建设交通强国的相关战略目标要求保持一致,基本达到全国平均水平,部分领域超越或达到领先水平,具体结合贵州实际的战略目标如下。

● 2035 年战略目标

基本实现设施一流、服务一流、治理一流、技术一流,基本建成"安全、便捷、高效、绿色、经济、文明"的现代化综合交通运输体系,交通发展整体达到西部先进水平,充分发挥"先行官"作用,有力支撑"百姓富、生态美的多彩贵州"建设。

(一)建成高质量的交通基础设施网络

基本建成布局完善、规模合理、结构优化、资源集约、衔接高效、互联互通的综合立体交通网,形成高效连通周边城市群、城乡交通一体、多通道连接长三角和北部湾、服务"一带一路"建设的交通基础设施空间布局新格局。实现市州享受高速铁路服务,县县享受高速公路服务,镇镇享受干线公路服务。水运北入长江、南下珠江全线贯通。建成干支机场匹配、通用机场广泛的机场群。建成以贵阳、遵义等全国性综合交通枢纽为主,六盘水、安顺、黔东南等一批区域性综合交通枢纽、地区性综合交通枢纽为辅的交通枢纽布局格局。交通基础设施始终处于良好养护和维护状态。

（二）提供高品质的客运服务

建成黔中城市群内、各市州与贵阳之间、各县级行政区划到所属市州行政中心之间的快速交通圈。大中城市单程通勤时间基本可接受,具备条件的客运枢纽全部实现一体化换乘。客运站、机场、港口、服务区等对外窗口服务品质不断提升。农村居民享有交通基本公共服务。建成完善的旅游交通服务体系。综合交通出行信息服务基本满足需求,联程运输便捷高效,无障碍设施全覆盖。

（三）提供经济、高效率的货运服务

实现运输结构不断优化,铁路、水运等集约运输方式货运周转量占比显著提升,集装箱多式联运比例明显提升。建成县、乡、村三级农村物流网络体系,实现行政村快递网点全覆盖。货车和过闸船舶实现标准化。形成国内 1 天送达,周边国家 2 天送达、全球主要城市 3 天送达的快速货运物流圈。社会物流总费用占 GDP 的比重降低至同期全国平均水平左右。

（四）交通安全发展无限接近"零死亡"

建成风险可测可控,系统可靠性强,支撑国家安全保障有力的交通运输安全体系。桥梁、隧道始终处于良好安全状态,交通基础设施安全防护100%全覆盖。应急预案体系健全,应对重大突发事件具有绕行线路,应急抢通高效及时。交通运输事故、生产事故和工程质量事故大幅下降,无限接近"零死亡"。全社会水上搜救人命救助有效率达96%以上,符合国家相关要求。有效服务国家大宗货物运输和满足军事国防等国家安全战略要求。

（五）科技对交通高质量发展贡献度大幅提升

交通运输全要素生产率显著提升,科技对贵州交通运输贡献度显著提升。建设以数据为关键的智慧交通,实现"四个100%",即基础设施、运载装备、经营业户、从业人员等基本要素数据化100%,行业数据资源集聚率100%,各行业交通相关数据共享度100%,行业可公开数据资源开放率100%。人工智能、区块链、超级计算、新一代信息技术等新技术与交通运输行业深度融合,促进服务模式创新,服务质量不断提升。先进适用装备、无人自动驾驶车船、港口自动化作业等合理有效推行。行业公共服务和电子政务信息化、智能化水平不断提升。

(六)交通绿色发展达到先进水平

建立以公共交通为主的客货运输体系,市州公共交通机动化出行分担率显著提升,中小城市慢行交通出行占比显著增加,山地自行车出行占比显著增加。清洁能源使用广泛,充电桩、加氢站等清洁能源使用相关配套服务设施完善。公交车和城市配送车辆实现"零排放",船舶及货车清洁化水平显著提升。交通基础设施发展利用土地、岸线等资源效率不断提升。高速公路和普通国省干线废旧沥青路面材料回收率和循环利用率均达到100%。因地制宜的生态景观服务体系基本建立。

(七)具有现代化的交通治理能力

具有科学完善的法规体系、标准体系、战略规划体系和政策体系等制度体系。具有完善的综合交通管理体制机制、可持续发展的投融资体制机制和公正诚信的市场诚信体系。交通运输省、市、县各级财权、事权职责清晰。基本实现管理组织机构科学化、精简化,运行机制规范化、透明化,治理手段法治化、人性化,交通运输行业政府管理职能实现向创造良好发展环境、提供优质公共服务、维护市场公平正义根本性转变。基本形成公平开放、统一透明的交通运输市场规则。全社会交通法治意识、文明意识、安全意识显著增强,服务人员综合素质大幅提升,知法、守法、文明出行成为所有交通参与者的行为准则和良好习惯。

● 2050年战略目标

再奋斗15年,建立更加安全便捷、经济高效、绿色文明、智慧开放的现代化综合交通运输体系,贵州交通创新能力、治理能力、可持续发展能力进一步提升,国际影响力进一步提高,全面实现交通运输现代化,更高质量完成贵州省推进交通强国建设,满足人民群众对美好生活的向往,支撑保障贵州省全面建成社会主义现代化强省。

第四节 贵州货运体系发展要求

一、发展现状

(一)货运规模持续增长,形成公路为主、铁路为辅的货运结构

近年来,贵州省经济社会发展水平显著提升,对外交通条件明显改善,全省货运量实现持续稳定增长。2022 年,全省完成全社会货运量94999 万吨,完成货物周转量 1417.27 亿吨公里,增速达到 12.2%,居全国第一。同时,全省邮政快递业保持蓬勃快速的发展势头。2018 年,全省实现邮政业务总量 96.27 亿元,快递业务量达到 21193.7 万件,增长34.3%,日均快递量约为 58 万件/日,快递业务收入 40.45 亿元,增长29.9%,业务总量和收入增速均高于全国平均水平。

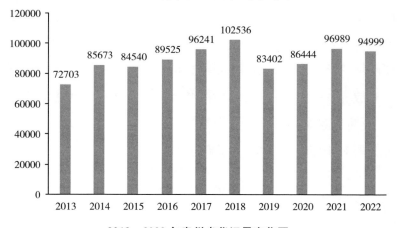

2013—2022 年贵州省货运量变化图

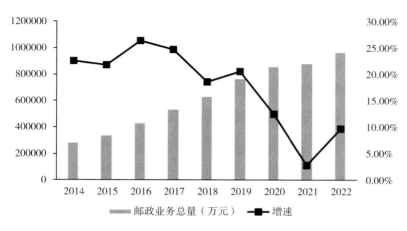

2014—2022 年贵州省快递业务总量变化图

受地形地貌的影响,贵州省货运主要依赖于公路和铁路,形成了"公路为主、铁路为辅"的货运结构。2018 年,公路货运量占全省货运量比重达到 93%,远远高于全国 78% 的平均水平;铁路和内河水路运量占比分别为 5.4% 和 1.6%。随着贵州省内河航道条件的逐步改善,水路货运量实现一定增长,但增幅不大,民航起步较晚,货运量占比极小。

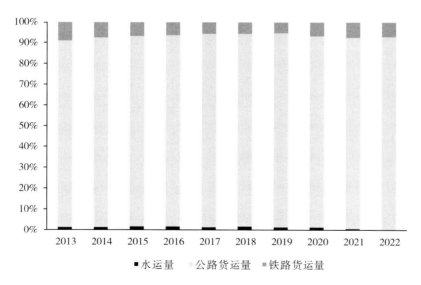

2013—2022 年公路、铁路、水运货运量占比情况

2022 年贵州货运量及货物周转量构成情况表

指标	货运量（万吨）	占比	货物周转量（亿吨公里）	占比
公路	87870	92.5%	902.6	63.7%
铁路	6672	7.0%	473.2	33.8%
水路	456	0.5%	35.4	2.5%
合计	94998		1417.27	

（二）消费型物流特征突出，工业物流以能源等资源型产品为主

作为一个消费型省份，贵州省生产、生活物资供给的自给率不高，多数物资由外省提供，货运物流呈现明显的消费型特征，出省以矿产品、初级粗加工品等工业品为主，进省则以快消品、轻工业品和电子产品为主，且"进多出少"的情况较为明显。根据《2017 年贵州省交通物流数据报告》，以贵州——湖南线路为例，进入贵州货运量是运出货运量的 1.69 倍；贵州与重庆之间，进入贵州货运量是运出货运量的 1.61 倍，省际进出货运量呈现出不均衡的态势。

由于贵州省资源型经济特征突出，工业物流仍以能源和基础原材料等大宗商品运输为主。目前，铁路货运量占比最高的 5 个品类分别为煤炭、非金属矿石、金属矿石、钢铁及有色金属、矿物性建筑材料，合计占比将近 70%；公路运输占比最高的 5 个品类包括煤炭、建材、钢铁、金属矿石和非金属矿石，合计占比达到 82%。内河水运运量中煤炭及制品、水泥、化肥、金属矿石占比超过 80%。与此同时，随着产业结构调整优化和进口贸易加速发展，贵州省运输的高附加值货物不断增加。轻工、医药、机械产品及电器成为高速公路运量占比最高的货物种类，合计占比将近 40%，进出口贸易中机电产品和高新技术产品实现大幅增长，已经取代传统商品占据了贵州外贸货物的主导地位。

（三）交通基础设施建设成效显著,网络规模实现跨越式发展

近年来,贵州省交通基础设施建设取得辉煌成就,全省在高速公路、高速铁路、农村公路、航空枢纽等多方面共同发力,投资规模大、发展速度快,在西南率先通高铁,西部率先实现县县通高速,完成村村通硬化路、组组通公路建设目标。2013—2017 年,贵州省累计完成公路水路固定资产投资 6448 亿元,年均增长 21.9%,公路水路投资连年刷新纪录,保持全国前列,为拉动全省经济社会发展做出了重要贡献。目前,以贵阳为中心"一环六射"的对外综合交通主骨架基本形成,综合立体快速交通体系不断完善。

公路方面,"六横七纵八联"高速公路骨架基本建成,2018 年贵州省高速公路通车里程达到 6453 公里,网络密度达到 3.7 公里/百平方公里,位居全国前列,高速公路出省通道达 17 个,贵阳至各市(州)形成了 2 条以上高速公路通达。全省公路通车里程达 19.7 万公里,公路网密度达 111.8 公里/百平方公里。建制村通畅率 100%,实现了"村村通硬化路"的托底性目标,开展农村"组组通"公路三年大决战,2019 年将实现 30 户以上具备条件的村民组全部通硬化路,交通支持脱贫攻坚效果显著。铁路方面,铁路运营里程达到 3598 公里,密度达到 204.7 公里/万平方公里,其中高铁营运里程 1262 公里,以贵阳为中心的"米"字形高铁网能够快速连通珠三角、长三角、京津冀、北部湾、滇中、成渝等地区,高铁出省通道达到 6 个。航空方面,全省机场开通航线不断增多,通航城市持续增加,"一枢十支"的航空枢纽格局下形成以龙洞堡机场为枢纽,每个市(州)一个机场的航空运输新格局。内河水运方面,2018 年,内河航道通航里程达到 3745 公里,增长了 2.2%;南北盘江——红水河和乌江两条出省水运主通道建设完成;乌江水运主通道基本实现全程通航,创造贵州水运通江达海历史新纪录;红水河水运主通道完成建设为红水河南下珠江奠定较好基础。

贵州省"一枢十支"航空枢纽布局图

（四）货运枢纽格局加快形成，服务多类型物流园区布局建设

近年来，贵州省加大货运枢纽和各类物流园区建设，专业化服务能力有所提升。目前，全省形成了铁路货场、航空枢纽、公路枢纽和内河港口共同组成的货运枢纽总体格局，建成了贵阳改貌铁路货运中心、六盘水发嘎坡等铁路货场以及多个公路港型物流枢纽。

同时，全省根据产业发展的需要先后规划建设各类物流园区，重点服务于商贸快递、电商物流和冷链物流等，比如：聚焦于农副产品的石板物流园、都匀农产品物流园和双龙物流商贸城；服务于汽车商贸的孟关汽车城；服务于农产品冷链的贵阳云关冷链物流园、地利农产品物流园、北部农产品电商物流园、新雪域西南农产品交易中心、虾子辣椒城等；汇集快递企业的贵州龙里快递物流园；提供保税物流服务的贵阳综合保税区和贵安综合保税区等项目；服务于电商物流的金清电子商务物流园、美安物流项目、苏宁云商贵阳地区物流中心、贵阳京东电商产业园等。服务于商贸物流的贵阳西南国际商贸城宏泰物流园、二戈寨长和长远物流市场、扎佐物流园、桔山商贸物流园、安顺黔中商贸物流园、毕节远航商贸物流园、遵义国际商贸城一期市场、遵义新雪域农产品冷链物流园、赤水五洲国际商贸城和习水五洲国际商贸城一期市场。

贵州货运枢纽(物流园区)整体推进情况

推进情况	园区名称
已建成	贵阳地利农产品物流园、开阳县大水物流园区、遵义传化公路港、金沙县洪星物流园、招商物流威宁分发中心、黔东商贸物流城、黔东物流园、福泉市物流园区、贵州快递物流园、黔桂商贸物流城、贵州南部医药物流中心、长顺威远商贸物流园等
建设中	贵阳传化公路港、贵阳铁路枢纽都拉营国际陆海通道物流港、西南商谷孟关国际物流城无水港项目、贵州双龙航空港经济区航空物流园、贵州黔北现代物流新城、中国辣椒城综合物流园、顺丰贵阳电商产业园、贵州红果经济开发区中心物流园、中国物流黔中物流中心、铜仁市碧江新区现代商贸物流园、德江县共和黄金水道物流园、贵州黎平诚达物流园、都匀粮食商贸物流园、龙铁国际物流园、独山港物流园、独山保税物流中心
已规划	六盘水传化大数据公路港项目、毕节市七星关区石桥边汽车物流园、贵州省电商生鲜冷链物流园区、贵州毕节国际内陆港(竹园物流中心)、赫章县野马川物流园区、金沙县佰汇绿色香葱冷链物流园、纳雍县综合物流园建设项目、贵州省铜仁市江口县黔东物流仓储中心、德江县冷链物流中心、黎平经济开发区物流园、贵州黔东南综合冷链物流枢纽中心、瓮安县云中港物流园区、罗甸港罗妥港区工程

(五)运输工具逐步向标准化、专业化方向发展

一是营运货车趋于多样化、重型化和专业化。近年来,贵州省全面清理货运"僵尸车",营运货车规模不断减少,但货运车辆重型化、专用化步伐进一步加快。2018 年,贵州省共有运营载货车辆 168394 辆,较上年减少 9.5%,总吨位 1107610 吨,较上年增加 13%,车辆平均吨位达到 6.58 吨/辆,实现进一步提升。从车型来看,栏板货车仍然是全省货运车辆的主要类型,占比超过 80%。近年来,厢式车、集装箱车、罐车数量逐年增加,改变了贵州省以栏板车为主的单一车型结构模式,2018 年贵州省共有厢式货车 25740 辆,占比超过 15%,专用载货汽车 11028 辆,占比6.5%,服务于大件货物和危险货物运输。

二是营运船舶逐步向大型化、标准化方向发展。随着水运企业的进一步规模化发展,营运船舶也逐步大型化、标准化,船舶平均吨位稳步增加。

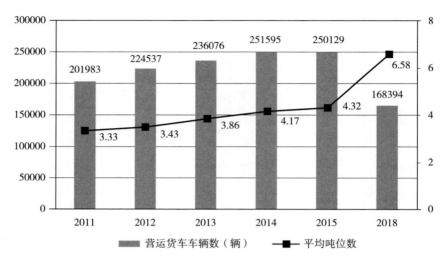

2011—2018 年贵州省营运货车车辆数与平均吨位数

2012—2018 年贵州省营运货船与平均吨位数

（六）市场主体规模化多样化发展，物流社会化程度显著提升

近年来，贵州省更多的生产企业和商贸企业采用物流外包，货运物流服务社会化程度显著提升。同时，市场主体竞争力不断提升，呈现规模化和多样化的发展特征。2018 年，全省拥有国家 A 级以上物流企业由 2014

年 19 家增加到 38 家,其中 5A 级 1 家(贵铁物流),4A 级 9 家,3A 级 26 家,2A 级 2 家。传化、普洛斯、宝能、顺丰等知名物流企业在贵州建立区域性总部,宅急送、中外运、嘉里大通、敦豪快递等企业在贵州设立分支机构,贵州邮政速递、国外速递物流公司以及"四通一达"等民营速递物流企业向综合物流转型发展。满帮等新型互联网企业通过打造社会化车货匹配平台实现了货运信息在线对接和实时共享。同时,在传统以个体司机为主力的货运市场中出现了大量中小型车队运输模式,在效率提升和成本管理方面表现出更大的优势。

(七)多式联运、共同配送、无车承运人等创新模式相继涌现

近年来,基于互联网高效整合和新技术新装备的应用,贵州省在多式联运、干线运输、城市配送、农村物流等领域不断创新运输组织方式。

一是积极打造海陆双向国际大通道,大力发展公铁联运、海铁联运。黔深欧海铁联运出海大通道实现了从贵阳到盐田港"门对港"的一站式运输,贵阳——杜伊斯堡中欧专列通过公铁联运推动贵州融入"丝绸之路经济带",随着西部陆海新通道贯通,贵州成功开行了贵阳至钦州港、贵阳至防城港和钦州港至遵义测试班列,助力"黔货"出海,进一步完善全省国际对外货运通道。2017 年,贵州国际陆港联通川贵地区——粤港澳大湾区集装箱铁水联运示范工程项目入选全国第二批多式联运示范工程。瓮福、开磷等生产企业开展多式联运,有效降低成本。瓮福集团开通了福泉至东北、中亚、南美、北美等地的多条多式联运线路,每年可节约物流成本 2000 多万元。开磷开通了开阳至东北、东南亚、新西兰等地的多式联运线路,每年降低物流成本 2500 多万元。

二是优化农村物流货运组织。贵州省规划了三级农村物流配送体系,通过实施电子商务进农村综合示范项目,实现快递物流乡镇全覆盖;利用"通村村"信息平台,通过整合闲散货运车辆与依托农村客运车辆的行李空间,推动村级小件快运业务,解决农村物流"最后一公里"服务;贵阳市鼓励乡镇客运站融入农村物流综合建设利用,促进农村物流发展;道路运输和邮政企业在相关部门协调下,资源有效实现整合,由企业和县区先行先试的运邮合作模式启动。为助力"黔货出山",各类企业着力推进农产品冷链运营模式创新。遵铁物流规划了以黔北物流新城中心冷库为核心,88个县的"农商互联综合体"为分支节点仓,以中央厨房产品为销售形式,智慧微菜场、社区惠民生鲜店和出省通道为销售端的集集货、储存、加工、分拨、销售功能为一体的农产品冷链流通生态链,逐步形成以遵义地区向外辐射的冷链物流中转基地。省供销合作社以覆盖全省的县级、乡镇级供销合作社网络为基础,重点打造全省农产品"1+20+N"现代流通体系模式。省物资集团以 14 个深度贫困县、20 个极贫乡镇为重点,形成以冷链物流为核心的一体化全产业链"1+6"布局,基本建成覆盖全省 66 个贫困县约 70—85 万吨库容(含整合)的冷链物流体系以及覆盖北上广深渝等重要经济圈的营销网络。

三是积极发展共同配送。贵阳、黔南州入选全国第一批 30 个城乡高效配送试点城市。贵阳市通过构建农产品冷链物流平台,形成高效的物流共同配送网络;实施"城际"配送推广行动,通过长和长远配送模式实现省内县城以上城市配送时间由原来的 2—3 天缩减到 1—2 天。

四是无车承运人试点有序推进。目前,贵州省组织开展 7 家无车承运人试点企业工作,并对试点企业运行数据信息开展监测。2017 年,遵义传化公路港、贵州交通物流集团有限公司、贵阳货车帮科技有限公司等 7 家货运物流企业开展无车承运人试点工作,共整合货运车辆 14273 辆,平均每车月运输量达 200 吨以上,相对行业平均单次载重提高了 20%,月均车载运输量提高 30%左右。

(八)大数据助力智慧物流发展,有力支撑行业监管和市场监测

近年来,大数据产业已成为贵州经济社会发展的新引擎,以大数据、信息化为特征的智慧交通和智慧物流实现快速发展,行业智能化、信息化水平实现大幅提升。2017年,贵州省交通运输物流公共信息平台建成并投入运行,承担区域物流信息交换功能,向政府、园区、企业和个人提供"一站式"集约化的物流公共信息服务。平台能够实现运力与货源的有效对接,破除了物流行业长期存在的"信息孤岛"和"信息隐患",为行业监管、市场监测提供了有效手段,有效提升了全省物流信息化程度,进一步强化货运物流服务水平,为实现行业提质增效奠定良好基础。目前,该平台已与国家交通运输物流公共信息平台、云上贵州平台等平台互联。

此外,贵州省物流云平台在全省范围内采集农产品大数据、仓储大数据、物流园区大数据等数据信息,以"产业服务+数据集成+数据应用"三环互动的方式推进,整合集成多层次的产业数据,并基于数据进行创新应用,揭示产业结构和规律,持续优化服务、助推行政效率升级,平台在感知产业、服务产业、管理产业、推动产业升级四个层面为市场和政府提供支持,成为物流供应链产业主体与政府行政职能对接互动的关键抓手。目前,有贵阳货车帮科技有限公司、贵州贵铁物流有限公司、贵州贵铝物流有限公司、贵州长和长远物流市场管理有限公司等9家龙头企业物流数据接入物流云,全省物流信息化建设得到了稳步推进,重点领域、主要物流企业数据实现了数据的及时传送,钢材、农产品物流数据覆盖率达80%以上。

二、贵州省货运物流发展的形势要求

(一)贵州建设现代化经济体系,要求构建更高质量的货运物流服务支撑体系

建设现代化经济体系是中国特色社会主义进入新时代的背景下我国经济发展的战略目标,紧扣新时代中国社会主要矛盾转化、落实中国特色社会主义经济建设布局的内在要求,是开启全面建设社会主义现代化国家新征程的基本途径。贵州省建设现代化经济体系,要求全省经济要转

型升级,包括经济发展的格局将从高速增长转向高质量的发展,主要的特征是转变发展方式、优化经济结构、转换增长动力。

现代化经济体系建设的六大要求对货运物流的发展提出更高的要求。一是要加快转变货运发展方式,既有粗放型的发展路径和服务模式对贵州的土地资源供给和生态环境保护压力大,需要不断优化货运结构;二是要加大先进技术推广应用,推进信息技术与货运物流深度融合,通过智能化、信息化、平台化发展,提升物流信息化水平,创新组织模式,实现物流上下游企业、政府等多方信息互联互通,从而降低物流成本,培育发展动能;三是加强货运物流与制造业、商贸业等的联动发展。强化供应链服务功能,以整合资源为手段,实现产品设计、采购、生产、销售、服务等全过程高效协同的组织形态,强化供应链服务功能。提高服务品质,推动冷链物流和快递物流的高速发展,推进物流服务向专业化、精细化、个性化、国际化的方向转变,满足特色农业和各类电商发展需求。

(二)贵州助力交通强国建设,要抓住机遇加快完善综合立体交通网和服务体系建设

建设交通强国是建设现代化经济体系的先行领域,是全面建成社会主义现代化强国的重要支撑,是新时代做好交通工作的总抓手。交通强国建设,要推动交通发展由追求速度规模向更加注重质量效益转变,由各种交通方式相对独立发展向更加注重一体化融合发展转变,由依靠传统要素驱动向更加注重创新驱动转变,构建安全、便捷、高效、绿色、经济的现代化综合交通体系。

国家交通强国建设,为贵州省加快现代化综合交通运输体系建设、推动交通运输高质量发展提供了历史性机遇。贵州省必须牢牢抓住这一机遇,积极对接交通强国战略,加大力度补短板和深化供给侧结构性改革,优化交通运输结构,推动质量变革、效率变革、动力变革。一方面,要建设高质量互联互通的对外对内大通道和综合货运枢纽,全面提升交通运输发展水平,为打造交通强省,强化交通对经济社会更快、更高质量发展的支撑和引领作用。另一方面,要求贵州省货运要从环保、节能、效率、安全、经济综合考量形成各运输方式的合理分工及配合,多级货运节点与综合运输体系互联互通,促进公路、水路、铁路、民航等多种方式的深度融合和顺畅衔接;同时,也要加强互联网与货运的深入融合,打造以大数据、信息化为特征的智慧货运体系,促进货物运输的转型升级和高质量发展,提升物流效率,降低物流成本,为交通强国建设提供有力支撑。

(三)"一带一路"、西部陆海新通道建设,为贵州打造"通道+枢纽"的对外运输网络指明方向

"一带一路"建设连通亚欧非大陆及附近海洋,共建"一带一路"旨在通过构建互联互通网络,促进经济要素有序自由流动、资源高效配置和市场深度融合,开展更大范围、更高水平、更深层次的区域合作。西部陆海新通道位于我国西部地区腹地,北接丝绸之路经济带,南连 21 世纪海上丝绸之路,协同衔接长江经济带,在区域协调发展格局中具有重要战略地位,有助于促进"一带"和"一路"的陆海双向开放,支撑西部地区参与国际经济合作的陆海贸易。

贵州是西南陆路交通枢纽,处于"丝绸之路经济带"和"海上丝绸之路"的重要交汇点,贵阳、遵义是西南地区是"陆海新通道"中核心覆盖区的重要节点城市,是发展内陆开放型经济试验区、国家级新区、自由贸易试验区等的重要战略支点,地缘优势突出,对外开放潜力巨大。《西部陆海新通道总体规划》提出围绕主通道完善西南地区综合交通运输网络,密切贵阳、南宁、昆明、遵义、柳州等西南地区重要节点城市和物流枢纽与主通道的联系,依托内陆开放型经济试验区、国家级新区、自由贸易试验区和重要口岸等,创新通道运行组织模式,提高通道整体效率和效益,有力支撑西南地区经济社会高质量发展。未来一段时期,贵州将抢抓国家重大战略实施的大好机遇,形成全面对外开放,积极参与区域产业转移和分工协作,主动融入周边经济圈,努力构建西部地区重要的经济增长极。这就要求贵州加快完善通道枢纽体系,助力建成高效的陆海对外通道,提供便捷的进出口服务支撑,形成与川渝、广西、珠三角等周边省市和主要经济区互联互通的货运网络,促进经济要素在区域间的流动和聚集,推动区域经济一体化发展。同时,依托贵阳、遵义等地的重要枢纽节点创新运行组织模式,大力发展多式联运、甩挂运输等,以"全链条、大平台、新业态"为指引,打造通道化、枢纽化货物运输网络,汇聚物流、商流、信息流、资金流等,使西部陆海新通道成为交通、物流与经济深度融合的重要平台。

(四)加快工业化和产业集群发展,要求提供更加专业的供应链一体化货运物流服务

贵州省"十二五"时期就提出了工业强省战略和城镇化带动战略,将其作为"加速发展、加快转型、推动跨越"的重要抓手。一是贵州有着非常丰富的自然资源,具有能源、矿产、生物等优势资源,为贵州发展能源、原材料精深加工、制造业等产业提供了得天独厚的条件。二是贵州省军工企业多,国防科技工业具有相当规模,加强军民融合发展,依托贵州航空、航天、电子三大军工基地,推进军民两用技术双向转化,促进军地资源共享和成果转化,发展壮大装备制造业产业集群,合作发展空间巨大。三是经过多年的大力建设发展,交通基础设施建设也取得了实质性的突破,交通条件不断改善,区位劣势逐步克服,为加大区域合作、推动工业发展提供了有力的基础条件。近年来,随着贵州省工业强省战略、大数据战略行动的深入实施,以煤电磷、煤电铝、煤电钢、煤电化等煤炭深加工"四个一体化"为重点的资源深加工基地加快提升改造和布局新建,以大数据为引领的电子集群产业进一步升级,这要求货运体系需要根据各自特点有针对性建设和发展专业化货运物流服务。一方面,要建设发达畅通的对外对内货运基础设施网络,支持产业布局、吸引人才和要素资源、扩大产业合作。另一方面,推动货运体系与制造、商贸企业深入融合,将货运嵌入到供应链、产业链、价值链,促进集群内部和集群之间的密切联系,通过提供从原材料供应、生产组织、到产品营销流通的全供应链一体化物流服务,进一步促进产业集群的发展。

(五)贯彻实施乡村振兴战略,要求促进城乡货运双向流通和农村运输资源融合发展

国务院印发的《乡村振兴战略规划(2018—2022 年)》提出坚持乡村振兴和新型城镇化双轮驱动;统筹城乡发展空间,加快形成城乡融合发展的空间格局;推动城乡要素自由流动、平等交换,为乡村振兴注入新动能,加快推进农业农村现代化。贵州省由于历史和自然条件制约,集中连片特困地区、左右江等革命老区、民族地区和广大农村地区经济基础薄弱,基础设施条件较差,贫困程度深,2018 年城镇化率仅为 47%。相比全国农村发展水平,贵州农村更为落后、城乡差距更大、发展不平衡不充分问题更为突出。贵州省将继续实施乡村振兴战略,推进农村经济结构调整,努力实现城乡基本公共服务均等化、乡村产业兴旺、美丽乡村建设。这要求贵州省货运要以"服务消费需求+服务产业发展"的双向服务为原则,既要打通农村货运节点,进一步完善农村货运网络和对外运输网络,保障通行质量,提高通达深度、解决"最后一公里",发挥交通运输的基础性、先行性作用;同时,还要积极统筹城乡货运物流一体化发展,促进资源要素双向流动,推进农村货运与信息化结合,促进农村客运、物流、邮政融合发展,完善农产品的快速高效集散分拨,满足个性、多元、新鲜等农产品货运需求,支撑乡村产业发展和居民生活需要。

三、贵州省货运物流发展的趋势特征

基于对贵州省经济社会发展趋势和面临的趋势要求分析,从货运总量、结构、空间、货物种类等方面分析贵州省货运物流的发展趋势和特征。

（一）经济规模维持中高速增长，贵州货运需求将保持稳步增长态势

近年来，贵州地区生产总值，增速居全国前列，城镇居民人均可支配收入超过4万元左右，农村居民人均可支配收入超过2万元，但离高水平小康还有一段距离。无论是经济规模还是人均收入水平仍有较大增长空间，经济增速保持中高速，经济总量规模进一步提高，人们生活水平更高，货物运输需求总量将继续随经济发展和人们生活水平提高而稳步增长。

（二）随着贵州产业结构调整加快，高品质、高效率的货运需求不断增加

贵州产业结构偏重服务业，第三产业占GDP的比重一直较高，第二产业占比相对较低，并且工业主要集中在煤电烟酒四大传统支柱产业，2018年四大传统支柱产业对全省工业经济的贡献率为75.2%。近年来，贵州经济发展质量变革、效率变革，贵州产业结构调整较快，装备制造业、高技术制造业快速发展，2018年分别比上年增长10.5%和14.8%，高于规模以上工业增速1.5和5.8个百分点，对工业经济的贡献分别为9.8%和11.8%。旅游业持续"井喷"，2018年全省旅游总人数和旅游总收入增长率超过30%；全省互联网和相关服务、软件和信息技术服务等新兴服务业快速发展。随着贵州产业结构调整和转型，第三产业和高技术产业比重加大，运输需求将以高附加值货物为主，与经济增长相比的弹性系数下降，即货运强度下降。同时，市场主体对货运品质和服务方面的要求越来越高，对运输成本不敏感，对货物运输的时效、速度、功能等方面更加关注，对专业化集散、运输、仓储提出更高要求，对满足"供应—生产—销售"供应链一体化货运物流需求旺盛。

贵州发布了《贵州省数字经济发展规划（2017—2020年）》等一系列政策规划文件，华为数据中心、苹果数据中心等大数据产业蓬勃发展，为货运物流服务智慧化发展奠定坚实基础。大数据产业的兴起和应用，将对生产生活方式、物流服务模式、货运行业管理、产业发展形态带来革命性影响,为贵州培育货运物流新业态、新模式、新领域提供了可能性,为形成新的经济增长点拓展了广阔空间。

（三）货类结构明显变化,高附加值货物将迅速增长,多式联运需求旺盛

从分类来看,目前全国各地以铁路方式发往贵州最多的货物是金属矿石,其次是钢铁及金属矿石、石油、粮食、煤炭、矿物性建筑材料、化肥及农药、焦炭等;贵州以铁路方式运出最多的是煤炭,其次是磷矿石、化肥及农药、非金属矿石、金属矿石、钢铁及有色金属等。随着产业结构优化调整,未来贵州货物运输种类结构主要呈现以下四个方面的变化趋势。

一是初级能源材料和矿产品出省量减少,煤炭等净调入需求增大。贵州省拥有煤炭、铝土矿、磷、锰、铁、重晶石等优势资源,以往很大部分是以初级矿产品运出省,"十二五"时期以来,依托现有产业基础和矿产资源的空间分布,规划布局了一批煤电磷一体化、煤电化一体化、煤电铝（钛）一体化、煤电钢一体化等产业基地,促进资源就地转化和深加工,将资源优势转化为产业优势。因此,今后资源型的初级矿产品运出将会大幅减少,反之,资源深加工产品、复合产品以及辅助材料、配料的运输需求会大幅度增加。同时,随着电力产业和煤化工产业的发展,煤炭需求将继续增加,而受煤炭开采规模的限制以及中小型煤矿的关停,贵州省从"十三五"时期开始已由煤炭净调出省变为煤炭净调入省,今后的煤炭调入需求还会继续增大。

二是高价值工业产品运输需求快速增长。从产业转型发展来看,贵州省大宗货物运输需求增长空间有限,而高附加值的工业品发展空间将进一步拓展,快速货运的需求增长相对较快,2018 年贵州民航货邮吞吐量 11.80 万吨,比上年增长 10.2%。2018 年贵州省手机智能终端产品出口增长 4 倍,正安吉他远销巴西、泰国和西班牙等 30 个国家和地区。

三是特色农副产品运输需求快速增长。受供需双侧影响,服务于特色农副产品的冷链物流等新型货运快速增长。随着贵州经济高质量发展,使居民生活水平不断提高,进一步推动消费结构升级,对水果、蔬菜、肉类等农产品的品质要求越来越高,水产品、奶制品和速冻食品等高附加值消费品占居民日常消费的比重越来越大,以及随着我国冷链技术的快速发展,冷链物流设施布局加快,2018 年全省 9 个市州冷链物流中心实现全覆盖,都将为全省冷链物流快速发展提供强有力的支撑。总体来看,高附加值工业品、特色农副产品等货运需求的快速增加,对贵州货运质量提出了更高要求。

四是集装箱运输、多式联运需求增长迅速。目前贵州省集装箱运量很小,多式联运开展缓慢。集装箱作业量最大的贵阳南站改貌站(铁路一级物流中心),2018 年日均到达集装箱仅 180 标箱/天,发送集装箱60—80 标箱/天。其他铁路车站集装箱运量普遍都很小。未来随着内陆开放型经济崛起,贵州以集装箱为代表的国际货运将出现质量齐升的局面。2016 年 8 月 15 日,国务院同意设立贵州内陆开放型经济试验区,逐步形成以贵安新区为核心,以贵阳高新区、贵阳经开区、安顺高新区、遵义经开区、双龙航空港经济区、贵阳综保区、贵安综保区、遵义综保区为重点的"1+8"国家级开放平台,贵州将加快融入全球产业链,跨区域跨境货运需求不断增多。国际贸易的不断增长,可以促进区域与外界的资源优势互补,在输出商品的同时,也会吸引大批海外投资,2018 年,全省实际利用外资 44.86 亿美元,比上年增长 15.3%,增速在全国处于领先水平,苹果、高通、戴尔、华为、富士康等跨国企业相继落户贵州。

(四)运输结构不断优化,铁路、水路运输量占比不断提高

一是随着铁路设施完善、服务模式创新,其在货运的作用不断增强。

由于铁路、水运发展相对滞后，部分区域铁路运输能力不足，港口和大型企业铁路专用线建设滞后，公路运输成为很多企业唯一的选择。2018年，国务院印发了《推进运输结构调整三年行动计划（2018—2020年》，以推进大宗货物运输"公转铁、公转水"为主攻方向。贵州是矿产资源丰富的省份，具有煤矿、磷矿和锰矿等，在运输结构调整行动中有较大空间，随着铁路货运设施不断完善，其在营运中的作用将不断增强。二是随着贵州水系与长江航运打通，贵州水运发展形势将进一步好转。长江经济带综合立体交通规划将乌江航道整治列入重点工程，乌江、南北盘江、红水河以及都柳江、清水江出省通道逐步打通，货物将走出库区，煤炭、矿石、水泥、化肥、鱼饲料等适合水运的货物将加快向水运转移。

（五）与湘桂渝等地货物交流量快速增长，贵阳、遵义、毕节和黔南州货运需求旺盛

从货运分布角度看，湖南、广西和重庆是贵州省货物流向长三角和珠三角的重点区域，预计这三个地区经过高速公路进出的货物将以较快速度增长，特别是广西和湖南是贵州省走向珠三角的主通道，进出省高速公路货物量增速将保持高速增长。从省内来看，贵阳市是全省的经济核心，交通区位优势明显，预计全市货运量增速快于其他地区。

遵义市是贵州省的第二大经济城市，工业比重高、资源丰富、发展潜力大，是国家综合交通枢纽城市，预计全市货运量增速仅次于贵阳。毕节市煤炭等资源丰富，将建设多个大型产业基地，并且是川滇黔结合部中心城市，未来发展空间大。黔南州作为贵州省南向通道和通往珠三角的南大门，拥有大型的煤电磷产业基地。

（六）产业集群发展背景下，货运物流规模化、集聚化发展不断加速

随着贵州产业在空间上呈现聚集化发展趋势，大数据电子信息产业集群、白酒产业集群、装备制造产业集群等都在加快形成，上千块

500 亩以上坝区将进行农业产业规模化发展,产业聚集也将加速推动物流规模化、集聚化发展,全省货运物流将形成更多具备物流载体功能的货运聚集地,逐步形成规模化的供应链服务企业,与产业融合深度发展。

四、贵州省货运物流需求预测

从规模、结构、空间对未来贵州省的货运物流需求进行预测。

(一)货运需求规模预测

贵州省货运需求规模预测　　　　　　　　(单位:亿吨)

	高方案	中方案	低方案
2018 年货运量	10.25		
2025 年货运量	15.70	14.72	13.79
2035 年货运量	23.43	19.99	17.04
2050 年货运量	34.31	25.37	18.70

贵州省货运需求年均增速预测　　　　　　(单位:%)

	高方案	中方案	低方案
2019—2025 年年均增速	6.3	5.3	4.3
2025—2035 年年均增速	4.1	3.1	2.1
2035—2050 年年均增速	2.6	1.6	0.6

(二)货运需求结构预测

2018 年,公路货物运输量 95355 万吨,增长 6.8%;铁路货物运输量 5511 万吨,增长 4.4%;水运货物运输量 1670 万吨,增长 0.3%;民航货邮吞吐量 11.8 万吨,增长 10.2%。根据贵州货运变化趋势和特征,铁路、水路等绿色运输方式占比提高,航空在高附加值产品方面运输的优势得到体现。贵州省货运需求结构预测结果如表所示。

贵州省各种运输方式货运量预测结果

类别	年份	航空	铁路	水运	公路
基期	2018 年	11.8	0.55	0.17	9.54
高方案	2025 年	27.1	0.87	0.28	14.54
	2035 年	57.5	1.32	0.44	21.66
	2050 年	97.0	1.96	0.65	31.69
中方案	2025 年	25.4	0.81	0.27	13.63
	2035 年	49.1	1.13	0.38	18.49
	2050 年	71.7	1.45	0.48	23.43
低方案	2025 年	23.8	0.76	0.26	12.77
	2035 年	48.2	0.96	0.32	15.75
	2050 年	52.9	1.07	0.35	17.28

贵州各种运输方式货运量比重分析预测结果　　　　（单位:%）

年份	航空	铁路	水运	公路
2025 年	0.017	5.530	1.852	92.972
2035 年	0.025	5.635	1.884	92.456
2050 年	0.028	5.724	1.886	92.362

（三）货运需求空间预测

贵阳市是贵州省的省会,也是全省的经济核心,交通区位优势明显,预计全市货运量增速快于其他地区。遵义市是贵州省的第二大经济城市,工业比重高、资源丰富、发展潜力大,是国家综合交通枢纽城市,预计全市货运量增速仅次于贵阳。预计毕节市和黔南州货运量增速快速其他地区,这是因为毕节市煤炭等资源丰富,将建设多个大型产业基地,并且是川滇黔结合部中心城市,未来发展空间大,而黔南州作为贵州省南向通道和通往珠三角的南大门,拥有大型的煤电磷产业基地。

从贵州省与周边地区之间的物流也存在一定的规律,根据高速公路进出量,湖南、广西和重庆是贵州省货物流向长三角和珠三角的重点区域,预计经过高速公路进出这三个省市的货运量将以较快速度增长,特别是广西和湖南是贵州省通往珠三角的必经之路,高速公路进出的货运量增速更快。贵州省货运需求空间预测结果见表。

贵州各市州高速公路货物发送量预测结果 （单位:万吨、%）

市州	2018 年		2025 年		2035 年		2050 年	
	发送量	比重	发送量	比重	发送量	比重	发送量	比重
贵阳	5787.02	92.2	10579	30.1	22839	31.4	54735	35.5
六盘水	2173.14	10.9	3724	10.6	7326	10.1	15231	9.3
铜仁	565.45	2.8	969	2.8	1906	2.6	3963	2.4
遵义	2865.2	14.4	5171	14.7	10958	15.1	25529	15.6
毕节	1764.09	8.9	3143	8.9	6538	9.0	14805	9.1
安顺	1299.3	6.5	2227	6.3	4380	6.0	9107	5.6
黔西南	1366.88	6.9	2343	6.7	4608	3.0	9580	5.9
黔南	2444.35	12.3	4355	12.4	9059	12.5	20514	12.6
黔东南	1271.35	6.4	2179	6.2	4286	5.9	8911	5.5
仁怀	305.64	1.5	524	1.5	1030	1.4	2142	1.3
威宁	7.64	0.04	13	0.04	26	0.04	54	0.03
合计	19850	100.0	35226	100.2	72959	100.4	164570	100.7

贵州省高速公路进出省货运量预测结果 （单位:万吨、%）

进出方向	2017 年		2025 年		2035 年		2050 年	
	货运量	比重	货运量	比重	货运量	比重	货运量	比重
湖南	7272.01	29.0	13294	29.5	28700	30.3	68781	31.5
广西	5735.96	22.9	10486	23.3	22638	23.9	54252	24.8
重庆	4089.57	16.3	7380.4	16.4	15641	16.5	36438	16.7
云南	5751.2	22.9	9857	21.9	19389	20.5	40309	18.4
四川	2243.21	8.9	3996	8.9	8314	8.8	18826	8.6
合计	25091.95	100.0	45013	100.0	94682	100.0	218606	100.0

注:1.发送量单位为万吨,比重单位为%;2.根据贵州全省货运量中方案预测结果来计算贵州高速公路进出省货运量。

五、贵州省货运物流发展总体思路、功能定位及发展目标

(一)贵州省货运体系发展总体思路

交通强国是新时代党和国家赋予交通运输业的崇高使命,要求交通运输业通过加强自身发展,不断适应和引领经济社会发展,有效支撑国家重大战略实施和社会主义现代化强国目标,满足人民不断增长的美好生活需求。贵州省作为第一批交通强国建设试点区域,要以构建安全、高效、绿色、经济的现代化货运物流体系为导向,在基础设施、运输服务、技术装备等方面先行先试,形成适应西部发展、具有贵州特色的经验和成果,打造西部地区提质降本增效的典范,实现"自身强"和"强贵州"的相互促进,为开创"经济强、百姓富、生态美的多彩贵州新未来"做好先行官。

贵州省货运体系发展以习近平新时代中国特色社会主义思想为指导,以供给侧结构性改革为主线,以服务民生为中心,立足西南、服务全国、辐射国际,抢抓国家"一带一路"、长江经济带、西部陆海新通道建设的战略机遇,以建设有机衔接、布局合理、优质高效、安全便捷的物流通道体系、物流枢纽体系、货运服务体系、货运装备体系、信息服务体系"五大体系"为着力点,进一步夯实现代物流业的发展基础,构建陆海新通道的重要枢纽,培育枢纽经济发展的服务平台,打造全国智慧物流的策源地,扩大国际国内两个"朋友圈",全面支撑人民满意、保障有力、国内领先的交通强国建设。

(二)贵州省货运体系发展功能定位

促进贵州现代物流发展的基础载体:交通运输是现代物流的基础和载体。推进现代物流业发展、提高运输服务能力和水平是新时期发展现代交通运输业的重要任务。当前贵州仍处于传统货运向现代物流转型升级的重要阶段,货运体系发展应从运输结构优化、组织方式创新、产品服务拓展等方面铸就内生动力,全面提升货运供给质量效率,着力推动货运服务加速转型升级,促进降本增效,助力贵州省货运物流由大到强和高质量发展。

构建西部特色枢纽经济的支撑平台：贵州是联结西南、华南、华中的咽喉地带，区位优势明显。随着贵州现代综合交通运输网络基本形成，已经成为西部陆路交通枢纽。陆海新通道的规划和建设为贵州打造连接粤港澳大湾区、长三角、"一带一路"的重要枢纽提供了重要的战略机遇。枢纽经济是以交通、物流、信息等枢纽平台为载体，强化对经济活动和信息流动的集聚与辐射，寻求创新驱动发展的一种新的经济模式，它可以通过吸附、转换、放大、辐射等功能，创造实现新价值，不断增强城市能级。贵州省货运体系应以陆海新通道重要枢纽建设为切入点，以完善的现代综合交通运输体系为依托，充分利用"1+8"国家级开放创新平台，培育特色优质的枢纽经济，着力提升产业集聚辐射能级，促进货运、产业和城市融合发展，为产业发展、城市经济提供新动能。

打造全国智慧物流的策源地：贵州作为中国国家级大数据综合试验区，大数据产业发展成为贵州经济发展新引擎，也逐渐成为贵州新的名片和标签。在大数据时代，贵州省货运体系应加快信息技术与货运物流的融合，不断打造"互联网+"货运物流的组织创新和业态创新，打破行业"信息孤岛"，发展智慧物流，打造覆盖全国的智慧物流信息网，提高物流效率、降低物流成本，为"黔货出山"提供畅通的信息和便利的渠道，也为建立全国物流和经济的"晴雨表"提供数据支撑。

（三）贵州省货运体系发展目标

贵州省货运体系发展以"打造交通强国先行先试典范、引领货运高质量发展新格局、服务经济社会发展新要求"为总体战略目标，分为三个阶段：从 2018 年起到 2020 年为贵州交通强国建设准备期；从 2020 年开始到本世纪中叶分两个阶段实现交通强国的战略目标。

1. 准备阶段：从 2018 年起到 2020 年

从 2018 年起到 2020 年是决胜全面建成小康社会的关键时期，也是开启社会主义现代化建设新征程的历史交汇期。这一时期贵州省货运体系的发展重点是推进运输结构调整,抓重点、补短板、强弱项,完成《贵州省综合交通运输"十三五"发展规划》规定的任务,着手解决货运领域当前的突出问题,为加快推动质量、效率、动力"三大变革"奠定基础,为全力打好防范化解重大风险、精准脱贫、污染防治"三大攻坚战"提供支撑,为建设交通强国创造条件。

2. 第一阶段:2020 年到 2035 年

到 2035 年,集约化、高效化、智能化、创新性的现代货运物流体系基本建立,综合交通实现一体化,多式联运高效顺畅,专业物流服务水平有效提升,智慧货运蓬勃发展,实现"货畅其流、省惠其昌",基本建成交通强国,有力支撑现代化经济体系建设。具体目标如下:

• 综合交通实现一体化。基本建成"能力充分、结构合理、通达便捷、综合一体"的陆水空立体交通基础设施网络,形成陆上对外物流主通道、内河高效货物运输通道和空中快速货运通道,多通道连接长三角、粤港澳大湾区、北部湾及"一带一路"沿线国家和地区,国内国际通达度有效提升。

• 多式联运高效顺畅。多式联运占比明显提升,基本形成"全球 123 快货运输物流圈",实现国内 1 天送达、周边国家 2 天送达、全球主要城市 3 天送达。大宗物资铁路、水运货物周转量占比上升幅度超过 20%,集装箱多式联运量年均增长率超过 5%,货运结构合理优化。

• 货运物流专业化水平有效提升。冷链物流服务体系进一步完善,基本建成全国重要的区域性农产品冷链物流枢纽,冷链流通率达到 60% 以上。创新农村物流发展模式,完善县、乡、村三级农村物流服务体系,城乡物流基本实现一体化。货运车辆和过闸船舶标准化、绿色化程度有所提升。

• 智慧货运蓬勃发展。先进信息技术广泛应用,运输物流企业信息化、智能化水平提升 40%。货运物流供需匹配度提升 30%,车辆空驶率降到 20% 以下,物流成本占地区生产总值的比例降到 10%,物流效率提升 20‰ 货运行业基础信息资源全面开放共享。先进适用装备、无人自动驾驶车船、港口自动化作业等合理有效推行。

3. 第二阶段:2036 年到 2050 年

到 2050 年,全面建成现代化货运物流体系,实现高质量交通一体化,多式联运服务能力进入国家前列,专业物流服务水平达到国内领先,成为国内领先的交通强国示范省。具体目标如下:

• 实现高质量交通一体化。全面建成"能力充分、结构合理、通达便捷、综合一体"的陆水空立体交通基础设施网络,完善"一主两辅"的对外物流通道,各种运输方式实现深度融合。

• 多式联运服务能力进入国家前列。多式联运占比进一步提升,全面形成"全球 123 快货运输物流圈"。大宗物资铁路、水运货物周转量进一步提升,集装箱多式联运量稳步增长。

• 货运物流专业化水平达到全国领先。成为全国重要的农产品冷链物流枢纽,构建起国际全程冷链物流网络。冷链流通率均达到 90% 以上。城乡物流全面实现一体化。货运装备标准化、绿色化水平进一步提升。

• 智慧货运国内领先。先进信息技术应用普及,运输物流企业信息化、智能化水平进一步提升。货运物流供需匹配度进一步提高,车辆空驶率继续降低,物流成本占国内生产总值的比例降到 8% 以下,物流效率进一步提升。货运物流信息资源进一步汇聚和共享。

六、贵州省货运物流发展重点任务

(一)物流枢纽提升工程

贵州省物流枢纽提升工程应以强化枢纽城市主体功能,打造多层级物流枢纽节点为重点,加强"国家、区域、地方"三级枢纽节点建设。

1. 国家级枢纽。包括贵阳(含贵安新区)、遵义。国家级物流枢纽辐射全国乃至国际。其中,贵阳:作为全省物流业发展的核心城市,着重发展附加值高、创新型的物流业态,引领全省智慧物流发展,争创全省现代物流促进内陆开放型经济试验区的新高地。遵义:定位为全省物流发展的次核心城市,争创全省西部优势产业与现代物流深度融合发展试验区。发挥遵义连接贵州与成渝经济区的区位优势,推进建设遵义综合保税区,发展多式联运物流、特色轻工产品(酒、茶、特色食品)物流,提升商贸物流、快递物流等服务能力。

2.区域级枢纽。包括毕节、铜仁、凯里、安顺、都匀、兴义、六盘水。区域级枢纽相对国家级枢纽而言,辐射范围主要集中于贵州省及周边地区,以区域分拨功能为主。其中,安顺:定位为贵阳大都市物流圈的支点城市,着力发展航空装备制造产品物流,发展服务黔中经济区的商贸物流,打造黔中地区旅游商品集散中心和农产品冷链物流中心,发展石材产业物流。铜仁:定位为武陵山区现代物流枢纽城市;依托"黔东工业聚集区"、环梵净山"金三角"文化旅游创新区、乌江经济走廊,积极发展资源性商品物流、供应链物流、保税物流、多式联运、医药物流等。六盘水:定位为贵州传统资源型商品物流转型试点城市及贵州西部外向型物流节点城市。发展绿色、高效物流,支持六盘水地区进行传统煤化工产业转型升级;发展大宗资源产品交易中心,发挥"凉都"气候资源优势做大商贸物流,挖掘农业产业优势,发展农产品及冷链物流。毕节:定位为黔北物流集聚区的重要节点城市。立足毕节资源和产业特色,发展绿色资源型商品物流、商贸物流、农产品及冷链物流、粮食物流等,扶持内陆港建设。都匀:定位为形成贵州连接北部湾、珠三角与21世纪海上丝绸之路的重要物流枢纽。依托高铁经济带建设优势,发展商贸物流、电子商务物流,发挥毗邻贵阳优势,发展快递物流、农产品及冷链物流,依托特色农产品和医药产业优势发展大健康医药产品物流。凯里:定位为贵州连接长江经济带的重要物流枢纽。发挥近海、近边、近江的潜在优势,建设成为东联湖南、南通两广的内河航运中心和工业产品配套物流节点城市,积极发展资源型商品物流、农产品电商物流、冷链物流、医药物流。兴义:定位为黔滇桂三省结合部商贸物流中心。发挥兴义能矿资源、环境优势,依托兴义空港经济区、兴义万峰林现代服务业开发区、义龙德卧内陆港建设,发展资源性商品物流、航空及保税物流、特色农产品物流、大健康产业和旅游产品物流。

3.地方级枢纽。主要以县级城市为重点,以县级物流集散中心为依托,是区域枢纽的重要支撑与补充,可结合农村物流与城乡配送工程做好统筹布局,促进地方经济社会发展。

贵州省三级物流枢纽

枢纽级别	城市	功能定位	重点建设(含提升)园区
国家级	贵阳	着重发展附加值高、创新型的物流业态,如临空物流、电商物流、保税物流等	贵阳改貌物流中心、贵安国际物流港、双龙临空港物流园、贵安新区综合保税区、贵阳综合保税区、贵阳传化智能公路港等
	遵义	发展综合保税区,多式联运物流、特色轻工产品(酒、茶、特色食品)物流,提升商贸物流、快递物流等服务能力	贵州黔北现代物流新城、遵义综合保税区、遵义传化智能公路港、中国辣椒城综合物流园、遵义绿色产品交易中心、遵义国际商贸城等
区域级	毕节	发展绿色资源型商品物流、商贸物流、农产品及冷链物流、粮食物流等,扶持内陆港建设	毕节国际内陆港、毕节石桥边物流园区、毕节市金海湖新区竹园物流中心等
	铜仁	发展资源性商品物流、供应链物流、保税物流、多式联运、医药物流等	铜仁东站物流园、武陵现代医药物流园区、大物流园等
	凯里	发展资源型商品物流、农产品电商物流、冷链物流、医药物流	凯里银田农产品物流园凯里西站物流园、凯里际商贸城、凯里云商建物流园等
	安顺	着力发展航空装备制造产品物流,发展服务黔中经济区的商贸物流,打造黔中地区旅游商品集散中心和农产品冷链物流中心,发展石材产业物流	黄桶——幺铺物流园、安国际商贸物流城、安顺黔中商贸物流中心等
	都匀	发展商贸物流、电子商务物流,发挥毗邻贵阳优势,发展快递物流、农产品及冷链物流,依托特色农产品和医药产业优势发展大健康医药产品物流	都匀市绿茵湖集装箱铁路物流园、都匀农产品(茶叶)综合物流园等
	兴义	发展资源性商品物流、航空及保税物流、特色农产品物流、大健康产业和旅游产品物流	兴义空港物流园区、川黔桂煤炭交易中心物流园、兴仁综合保税区等
	六盘水	发展大宗资源产品交易中心,发挥"凉都"气候资源优势做大商贸物流,挖掘农业产业优势,发展农产品及冷链物流	六盘水钟山区现代化粮食物流园、贵州西部农产品物流园等

（二）多式联运衔接工程

调整运输结构,提高铁路、水路运输比例是贵州省货运物流的降本增效的主要途径。贵州省应该将大力发展多式联运作为调整运输结构、提升物流效率、降低物流成本的战略重点,集合多方力量,在多式联运基础设施建设、多式联运品牌与线路打造、多式联运主体培养与服务提升等几大方面,作为贵州省交通强省战略的重中之重予以推进。

1. 加快完善多式联运基础设施,全面提升货物运输能力

• 提升主要物流通道干线铁路运输能力

加快实施国家《"十三五"现代综合交通运输体系发展规划》《铁路"十三五"发展规划》《中长期铁路网规划》,加快成都至贵阳、贵阳至南宁、贵阳枢纽小碧经清镇东至白云联络线、安顺至六盘水等在建高速铁路建设,争取早日建成开通。充分释放通道内既有川黔、黔桂、沪昆等普速铁路通道货运能力。继续加快叙永至毕节、渝怀铁路增二线、瓮安至马场坪等在建普速铁路建设,进一步完善货运铁路网,增强区域货运能力。加快盘州至兴义、铜仁至吉首、瓮安至马场坪铁路南北延伸线等铁路项目前期工作。协调推进实施一批铁路干线主要编组站设备设施改造扩能,缓解部分区段货运能力紧张状况,提升路网运输能力。

• 加快大型工矿企业和物流园区铁路专用线建设

支持煤炭、钢铁、电解铝、电力、焦化、汽车制造等大型工矿企业以及大型物流园区新建或改扩建铁路专用线。简化铁路专用线接轨审核程序,压缩接轨协议办理时间,完善铁路专用线共建共用机制,创新投融资模式,吸引社会资本投入。合理确定新建及改扩建铁路专用线建设等级和技术标准,鼓励新建货运干线铁路同步规划、设计、建设,开通配套铁路专用线。到 2020 年,全省大宗货物年货运量 150 万吨以上的大型工矿企业和新建物流园区,具备建设铁路专用线条件的争取接入铁路专用线。

- 畅通水路运输通道,完善港口枢纽功能

充分利用乌江、清水江连通长江和南北盘江红水河、都柳江连通珠江优势,加速打通贵州省北入长江、南下珠江出省水运通道,加快推进航道提升等扩能工程,提升航道等级和通过能力。依托产业布局、枢纽城镇加快建设水运通道的重点港口及集疏运公路,完善港口服务功能,推进港城互动、港园互动,实现以港兴城、以城促港的发展格局。

- 着力提升航空货物运输能力

按照适度超前的原则,构建设施先进、网络完善、无缝对接的航空货运集疏系统,加快培育基地航空公司,发展壮大航空货运货代企业,完善并拓展国内、国际航线网络布局,积极发展全货机航班,强化贵阳机场在西部地区的重要枢纽功能,并逐步提升贵阳机场联通国际枢纽机场开展航空物流服务的能力。

- 完善公路集疏运体系

利用普通国省道、县乡公路改造项目,结合机场、铁路枢纽、重要港口重点港区、高速公路出入口的布局和建设安排,积极推进集疏运路线、高速公路出入口连接路线建设,发挥综合运输的组合优势和整体效率。

以主要港口为重点、一般港口为补充,加快铁路、高等级公路等与重要港区的连接线建设,重点建设遵义乌江渡码头到原贵遵二级路、瓮安江界河码头接道瓮高速、德江共和码头接县城等多条港口集疏运通道,强化集疏运服务功能,提升货物中转能力和效率,有效解决"最后一公里"问题。推进港口与沿江开发区、物流园区的通道建设,扩大港口运输服务的覆盖范围。

- 重点打造内陆无水港,加快联运枢纽建设

重点打造内陆无水港。通过构建无水港,对接北部湾港口、珠海港、湛江港、盐田港、上海港等沿海港口,架起内陆通海之桥,积极融入"一带一路"建设,促进国际经济贸易的发展。重点打造贵州黔北现代物流新

城、贵安国际物流港、贵州(昌明)国际陆港、镇远县无水港等一批内陆无水港。

重视发展临空物流园。以贵阳临空经济发展区为核心,规划建设航空物流园、跨境电商物流园、航空快递物流园、国际快件中心和分拨中心,临空冷链物流园,积极搭建完整、高效、快速的物流运作平台和信息平台,建设集仓储、运输、加工、配送、多式联运及展示、交易等功能于一体的现代航空物流体系。大力发展电子信息、医疗器械、医药制品、鲜活水产、时令鲜花水果、化妆品、时装服饰等临空特色产品物流。

2. 积极推进多式联运技术及装备标准化

支持在贵阳改貌、遵义阁老坝、黔南福泉、黔东南羊坪等铁路货运枢纽加快公铁联运设施建设的政策;在乌江、清水江、南北盘江红水河、赤水河沿岸港口,加快大宗物资铁水、公水联运设施建设;在双龙航空港经济区加强空陆联运设施建设。支持企业实施多式联运运载单元、快速转运设备、专用载运机具等升级改造,推广应用45英尺集装箱和35吨敞顶集装箱,促进集装化、厢式化、标准化装备应用。大力发展铁路商品车运输、冷链运输、危化品运输等特种车辆,积极推广使用高铁快递专用货车。

3. 积极推进多式联运信息交互共享

加强货运物流信息服务平台建设,建立统一联网的多式联运公共信息服务系统和追踪查询系统,推动各种运输方式信息系统的互联互通和基础服务信息的共享共用。

鼓励企业推广应用多式联运信息交换标准,促进各参与方信息共享、流程优化和业务协同。引导港口、船公司、空港、航空公司等企业,加快完善相关业务管理信息系统,依照多式联运信息交换标准规范提供对外信息服务接口,有序开放货物进港离港、进出场站状态和航班计划等服务信息,推动铁路开放货运班列计划和实际发站到站等信息。鼓励多式联运经营人加强信息资源整合开发,为生产制造、商贸流通企业,以及相关承运人提供"一站式"信息查询、交换和数据转换服务。加快移动互联网、物联网等先进信息技术推广应用,提高多式联运全程可视化管理和智能服务水平。

4. 加快培育多式联运市场企业群体

促进多式联运经营人规范有序成长。积极培育具有全程货运组织能力并承担全程责任的多式联运经营人,采取一站式窗口、网上办理、多证联办等措施为多式联运经营人工商注册和市场准入提供便利。引导无车承运人、无船承运人和货运代理企业,有序开拓多式联运经营业务。推动组建跨区域、跨方式、跨行业的企业集群式联盟,搭建多式联运经营人发展壮大的孵化平台。

引导传统货运企业跨方式协同协作。引进港口企业参与内陆港运营,充分发挥沿海、沿江港口企业在打通内陆通道、布局内陆港以及操作、调度、管理等方面的技术、人才、设备等优势,发展成为全程物流服务提供商。支持铁路运输企业与公路、水路运输企业组建各种形式的经营联合体,鼓励联运参与方以资产为纽带、集中核心资源组建龙头骨干企业。支持铁路运输企业通过兼并、重组、收购、参股控股、联盟合作等方式整合公路货运资源,完善接取送达服务网络。鼓励公路运输企业积极主动对接铁路运输两端业务,强化对铁路最先和最后一公里的接驳和集散服务,构建铁路干线运输和公路末端配送紧密衔接的全程组织链条,探索资源整合共享的一体化经营模式。鼓励不同运输方式经营企业围绕开发多式联运服务产品,组建各种形式的合作联盟。

5. 打造常态化、品牌化的"一站式"多式联运服务产品

(1)公铁联运产品。一是逐步推进"黔新欧"国际班列常态化运营,争取国家支持加快推进渝贵高铁建设,强化渝贵铁路、渝贵高铁同"渝新欧""黔深欧""黔新欧"等对外通道联动,将渝贵铁路、渝贵高铁打造成渝黔两地融入"一带一路"建设的主通道。未来以黔北现代物流新城为贵州发行国际班列的起点,随着贵州省高端制造业等新兴产业的发展,高附加值产品货源增加,逐步推进黔新欧国际货运班列常态化运营。二是发展高铁零担快运,提高铁路市场零担份额,加快发展高速铁路快运、货运快运新业务。利用高速铁路的优势运输快件和附加值高的轻型物资;在高速铁路上开辟一定空间运输特快急件,高铁运送快件不受交通堵塞、航空管制等因素影响,准点率高;在货运专线上试行120—160公里/小时的快速货运列车,提高货运效率。贵州省可在沪昆、渝黔等高铁开设铁路快运班列,提高铁路零担市场份额,提升邮政快递服务水平。三是与省内大型工矿企业合作,开行固定货运班列构建门到门送达网络,加强铁路系统内跨区域组织协调,优先保障煤炭、焦炭、矿石、粮食等大宗货物运力供给。推动铁路运输企业与煤炭、矿石等大客户签订运量运能互保协议,实现互惠共赢,鼓励各级政府以购买服务方式开行固定货运班列。推动铁路运输企业与物流园区、大型工矿企业、物流企业、港口等开展合作,构建门到门接取送达网络,提供全程物流服务,减少和取消铁路两端短驳环节,规范短驳服务收费行为,降低短驳成本。

（2）水陆联运产品。一是依托长江经济带发展联运产品,依托乌江、清水江、南北盘江红水河、赤水河沿岸港口,加快大宗物资水陆联运发展,联通下游各大港口内外贸航线,提高货物进出口周转效率,有效降低运输成本,如乌江——长江;红水河——珠江;赤水港——长江等联运线路。开发贵州至武汉——长江铁水联运线路。二是加快码头铁路专用线建设,加快瓮安——乌江码头等铁路专用线建设,加快磷化工产品及矿渣通过水路运输。三是大力发展海铁联运产品,组织与沿海主要港口开行海铁直达货运班列,如贵州——盐田港、贵州——珠海港、贵州——湛江港、贵州——北部湾港口等,提高通关效率及服务水平。

（3）陆空联运产品。打造高价值商品"卡车航班"服务,依托双龙临空经济区推进空陆联运设施建设,积极推动空陆联运发展。加快发展面向集成电路、生物制药、高端电子消费产品等高附加值制造业的航空货运服务,加大"卡车航班"开行力度,建设区域性卡车转运中心,打造航空货物"门到门"快速运输系统,构建高价值商品的快捷物流服务网络。航空物流企业应最大限度挖掘航空货运上下游环节产业价值,体现"互联网+航空物流"运作模式的优势,将航空物流的时效性优势发挥出来,真正实现"门到门"的高效物流服务,并确保发挥自身不同于其他货运方式的差异化优势。

(三)冷链物流品质工程

贵州有着良好生态资源,各类农产品相当丰富,茶园、辣椒、薏仁、火龙果和刺梨种植规模居全国首位,马铃薯种植规模居全国第二位,中药材、荞麦种植规模居全国第三位,蓝莓种植规模居全国第四位,贵州已成为以夏秋蔬菜为主的产业大省之一。贵州在绿色农业打造上具有得天独厚的优势,贵州计划将建成无公害绿色有机农产品大省。但目前贵州冷链物流有效供给不足,冷库容量和冷藏车分别居全国第 22 位、28 位,保有量分别仅为全国的 1.07% 和 0.39%。受物流基础差等因素限制,不仅缩短了山区生鲜农产品的"出山半径",也导致城市"菜篮子"价格偏高。贵州省冷链物流体系建设是"黔货出山"的重要支撑。

贵州省冷链物流体系建设需要加强顶层设计,完善冷链物流基础设施,提升运输装备技术水平,提高冷链物流信息化与节能环保水平,发展先进运输组织模式,加快培育第三方冷链物流企业,强化冷链运输行业监管,以高标准高质量推进冷链物流体系建设。同时贵州省要结合省情特点,走出冷链物流的特色发展道路。

1.加快冷链物流基础设施网络建设、提升冷链物流信息化水平

加快实施全省冷链物流体系建设,建设以贵阳、遵义为中心,市(州)所在地为枢纽,县(市、区、特区)为节点,乡镇大型农产品生产基地为末梢的冷链物流网络,在田间地头可推广移动式冷库,形成覆盖范围广、运

营成本低、使用效率高、"冷藏、运输、加工、销售"一体化的冷链物流体系,实现乡镇大型农产品生产基地冷链预冷全覆盖。

鼓励冷链物流企业自建或委托第三方机构建设冷链物流设施设备的远程监控系统,对冷藏保温库、冷藏保温车辆、冷藏集装箱内的温度进行实时监测记录,及时处置温度异常等情况,确保冷链物流温度控制"不断链",推进冷链上下游企业信息共享,实现订单处理、运输仓储、城市配送、结算等业务环节的有效对接。

贵阳市可依托贵阳地利农产品物流园、贵阳北部农产品电商物流园、山海云关冷链食品物流加工园等节点推进冷链物流基础设施建设,打造服务全省的农产品冷链物流集散中心。依托贵州渔樵海鲜批发市场,规划建设服务贵州省的海鲜和水产品冷链物流分拨中心。围绕居民消费需求,加快在清镇市、修文县等农商联动示范县(市)规划布局长短途冷链运输有效衔接、查验与监控基础设施配套完善的生鲜农产品低温加工集配中心,集中完成肉类分割、果蔬分拣以及包装、配载等处理流程;云岩区作为运用冷链物流推动菜篮子工程试点区,加快冷链集配中心建设,全面推进流通领域分销能力。

遵义发展冷链物流具有得天独厚的条件。一是有着很好农业基础,作为拥有黔北粮仓美誉的地方,遵义的农副产品精深加工近年来发展迅速;二是有着便捷交通优势,地处西南腹地、四通八达,多式联运的大交通格局正在形成,集散、分拨、配送成本也将因贵州黔北现代物流新城的建成进一步降低;三是有着巨大市场潜力,冷链运输目前应用比例偏低而需求旺盛、前景可期;四是有着良好发展机遇,遵义综合保税区的挂牌,为加快建设现代物流体系、破解冷链物流业发展瓶颈提供了宝贵平台。遵义将依托黔北现代物流新城冷链物流中心,加快发展冷链体系,抢占产业制高点,不仅服务于遵义市场,还将辐射西南地区及湖、广等地,为农产品冷链流通发挥极大作用。

2. 建设铁路冷链快运走廊

为发挥铁路运输节能环保优势,降低冷链运输物流成本,将贵州的农产品通过长距离铁路运输到全国及国际市场,可探索推行一体化、直达化铁路冷链运输,开行始发直达单元列车,为长距离运输客户提供完整的冷链运输产品。有序开行贵州至珠三角、长三角冷链快运班列,助力"黔货出山"。

铁路物流企业根据周边冷链市场需求及节点辐射能力,充分利用既有货场设施设备及社会冷链物流基地,新建、改扩建铁路冷链物流基地或租赁社会冷库设施,搭建铁路冷链物流基地网络,提高冷链节点运作效率,保障服务质量。待铁路冷链物流基地成网运营后,重点研发可实现远程监控的机械冷藏车、保温车、多温层保温车等标准化大容量运载单元。

3. 推进冷链物流新模式,倡导冷链物流共同配送

鼓励和引导大型农产品流通企业拓展社区服务网点,发展"生鲜电商+冷链宅配""中央厨房+食材冷链配送"等冷链物流新模式。积极引导冷链运输物流企业通过统一组织、按需配送、计划运输的方式整合资源,降低物流成本,提升物流效率。适应电子商务和连锁经营发展的需要,鼓励符合国家有关规定的冷链运输物流企业、商贸流通企业等以联盟、共同持股等多种形式在大中城市发展共同配送。

4. 加快培育第三方冷链物流企业

鼓励国际国内先进的第三方冷链物流企业引进贵州。鼓励一批有条件的龙头物流企业先行进军冷链市场。鼓励生产加工、商贸流通企业剥离其冷链物流业务成立第三方冷链物流企业,或将冷链物流业务外包给专业的第三方物流企业。鼓励连锁经营企业、大型批发企业利用自有设施提供社会化的冷链物流服务。鼓励不同类型的企业建立冷链物流联盟,加强合作,实现资源整合。鼓励传统冷链物流企业扩大服务范围,拓展经营网络,创新服务模式鼓励有条件的物流企业加强与各环节企业在

全流程的协同对接,推动冷链物流服务由基础服务向增值服务延伸。

（四）城市配送优化工程

商务部、公安部、交通运输部、国家邮政局、供销合作总社五部门联合下发《关于进一步落实城乡高效配送专项行动有关工作的通知》,明确贵阳市、黔南州被列入全国首批 30 个城乡高效配送试点城市。贵州省应以开展城乡高效配送试点为契机,把打造绿色创新的城市配送体系作为塑造贵州省绿色智慧物流体系的代表作,完善城乡物流网络节点,降低物流配送成本,提高物流配送效率,引导绿色智能城配快速发展。

1. 加快城市配送网络建设

适应全渠道流通和供应链深度融合的趋势要求,优化城市仓储配送网点布局,在城市中心城区周边交通便利地区,统筹规划建设具有干支衔接功能并组织共同配送的大型公共货运与配送综合体,促进地区之间、城乡之间网络衔接。支持每个区/县布局规划建设 1—2 个城市共同配送中心,满足人民日常生活物资快速中转配送的需要。引导仓储、邮政、快递、批发、零售、电商等企业,采取多种方式共建共用社会化配送中心。鼓励企业依托城市配送中心建设面向城市消费的低温加工处理中心,发展"中央厨房+食材冷链配送"等冷链物流新模式。鼓励地方政府整合利用城市商业网点、快递网点、社区服务机构等设施资源建设公共末端配送网点。

在商业街区、大型商圈、居民社区、高等院校等场所合理设置城市配送所需的停靠、充电、装卸、夜间配送交接等设施。鼓励经营规模大、配送品类全、网点布局广、辐射功能强的骨干企业,联合相关企业建立多种形式的联盟与协同体系,构建城乡一体、上下游衔接、线上线下协同的物流配送网络。不断加强拥堵较严重的入口和道路的改造,扩大通行能力,缓解进城交通压力。

2.引导绿色城配创新发展

（1）支持城配组织模式创新发展。引导和鼓励城市货运配送组织模式创新，支持发展多式联运、甩挂运输、带托运输等高效运输模式。支持货运配送企业延展服务链条，推进干线甩挂运输、多式联运与城市共同配送的一体化运作。发展统一配送、集中配送、共同配送等多种形式的精细化、集约化配送，发展云仓等共享物流、智慧供应链等新业态，发展夜间配送、分时段配送。先期，贵州省可通过试点示范，分类指导物流企业在快消品、医药、家电、生鲜食品等重点领域，开展城市共同配送。

（2）引导绿色智能城配快速发展。推动城市配送车辆标准化、专业化发展，推广标准化新能源配送车辆并给予通行便利。推广使用标准托盘、周转箱（筐）、配送车辆等，推动城市配送各环节高效衔接。鼓励应用智能快递柜与生物识别技术，优化末端取、寄快件环节。

推动城乡货运与配送全链条信息交互共享，促进各方资源整合，形成集约高效的城乡货运组织链条。大力推进大数据、云计算与物联网等技术在城乡高效配送中的应用，推动智慧仓配网络与平台建设。依托贵州省物流云平台及农产品溯源平台，整合城市配送、生鲜配送等车辆信息，对产地及流通进行溯源跟踪，优化配送路线，降低空驶率。加强位置服务、物联网、安全监控、仓储管理、分拣配送、数据集中管控等服务快递物流发展的基础平台建设，推动相关基础平台向快递物流企业开放，实现基础平台与相关业务系统的互联互通。

（五）农村物流融合工程

党的十九大、二十大、中央经济工作会议、中央农村工作会议、2018年以来历年的中央"一号"文件，先后提出乡村振兴战略。贵州省由于历史和自然条件制约，城镇化率较低（2018年城镇化率仅为47%），拥有广大的农村地区，实现乡村振兴在贵州尤为重要。乡村要振兴，物流是关键。近几年，贵州省大力推进物流业发展，农村物流发展也取得一定成效,但总体上仍处于初级阶段。农村物流服务有效供给不足、成本过高、效率低下,已成为乡村建设中的突出短板,难以满足新时代农业现代化和乡村振兴战略的新要求。因此,要找准制约因素,把全面提升农村物流体系作为交通运输促进乡村振兴的重要举措。

1.加强多方协同,提升节点设施综合服务能力

省级交通运输主管部门要督促和指导县级交通运输主管部门根据地方发展实际优势和特色优势,主动加强与农业、商务、供销、邮政等部门的联动协同,有效整合货源和运力资源,因地制宜地制定完善县、乡、村三级农村物流网络节点体系的工作方案。推动供销、邮政、快递、交通运输企业在农村地区扩展合作范围、合作领域和服务内容,逐步建立互利共赢、服务规范的合作机制,探索开展农村渠道共建、设施共享、业务代理合作。

适应农村一二三产业融合发展和农民消费升级的需求,加快完善县级农村物流节点停车装卸、仓储配送、流通加工、电商快递、邮政寄递等综合服务功能,健全乡镇和村级物流节点快递收寄、电商交易、信息查询、便民缴费等功能,实现"一点多能、一网多用、多站合一"。

2.创新农村物流运营模式

推广城乡统一配送、集中配送、共同配送等先进模式,提高配送效率和运营管理集约化水平。依托专业大户、家庭农场、农民合作社等农业经营主体,发展面向电商平台和团体消费的农产品批量配送。鼓励"互联网+"农村物流新业态发展,支持企业在农村物流领域发展无车承运物流模式,整合社会闲散运力和分散货源,实现人、车、货、站、线等物流要素的精准匹配。充分挖掘城乡客运班线货舱运力资源,发展小件快运、电商快递等服务市场,实现客货同网、资源共享。

3.整合农产品供应链资源,增强专业化服务能力

加强多部门合作,着力推进一批典型的"交通物流+优势产业""交通物流+电子商务""交通物流+特色资源"等项目建设,通过物流运输整合

农业基地、生产制造、商贸交通等资源,不断拓展农村物流的服务范围、服务领域、服务内容,为农村地区一二三产业融合发展提供产销运一体的供应链综合物流服务。

鼓励开展农产品冷链物流,支持农村物流节点加强冷藏保温仓储设施建设,为农产品产地预冷、多温区存储、低温加工提供必要的设施条件,推广应用冷藏保温车辆、低温物流箱等冷链物流设备,完善农产品冷链物流服务体系,提升农村物流专业化服务能力。

4. 加强农村物流信息化建设

支持县级农村物流中心或农村物流龙头骨干企业建设县级农村物流综合信息服务平台,并接入贵州省智慧物流"一网一云一平台",完善平台网上交易、运输组织、过程监控、结算支付、金融保险、大数据分析等服务功能,并加强与电商、邮政快递等平台的有效对接,实现县、乡、村三级农村物流信息资源的高效整合、合理配置。

加强农村物流信息终端建设,推广"通村村"智慧交通云平台。应用条形码、射频识别技术、车载卫星定位装置以及电子运单等先进信息技术和管理方式,加强货物交易运输、仓储、配送全过程的监控与追踪,并实现信息数据与县级综合信息服务平台的互联互通,通过农村物流的信息化、数字化管理,提高运营效率。

(六)组织模式创新工程

通过现代化的运输组织方式、新技术、新装备在货运领域的大力推广,集约化运输组织方式得到大力发展,货运物流服务效率会进一步提升。贵州省为进一步降低物流成本,应该积极开展物流组织模式创新工程,如甩挂运输、网络货运经营等。

1. 推广省内短途甩挂运输,加强互联网+甩挂运输深度融合

贵州省目前虽拥有国家级甩挂运输试点项目两个,但因去程货物比较充裕,但回程货物不足导致牵引车回程"空甩"。针对这个问题,建议

贵州省针对省内货运物流供需分布,重点推广省内短途甩挂运输。同时积极应用互联网技术,鼓励甩挂运输物流信息的互通互换,促进信息流、物流和资金流的协同和联动,提高物流服务效率和经营管理水平。加强物流节点内部的货运信息、物流供需信息、网上物流在线跟踪信息等互通共享,实现企业、车辆与互联网的实时连接等,以保证甩挂运输的有效开展。

此外,贵州省政府相关部门应出台配套政策,支持甩挂运输的发展。如:资金扶持,减少甩挂运输企业负担;降低甩挂运输企业货运站场用地价格、延长站场土地使用年限;对开展甩挂运输企业的牵引车辆实行高速公路通行优惠,减少牵引车的征费等,最大限度地减少企业和司乘人员的负担,提高企业开展甩挂运输的积极性。

2. 积极推进网络货运发展

2019 年 9 月 6 日,交通运输部、国家税务总局联合印发《网络平台道路货物运输经营管理暂行办法》(简称《办法》),规范网络平台道路货物运输经营(简称网络货运),培育现代物流市场新业态,加快道路货运行业转型升级高质量发展。网络货运是互联网与货运业深度融合的典型代表,依托互联网平台汇聚大量物流信息,通过大数据、云计算分析实现要素资源精准配置、科学组织、合理调度,对优化市场发展格局、充分发挥平台企业规模经济效应、带动行业集约化发展具有重要作用。

贵州省交通管理部门应积极推进网络货运发展,切实做好《办法》的贯彻落实工作,联合同级税务部门健全完善相关配套政策;按照《办法》要求,对网络货运经营条件严格把关,规范网络货运市场秩序。加快建设省级网络货运信息监测系统,充分利用信息化手段加强对网络货运企业经营行为的事中事后监管,推动监测系统与相关行业信息系统对接,实现线上线下一体化监管。引导网络货运经营企业建立相关操作规范,科学设计业务流程,形成物流资源组织调度、实际承运人监管、单证交接等环节的规范化管理。鼓励企业拓展业务范围,加强与铁路、港口、民航等企业的合作,通过物流信息平台的互联互通以及在信息资源、服务规范、作业流程等方面的有效对接,开展公铁、公水和陆空联运,支持企业通过甩挂运输、共同配送等先进运输组织方式提升组织效率。鼓励企业开展跨区域网络化经营。

(七)智慧物流支撑工程

贵州省在发展大数据产业方面具有独特优势,并已取得了很大成绩。未来贵州省仍将坚定不移地推动大数据战略行动向纵深发展。贵州省货运体系发展要与大数据战略深度融合,要认真学习贯彻习近平总书记关于"推进数据资源整合和开放共享""构建以数据为关键要素的数字经济""运用大数据提升国家治理现代化水平"等关于实施国家大数据战略的重要论述,增强利用大数据平台推进各项工作的本领。贵州省物流成本相对较高,其中一个重要的原因是空驶率高,物流效率低下。贵州应以数字化为抓手,运用平台思维,构建智慧物流生态圈,提升物流效率,降低物流成本。

1. 加快建设全省互联互通的智慧物流信息平台

加快建设全省互联互通的智慧物流信息平台,支撑贵州省"一网一云一平台"建设。加强交通运输、发展和改革委员会、商务等部门信息平台的数据统一、对接,建立互联互通的省级智慧物流信息平台,提供物流信息发布、在线交易、数据交换、智能配送、智能分析等功能。促进智慧物流信息平台与电子商务、电子政务、通信、金融等信息系统有效衔接。依托省内大数据物流平台企业,推动物流追踪与物资管理、智能调度与高效储运等新技术应用,进一步降低空驶率,提高仓储周转效率。

2. 开展货运市场运行动态监测,建立国家西部货运景气指数

利用大数据等信息化手段提高道路货运市场运行监测分析能力,是推动行业管理部门从"经验判断"向"数据决策"转变的重要抓手,对提高

行业科学治理能力和促进行业现代化治理体系建设具有重要意义。

贵州省应充分利用省智慧物流云平台,与省内大数据物流平台企业开展合作,进行货运市场运行动态监测,基于货运活动的空间分布性、地区差异性及效率波动性等特征,研究建立国家西部货运景气指数,完善运行监测工作机制,运用海量的大数据资源有效监测行业运行状态,科学预测行业发展趋势,合理公告道路货运市场供需状况,及时、合理调控市场运力,为行业分析、科学决策、政策评价等提供重要参考,促进道路货运行业转型升级,有效推动道路货运行业健康稳定、高质量发展。

3. 提升物流园区及物流企业信息化水平

提升物流园区信息化水平。鼓励第三方物流信息服务平台在物流园区的运用,支持物流园区物流信息化建设,进一步提升获取和分析园区企业、货主、司机、货车等相关数据的能力,加快推进各物流园区与省智慧物流云平台实现物流数据互联互通。

增强物流企业信息化能力。鼓励物流企业加快推进物流信息化建设,支持物流企业大力推进基于大数据、云平台、物联网等信息化技术的供应链管理进程,加快实现物流企业与省物流云、物流园区之间实现互联互通,进一步推动物流业跨越式发展。

第五节　贵州出行体系发展要求

一、发展现状

近年来贵州省不断提升交通运输出行服务能力,综合交通基础设施加快建设,逐步建立了以区际、城际、城市、城乡四级出行服务网络为主体,旅游出行服务为补充的"4+1"营业性客运服务体系,人民群众出行需求得到了极大满足。2018 年,公路通车里程 19.69 万公里,高速公路通车里程 6453 公里,铁路里程 3560 公里。全省完成旅客发送量 94475 万人次,其中铁路 6760 万人次、公路 84053 万人次、水运 2211 万人次、民航 1450 万人次。

"十三五"期间贵州全社会客运量及年均增长率

指标	运输方式	单位	2015	比例 (%)	2018	比例 (%)	年均增长率 (%)
客运量	合计	万人次	88368	100	94475	100	2.23
	铁路	万人次	4900	5.5	6760	7.2	11.3
	公路	万人次	80621	91.2	84053	89.0	1.4
	水运	万人次	2019	2.3	2211	2.3	3.1
	民航	万人次	824	0.9	1450	1.5	20.6
	机场吞吐量	万人次	1563	—	2799	—	21.4
旅客周转量	合计	亿人公里	678	100.0	798	100.0	5.6
	铁路	亿人公里	229	33.8	322	40.4	11.9
	公路	亿人公里	442	65.2	469	58.8	1.9
	水运	亿人公里	5.5	0.8	6.8	0.9	7.3
	民航	亿人公里	—	—	—	—	—

全域客运网络不断拓展,旅客快速出行条件明显改善。现已开通贵阳至北京、上海、广州、郑州、长沙、昆明、重庆、武汉、南京等全国大部分省会城市及其他主要客源地城市的高铁列车,高铁运输规模体量进入高速增长期。民航方面现已建成 11 个运输机场,形成"一枢十支"的机场群,国内外航线达到 390 条。交通运输基本公共服务水平全面改善,建制村通客运率达到 100%,实现县县通公交,并在西部第一个实现全域交通互联互通,部分地区利用"通村村"信息平台解决农村地区出行难等问题已经初显成效,智能终端应用现已实现 100% 乡镇全覆盖。客运站场设施不断完善,等级客运站实现联网售票,建成了一批以机场、铁路站等为代表的大型综合客运枢纽,旅客出行换乘的便捷性不断提高。目前,贵州省

实现了所有市(州)至少有 1 个一级客运站,95%的县城建有二级及以上客运站,91%乡镇建有等级客运站。

贵州省内主要城市节点之间的城际、城乡、农村地区出行依靠仍然依靠各级公路实现,从各种运输方式承担的客运量比例来看,近年来公路客运始终占据着主导地位,虽然受到高铁和航空的冲击,营业性客运比例在逐步降低,但是非营业性客运体量规模仍然巨大,其基础地位长期以来保持稳定。铁路运量占比受到高铁网络的完善呈现稳步增长态势,占比7.2%。从周转量来看,随着高速铁路的建设成网,进一步拓展了铁路旅客的出行时空距离,图表数据显示,2018 年铁路旅客周转量占比已经明显高于公路旅客周转量占比,在长距离运输中,贵州铁路发挥了巨大的优势。

"十三五"期间贵州省客运结构

指标	2013	2014	2015	2016	2017	2018
铁路客运量占比	5.1%	5.0%	5.5%	5.7%	6.1%	7.2%
公路客运量占比	91.5%	91.2%	90.5%	90.0%	88.9%	89.0%
水运客运量占比	2.1%	2.2%	2.3%	2.3%	2.3%	2.3%
航空客运量占比	1.3%	1.6%	1.8%	2.1%	2.6%	1.5%

(一)区际出行以航空、高铁为支撑服务跨省出行,呈现立体化快速发展态势

中长途区际出行受旅游业和高新产业发展影响,依托高铁和航空等方式极大满足全球与贵州的人员交往需求,其承担客流以商务、旅游等出行目的为主。空中走廊现已形成了以贵阳龙洞堡机场为枢纽的"一枢十支"格局,每个市(州)都有一个机场,机场直线距离 100 公里范围内民航运输覆盖80%以上的县级行政单位和90%以上人口。2018 年底,全省 11个机场共开通航线约 390 条,其中,贵阳龙洞堡机场开通航线 240 条(国内航线 220 条、国际及地区航线 20 条),其他 10 个支线机场共有 150 条左右(其中,遵义新舟机场开通国际及地区航线 7 条)。

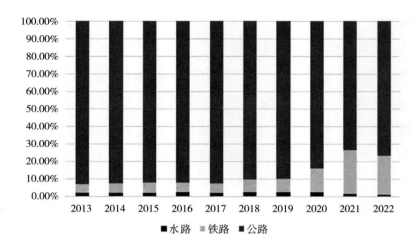

贵州省各方式客运周转量结构变化

航线布局方面,以贵阳龙洞堡机场为核心转换节点,以其他 10 个支线机场为辅助转换节点,航线国际主要覆盖东南亚,国内主要覆盖长三角、京津冀、关中平原城市群等地区。从航线数量来看,以龙洞堡机场为核心枢纽,覆盖长三角、珠三角以及京津冀地区的航线数量最多,客流量较为饱和。其他市州的支线机场正在与就近的外省枢纽机场形成串飞航线,扩大支线机场的辐射范围。

中短途区际出行从高速时代迈入高铁时代,以高速公路和高速(城际)铁路为主要实现方式。贵州主要的对外通道方向上,高速公路均已实现完全连通;已经开通的贵广、沪昆、渝贵高铁进一步增强了至昆明、广州、重庆、上海等方向的对外出行能力,便利了贵州与毗邻省份主要经济节点之间的居民出行。

总体来看,贵州通过七大对外出口,形成了 5 条主要的客运走廊,面向成渝地区、长三角、珠三角、滇中经济区等区域,在航线和高铁线路密集的走廊上,已经形成了较为稳定的出行走廊。与"十二五"时期相比,现阶段贵州的区际立体出行网络覆盖范围进一步扩大,基本形成了以贵阳为中心的 2 小时省内高铁圈,4 小时覆盖周边主要节点高铁圈和 3 小时覆盖国内的航空圈,呈现地面高速、高铁双骨架与空中走廊相结合的立体化快速发展态势。

（二）城际出行以高速、高铁为主要模式,以贵阳为核心呈放射状分布

目前已经通车了贵开、铜玉等城际铁路线与沪昆高铁（贵州段）、渝黔高铁、贵广高铁等一起组成了贵州的放射状高铁网络,进一步丰富了省内主要城市间的快速出行方式。从现有的高铁分布情况看,贵州境内的1127公里高铁已经基本覆盖了4个区域中心城市（共9个）,进一步覆盖六盘水、兴义和毕节等3个区域中心城市,按照《贵州省城镇体系规划》（2012—2030年）规划六盘水中心城市、安顺中心城市、毕节中心城市（含大方）、铜仁中心城市、兴义中心城市、都匀中心城市、凯里中心城市、盘州县城、德江县城等9个区域中心城市,作为区域内城镇发展的组织中心。

贵州共有14条省内往返航线,除遵义新舟和安顺黄果树机场外,其他省内支线机场均与贵阳机场有往返航班,省内各支线机场无互飞航线。

客运新业态、新模式不断涌现进一步激发了公路客运需求。基于互联网平台的多种出行方式信息服务对接和一站式服务水平不断提高,共享交通快速发展,冲击了道路班线运输,也进一步扩大了私家车的出行规模。从高速公路的客运密度来看,客流集中的区域主要在大型城镇节点周边,以贵阳环城高速、沪昆高速（贵州段）、兰海高速（贵州北段）、贵黔高速为代表的客流集中路段,呈现以贵阳为核心的放射状分布。

在黔中城市群主要客运走廊等城际通道上,旅客运输需求总量大、强度高。从出行目的看,工作日公务、商务、通勤客流多,休息和节假日旅游、休闲客流多。客运出行距离以中短距离为主,时效性强,在跨城市通勤需求较大的城市间,早晚高峰城际通道的潮汐流现象明显。

（三）城乡出行出现一体化发展态势,农村地区出行条件得到极大改善

城乡客运出行经过多年发展,现阶段以道路客运班线为主要供给模式,市际、县际、县内及农村客运班线网络化、层级化的旅客运输体系基本形成,并呈现公交化发展态势,湄潭县、都匀市成为全国首批52个交通运输一体化示范县,为全省城乡公交一体化发展提供了良好示范。

农村地区出行基础设施的建设和公共客运服务依靠中央扶贫政策的支持,近几年发展较快,依靠扩大农村地区基础设施供给提升和改善农村地区的出行条件是近十年来的主要方式,目前村村通公路、村村通客运班线已经实现,通组路是近期主要工作重点。除了基础设施和公共服务,贵州也探索利用互联网和共享经济的手段解决出行难的问题,现阶段农村地区利用贵州自主品牌"通村村"平台解决出行难的问题已经出现成效,该平台现已实现100%的乡镇全覆盖。此外,部分地区尝试建设与旅游景区、特色小镇、少数民族风情村寨、农业产业园区、农家乐示范村结合的城乡客运系统。同时,深入推进"交通+"新业态融合发展,建成了赤水河谷、湄潭茶区、毕节花海等一批旅游示范公路。

(四)大中型城市出行体系向公共化和慢行交通方向发展

城市快速公共客运系统正在深入影响城市出行发展,公共交通服务覆盖黔中城市群内的较发达地区,部分中小城市出现以小汽车为主的城市出行模式。在城镇化发达地区,公共交通和慢行交通成为城市出行体系的主要发展方向。从地面公交站200米半径覆盖居住及岗位人数全国排名前十位的城市来看,贵阳市的公交体系覆盖范围位居第四,达到7756人的规模水平,公共交通覆盖和服务程度明显高于全国平均水平。

(五)人均出行次数显著上升,高于全国平均水平

按统计的运输量数据(包括外省人员到贵州旅游等出行),以贵州的常住人口计算的全省人均出行次数逐年上升,从2013年人均24人次上升至2018年人均26人次;贵州省人均出行次数高于全国平均水平,且与全国营运性客运量人均出行次数下降的变化趋势相反。

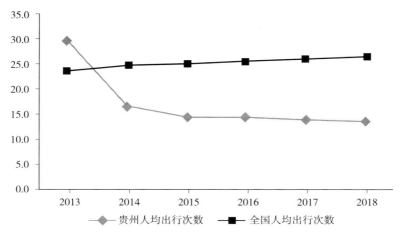

2013—2018 年全省人均出行次数变化趋势

（六）"旅游省"特征突出，淡旺季客流规模差异明显

贵州省是一个旅游大省，2018 年全省旅游接待人数达 9.69 亿人次，其中外省入黔游客人数达 3.27 亿人次。全省不同季节的旅客出行量变化较大，根据相关数据，贵州旅游旺季的旅客出行（出发到达）规模为淡季的 150%左右，周边五省至贵州的旅客总量规模为全国其他省市至贵州旅客总量规模的 3.6 倍以上。无论是旅游旺季还是淡季，省内发送省内到达旅客约占总发送旅客量的 70%左右，这其中包含了外省旅客到达后在贵州省内的出行人次。从各个市州接待游客数量来看，贵阳、遵义、黔西南和黔东南是游客接待数量最多的市州，全省除黔南州外，旅游接待人数与各市州拥有的国家级、省级风景名胜区数量基本成正比关系。

从基础设施与全省重点开发的 26 个骨干旅游休闲度假区（含 6 个 5A 级景区）覆盖程度来看，贵州省的高速公路基本上能够实现与上述景区的互联互通，而高速公路出口到景区的"最后一公里"还存在基础设施质量不高，服务水平较低的情况。已建和在建的高铁能够实现 6 个 5A 级景区的全覆盖，说明全域旅游出行体系的构建仍然需要依托高速、高

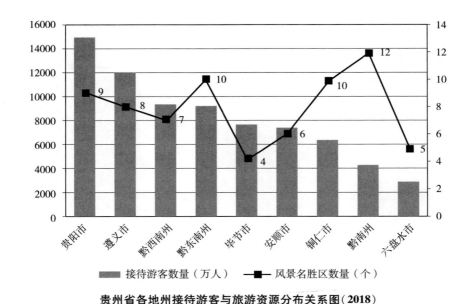

贵州省各地州接待游客与旅游资源分布关系图（2018）

铁、机场等出行方式的多级换乘和自驾等方式实现广域覆盖。

（七）交通枢纽体系发展更为合理，各种运输方式在主要枢纽节点实现有效衔接

贵州省城镇化率水平较低（2018 年常住人口城镇化率为 47.5%），城市群发育不足，规模小、紧密度低。全省 9 个市（州）中心城市都是人口规模 100 万人以下的中等城市。贵州省交通网络和交通枢纽总体上是以这 9 个市（州）中心城市为主要节点进行布局构建，形成总体架构。在国务院 2017 年印发的《"十三五"现代综合交通运输体系发展规划》中，将贵阳、遵义定位为全国性综合交通枢纽。目前，贵州省是以省会贵阳为核心枢纽、其他 8 个市（州）中心城市为区域中心枢纽的枢纽格局形态，其他节点的枢纽功能相对较弱，即总体上是"一核八心"格局，其中随着贵安一体化、同城化的发展，安顺枢纽将会与贵阳枢纽共同发展，成为大贵阳枢纽的副枢纽；此外，盘州、德江、榕江等地区性节点随着交通网络布局建设的加强，也有望发展成为地区性交通枢纽节点。

大力加强了枢纽站场布局规划和建设,站场设施现代化水平、服务水平有了较大提升。全省建成贵阳北、贵阳东、都匀东、凯里南、安顺西、遵义、铜仁等高铁站,以及以高铁站为主体集铁路、公路、城市交通为一体的安顺西、都匀东、遵义等综合客运枢纽,以机场为主体集航空、铁路、公路、城市交通为一体的龙洞堡机场综合客运枢纽;全省各市(州)至少有1个一级汽车客运站,95%的县城建有二级及以上汽车客运站,91%乡镇建有等级客运站。

二、贵州省出行体系发展的形势要求

随着贵州省经济社会发展的活力和动力不断加强,经济结构调整与消费结构的不断升级,城镇化进程不断加快,大众出行呈现出多层次、多样化特征。人民群众对于安全、高效、舒适、经济等更高层次的出行需求不断增加,高品质、个性化出行需求日益旺盛。可以预见,未来贵州更加多元、更加精准、更加智慧的出行服务需求日益增长,出行服务将会向追求高水平、高品质的服务体验转变,对出行服务效率和品质将会提出更新更高要求。

(一)多重国家战略叠加为贵州出行体系发展带来政策机遇

党的十八大以来,国家出台的一系列发展政策,围绕对外开放、建设现代化经济体系、区域协调发展、乡村振兴、脱贫攻坚等方面为完善贵州交通网络格局带来了全新的发展机遇。通过实施"一带一路""西部大开发""长江经济带""乡村振兴""脱贫攻坚"等多个战略叠加,进一步强化我国西南地区的纵向立体出海通道的建设,对于贵州交通借势打造南下出海新通道、开辟与东盟自由贸易区的运输通道、进一步完善东向对外交通格局提供了新的机遇,也对出行体系的构建提出新要求。

(二)进一步扩大对外开放对贵州出行体系提出了更高的要求

推动形成全面开放新格局,是党中央深刻把握国际形势新变化、国内改革发展新要求作出的重大战略部署。作为内陆省份,贵州过去交通闭塞,受自然条件制约与发达地区交往不畅。随着高速公路三年行动会战等重大战略的实施,贵州对外开放程度逐步扩大。进入新阶段,贵州建设内陆开放型经济试验区,进一步发挥区位优势,不断与成渝、长(珠)三角、北部湾、东盟自由贸易区等更大范围的发达经济体加强联系,吸引更多的企业、人才和游客。贵州省旅游资源丰富,人民群众跨区域、跨方式、高品质、多样化的出行需求日益增多,对提升出行服务品质,丰富出行服务产品等期望值越来越高;科技、旅游等新兴战略产业发展要求进一步优化出行体系结构。

(三)经济社会持续快速变化广泛影响城乡居民出行行为

贵州省经济社会发展情况、居民消费结构的变化、城镇体系的变革都对出行的服务方式和服务质量提出了新的要求。随着贵州经济产业的逐步发展,返乡务工等人口流入现象逐步增加,为贵州城镇化发展奠定了良好基础。随着新型工业化和新兴产业的不断发展,贵州加快推进山地特色城镇化发展,强化打造城市、城镇、乡村三级城镇化平台,形成"一核、一群,两圈、六组,多点"为主体的省域城镇空间格局。通过城市群、都市圈等组团联动发展,增强城镇化主体形态,强化都市区、各中心组团间人员与物资交往联系。新型城镇化、人口老龄化等社会变革要求发展一体化、便利化出行体系;气候变化、能源可持续发展等生态环境保护强约束要求发展绿色环保出行体系。

(四)科学技术与行业变革推动智能出行跨越式发展

近年来,贵州迅速适应国际国内经济形势变化,做出了推动旅游业实现井喷式增长的战略部署,旅游市场呈现出良好的发展态势,并为贵州交通的发展带来新的增长动力。贵州被授予"国家大数据综合试验区",每年召开国际性的"大数据博览会",智慧交通作为"云上贵州"的重要组成板块地位重要,也迎来了智慧交通大发展的机遇期。随着旅游市场的深度开发以及交通+产业融合发展,未来将会有更多旅游产品、旅游线路以及旅游景点与交通实现融合化发展,对优质交通资源的需求将会进一步扩张,给贵州交通发展带来新的内生动力。同时,互联网、共享经济等新业态的出现,也为贵州交通的发展注入新的活力。随着"互联网+"公众出行新业态的发展,定制客运、网约车、分时租赁等个性化高品质出行服务需求旺盛;互联网+、人工智能等高新技术发展要求构建智能化出行体系。

(五)生态文明与全域旅游的发展要求高品质服务供给

贵州被授予"首批国家生态文明试验区",遵义、安顺等 11 个地区被授予"国家全域旅游示范区"称号。依托良好的生态环境,发展全域旅游作为贵州重要的生态文明发展战略,将进一步改变过去景点单一、体验较差的局面,通过深入挖掘全域旅游方面的天然优势,对景点和景区的联动式开发建设,打造快进慢游的全域旅游供给体系和布局合理、业态多元、线路互通、协调发展的全域旅游产业体系,实现旅游产品体系和产业格局全方位升级,使旅游业成为推动全省科学绿色发展,实现乡村振兴的重要载体。此外,贵州还将通过发展电子信息、新医药大健康、现代山地高效农业等新兴产业,实现生态文明与经济发展的双重目标。

(六)交通强国建设纲要对出行体系发展提出了新的要求

建设交通强国是以习近平同志为核心的党中央立足国情、着眼全局、面向未来作出的重大战略决策,是建设现代化经济体系的先行领域,是全面建成社会主义现代化强国的重要支撑,是新时代做好交通工作的总抓手。《交通强国建设纲要》的发布,对全国交通运输领域发展提出了总体思路和战略部署,也对出行体系的发展提出了新时代的新要求。不仅要继续完善层次合理的出行设施网络,也要实现"全国 123 出行交通圈"(都市区 1 小时通勤、城市群 2 小时通达、全国主要城市 3 小时覆盖),旅客联程运输便捷顺畅,智能、平安、绿色、共享交通发展水平明显提高,城

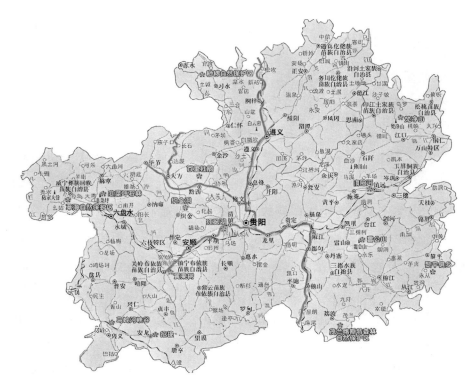

贵州省重点旅游城镇分布

市交通拥堵基本缓解,无障碍出行服务体系基本完善;交通科技创新体系基本建成,交通关键装备先进安全,人才队伍精良,市场、环境优良;基本实现交通治理体系和治理能力现代化。

构筑以高铁、航空为主体的大容量、高效率的区际快速客运服务,提升主要通道旅客运输能力。完善航空服务网络,逐步加密机场网建设,大力发展支线航空,推进干支有效衔接,提高航空服务能力和品质。提高城市群内轨道交通通勤化水平,推广城际道路客运公交化运行模式,打造旅客联程运输系统。加强城市交通拥堵综合治理,优先发展城市公共交通,鼓励引导绿色公交出行,合理引导个体机动化出行。推进城乡客运服务一体化,提升公共服务均等化水平,保障城乡居民行有所乘。这些要求对贵州构建出行体系既是指导也是目标设定。

三、贵州省出行体系发展的趋势特征

未来贵州省交通运输需求将随着经济发展水平提高、经济发展方式转变、城市化和城市群发展、人口结构变化、交通运输供给结构变化、交通新模式的出现以及人们环保理念的提升，在需求规模、需求分布、需求质量层次上呈现较大的变化，目前分析，贵州省未来的旅客交通需求主要具有以下趋势。

（一）民航、高铁和高速公路等干线出行需求仍将快速增长

贵州航空和高铁设施建设的深入推进将会深化出行结构调整，公路干线出行比重进一步降低，高速铁路（城际铁路）出行量显著上涨。2013年以来，贵州客运量变化趋势与全国相类似，公路营业性客运量所占份额呈下降趋势，铁路和民航客运量所占份额正在逐步提高。随着经济水平、收入水平的提高，人们对速度、时间、舒适的要求越来越高，选择高速度、高品质的快速公共出行方式以及舒适性、私密性的私家车出行的比重不断提高。未来，贵州的城镇组团发展、旅游产业、高新技术产业等因素的刺激下，旅游、公务、通勤等干线快速出行需求将会进一步增长，将会使贵州的高铁和民航出行呈现高速增长的趋势。

同时，私家车普及率将不断提高，自驾出行和走高速公路的比重会越来越大。随着高铁的分流、自驾出行比重的提高以及城乡公交的延伸和一体化，公路营业性客运量增长缓慢并呈萎缩趋势。

（二）城际、省际干线旅客交通和国际出行较快增长

未来，贵州省内城际和周边省际的干线出行需求还将受到两方面主要因素的影响呈现快速增长的态势。第一，贵州的快速机动化时期。对比发达国家和地区的发展阶段，贵州在未来30年中，还将处于个体机动化的快速增长期，在相当一段时间内，贵州的私家车出行量将进一步增长，居民对小汽车的依赖程度并不会降低，尤其是农村地区。第二，贵州

的城镇化步伐加快。《贵州省城镇体系规划》(2015—2030年)提出:到2030年贵州的城镇化率将超过60%,2018年贵州省常住人口城镇化率仅为47.5%,比全国平均水平低12个百分点,可以预见到2035年前,贵州仍将按照每年1%左右的速度推进城镇化发展。以贵阳为核心的贵阳与黔中城市群各城市以及铜仁、六盘水、兴义区域中心城市间的城际交通需求将会随着贵安都市圈、遵义都市圈等城镇化主战场的发展而快速增长,同时带动省内各市州之间出行需求的进一步提升。

贵州与周边五省,特别是与成渝、长三角、粤港澳等区域旅客运输需求将进一步增长。随着区域经济一体化和产业转移、市场拓展,省际间关系更加密切,人员交往更加频繁。人民收入水平提高,跨省间旅游度假、上学、文化交流、探亲访友、购物等各种出行增加。国际出行也将呈现增长趋势。贵州打造国际旅游目的地,国内国际知名度的不断提高,到贵州旅游的省外以及国际游客将会继续快速增长。

(三)大中城市出行需求快速增长,农村地区及城乡之间出行频次增加,出行分布范围长期分散

贵州全省的城市公共交通发展还依靠传统地面公交,与私家车争夺地面道路资源的现象将持续存在,轨道交通在10年内无法产生规模效应,导致城市交通拥堵进一步加剧,公共交通和慢行交通成为解决城市出行的核心手段。另一方面,网络和新兴媒体的发展影响居民亲力亲为的出行方式,远程办公、网络购物等出行替代措施影响日常出行活动,影响了城市出行方式和规模体量。

从城乡分布角度看,到2020年、2030年,贵阳等9个中心城市的城镇人口分别为1010—1280万人、1300—1800万人。全省大中城市的集聚效应明显,城市人口规模、经济规模进一步提高,而且城市居民人均出行次数和出行距离增加,城市出行总量规模将会快速增长,城市交通拥堵压力增大,公共交通和慢行交通成为解决拥堵问题的核心手段。

近五年,从农村转移到城镇的人口达 380 多万人,其中通过易地扶贫搬迁集中安置搬到城镇的贫困人口就达 100 多万人。未来,中小城市的发展和贯彻实施乡村振兴战略的持续推进,农村地区的出行规模和频次随着居住条件与交通条件的改善以及收入水平的提升产生增长。但是,农村地区受到人口或经济增长下滑的影响,仍面临交通服务不断退化的风险。

大约 15—20 年后,农村人口转移率的大幅下降以及城镇化率的大幅增加,农村人口数量将大规模减少,城乡日常出行总需求将会出现拐点呈下降趋势。而受到自然条件的约束和人文历史条件的制约,贵州农村地区分散、偏远的状况将长期存在,由此带来的出行需求分散化、个性化的特征将给出行供给体系带来压力。

(四)旅游、商务出行需求持续扩大,老龄人口出行需求增加

贵州省是旅游大省,旅游休闲度假产业的大力发展将带来持续的较大规模交通需求增长。贵州省各类旅游资源丰富,旅游业是贵州省具有巨大发展前景的重要支柱产业。省委、省政府把大旅游作为全省经济发展"三块长板"长期战略之一,以"山地公园省·多彩贵州风"作为全省旅游的主打品牌,大力发展全域旅游,加快把贵州建设成为国内一流、世界知名的山地旅游目的地和山地旅游大省及全域旅游示范省,成为国际化的旅游休闲度假胜地。随着人们收入和生活水平不断提高、人口老龄化、有钱有闲的人规模化增长,旅游、休闲、度假、康养等需求将会持续较快增长,贵州优质的旅游资源和良好的空气、生态,将会吸引更多的省内外和国际游客。

同时,贵州省人口老龄化程度加剧,受到生活方式、医疗条件优化的因素影响,老年人的工作年限可能会更持久,在工作和娱乐方面的出行将会更加频繁。在医疗、社会保障等方面的出行频次将会上升,对无障碍、便利化出行的需求进一步提升。

（五）个性化、智慧化出行特征进一步凸显

随着 5G 技术、无人驾驶技术和客运服务智慧化发展水平不断提升，特别是贵州山地特色城镇化发展格局下，旅客使用互联网共享平台出行的比重将持续增加，科技水平的显著提升促进了共享经济、智能辅助驾驶、移动互联技术的商业应用，改变和创新了居民出行方式。与公众需求更加匹配，灵活、动态的出行服务逐步普及，个性化、智慧化出行特征进一步凸显。

四、贵州省出行体系需求预测

（一）经济社会发展目标

1. 经济发展总量规模持续增加

2018 年贵州省地区生产总值 14806.45 亿元，比上年增长 9.1%，增速高于全国（6.6%）2.5 个百分点，连续 8 年位居全国前列。但是，贵州省经济发展水平和人均 GDP 水平仍然大幅落后于全国平均水平，《贵州省国民经济和社会发展第十三个五年规划纲要》指出：贫困落后是主要矛盾、加快发展是根本任务的基本省情没有变，既要"赶"又要"转"的双重任务没有变，快于全国、快于西部的发展态势没有变。因此，贵州的经济发展和结构调整要实现新跨越，实现高质量发展。

根据相关规划，可以推断未来贵州经济社会还将继续坚持稳中求进的工作总基调，坚持新发展理念，紧扣社会主要矛盾变化，按照高质量发展要求，统筹推进"五位一体"总体布局、协调推进"四个全面"战略布局，坚持以供给侧结构性改革为主线，统筹推进稳增长、促改革、调结构、惠民生，推动质量变革、效率变革、动力变革。由此展望，贵州省未来相当长一段时期的经济增长速度预期指标仍将继续高于全国平均水平 1—2.5 个百分点。

2.城镇体系结构优化和人口规模的进一步增长

城镇体系结构：根据贵州省城镇总体规划，未来贵州省将形成"两圈、九群为城镇主体、五区为城乡统筹发展单元"的省域城乡空间格局。即，位于中部地区的贵阳—安顺与遵义两个都市圈和位于东西两翼的九个特色城镇组群形成的省域城镇发展主体；其中两个都市圈及毕节（含大方县）、都匀市、凯里市（含麻江县）等重要中心城市构成远期培育的黔中城市群。将全省划分为五个以城带乡、城乡一体化发展的次区域，是构筑新型城乡关系，实施城乡统筹发展政策的载体。

人口规模：到 2030 年，省域城镇人口达到 2700 万人，城镇化率超过60%；贵阳都市区（含贵安新区）城镇人口 600—700 万，其中贵安新区城镇人口 250—300 万；遵义都市区城镇人口 250—300 万。贵阳——安顺都市圈城镇人口 900—1100 万，遵义都市圈城镇人口 380—450 万。"毕节——大方——赫章——纳雍"城镇组群城镇人口 180—220 万；"六盘水——水城——威宁"城镇组群城镇人口 170—190 万；"盘州——普安——晴隆"城镇组群城镇人口 80—100 万；"兴义——兴仁——安龙——贞丰"城镇组群城镇人口 130—150 万；"都匀——独山——丹寨——三都——平塘"城镇组群城镇人口 100—120 万；"凯里——麻江——黄平——施秉——镇远——雷山——台江——剑河"城镇组群城镇人口110—130 万；"从江——黎平——锦屏——榕江"城镇组群城镇人口 30—50 万；"铜仁——松桃——江口——玉屏"城镇组群城镇人口 100—120 万；"德江——印江——思南——沿河"城镇组群城镇人口 80—100 万。

未来，贵阳——安顺都市圈和遵义都市圈将是贵州省城市化进程中担当吸纳农业人口转移的主要地区，随着城市化进程加快，人口转移的速度也会随之加速，尤其是重点开发区吸收的人口将会呈较快的增长趋势。随着户籍管理制度的改革和工业化进程的加快以及和谐社会公平发展的要求，贵州省今后的人口将会保持较高的增长率，人口规模的扩大，将会直接产生更多的旅客运输需求,而且城市化水平的提高,人均出行次数也会随之增加。

从城市内部来看,日均出行总量不仅与主城区人口规模直接相关,而且与城市空间结构和功能布局密切相关,一般情况下,出行量(人均出行公里)会随城市地域规模的扩大而增加,尤其是在功能不配套、布局扩展不平衡的发展初期和中期。通过对贵州省未来的人口和城市空间扩展规划初步分析,未来省内各城市的出行总量将快速增长。

3. 私人小汽车普及程度迅速提高

2018年,贵州省民用汽车拥有量达到480.6万辆,平均每千人拥有私人小汽车133辆。发展趋势表明,已进入小汽车快速普及时期。随着人们收入水平的不断提高以及对个体机动化的追求,在今后相当长一段时期内,私人小汽车进入家庭的普及程度将会进一步加快,保有量将会继续大幅度上升。私人小汽车拥有量的大幅增加,一方面将直接刺激人们出行量的增加,另一方面将带来出行方式选择的变化和对交通基础设施能力需求的增加。

4. 交通条件的改善和旅游业的发展

随着全省干线交通网络和对外交通主要项目的陆续建成使用以及农村公路的大力建设,网络密度和出行便利性将不断提高,综合运输体系将进一步完善。交通状况的改善、出行时间的缩短、成本的降低以及出行便捷性和舒适性的提高,将会使越来越多的潜在运输需求转变为实际的运输量,同时,区域城际交通的改善将会对周边城市与中心城市之间的旅客出行产生较大的诱增作用,出行次数会明显增加。

在全省交通部门的全力支持下,强力破解制约贵州旅游发展的交通瓶颈,交通条件的大幅改善助推全省旅游业实现连续的井喷式增长。2018年全省接待游客9.69亿人次,实现旅游总收入9471.03亿元,同比分别增长30.2%、33.1%,旅游统计主要指标增速名列全国前茅。预计旅游业增加值达到 1650 亿元以上,占全省 GDP 比重 11.3% 左右,随着贵州省旅游资源的进一步开发和将旅游业作为支柱产业进一步发展,在全国人民生活质量不断提高的发展过程中,未来到贵州旅游和在贵阳进出的国内外游客数量将会继续保持较高的增长速度。

5.脱贫攻坚效果工作逐步深化

"十三五"期间,贵州省扶贫工作取得了巨大进展,减少农村贫困人口 670.8 万人,易地扶贫搬迁 173.6 万人,贫困发生率从 26.8% 下降到 8% 以下。按照精准扶贫精准脱贫的基本方略,未来将打好"四场硬仗",包括 10% 的建制村、76% 以上的村民组通硬化路;易地扶贫搬迁 40.8 万户,整体搬迁 5911 个自然村寨;强龙头创品牌带农户,大力发展扶贫产业,带动 466 万贫困人口脱贫等。随着扶贫工作的进一步推进,使得资源分配进一步优化,资源开发能力进一步增强,农村经济的资源优势会逐步转化为经济优势和发展优势,从而带来出行量的增长。

(二)出行需求特征分析

1.居民人均出行次数和出行距离不断增加

当一个地区的经济处于快速增长时期,在多种因素的刺激下居民人均出行次数和出行距离均表现出不断增加的趋势。2018 年,贵州省人均各种交通方式的出行次数(不含城市交通方式)达到 26 次,比 2013 年的人均 24 次增加了 8%。未来在居民收入水平提高和消费结构升级的带动下,第三产业规模的逐渐扩大和现代物流服务业的不断完善,使得从事服务业的就业人口增加,都市圈、城市与周边各县之间的旅客流量将呈快速增长趋势。随着城市化水平的提高,各县市之间的经济关系日益密切,市域范围内的旅客运输量将保持快速增长,同时伴随着人们活动范围扩大以及人均出行距离不断提高。

2.居民对交通服务质量的要求越来越高,快速出行需求不断增加

随着生活质量的提高和生活节奏的加快,人们的时间价值不断提高,

对交通服务的安全、舒适、便捷等内在质量要求越来越高,直接推动着交通需求结构的升级。未来随着民航、铁路和高速公路供给能力和组织方式的改进,各种交通服务的品质将明显提升。

未来民航交通服务将具有更高的性价比,主要体现为:未来机场建成后通航城市数量将不断增加,与城市之间的交通联系更加便利,从而使航空运输的可及性程度大大提高。未来铁路交通服务质量同样也存在着很大的提升空间,随成都—贵阳—广州铁路的建设,贵州省内许多城市与主要干线城市间铁路旅行将实现 1000 公里左右范围内的"朝发夕归"。此外,客货分线运行后,可供旅客选择的铁路交通产品将比目前更加多元化,铁路旅行的方便性将明显提高。因此,在需求和供给两方面因素的带动下,将有部分中低端客运需求不断向高端交通需求转移,并诱发大量新的交通需求。

3. 农村客运市场进入快速发展阶段

按照贵州城镇体系规划,到 2030 年,贵州省的 9 个中心城市的城镇人口达到 1300—1800 万人,除了各中心城市城镇人口和非城镇人口以外,约有 2700 万人左右分布在各县城、小城镇、乡村。随着中小城市的发展和贯彻实施乡村振兴战略,城乡之间的一体化、基础设施的完善和互联互通,人口和各种资源要素流动将进一步增强,同时农村人口将不断向城镇转移集聚,在这一过程的时期中,各种出行需求将会明显增加。未来农村交通基础设施将是贵州省交通建设的重点领域之一,交通条件的改善也为乡村旅游的发展创造了有利条件。因此,随着需求的增长及农村交通基础设施和客运站点的逐步完善,未来农村客运市场进入快速发展阶段。

4. 周边省份人员交流日趋频繁,旅客运输需求旺盛

随着将来交通基础设施条件的改善,贵州本身的经济发展将会进一步强化与周边区域的经济联系,外出务工的人员不再向远距离的发达地区转移,外出务工回流至本地和周边省份也会导致地区间的人员交流不

断增强。这一趋势的推动下,贵州与周边省份的人员交往将会越来越频繁,尤其是贵州与成渝地区、湖南、广西等周边地区,基于公务、旅游、务工、探亲休闲等各种目的的客运需求会不断增长,并且这一需求还将随着周边省份交界区域经济联系的提高而不断增长。

5. 通勤出行需求将大幅度提升

随着全省未来战略性新兴产业布局呈现聚集态势,贵州全省的主要城镇地区随着人口增长和经济发展,通勤出行将会呈现自然增长的趋势。而随着贵阳高新技术开发区、贵阳经济技术开发区、贵安新区、遵义经济技术开发区、安顺市民用航空产业国家高技术产业基地等国家级新区、开发区和基地以及一批省级高新技术产业园的快速发展,未来这些开发区的通勤出行将会呈现爆发式的增长,带来通勤需求的额外增量式提升。

6. 旅游出行需求将稳步增长

旅游业已成为贵州省重要的支柱产业之一。入黔游客保持快速增长,2018 年贵州省接待入黔游客 9.69 亿人次,占国内游客总数的17.5%。客源构成上,广东占入黔游客总数的 14.25%,位居第一;浙江占11.40%,位居第二位;江苏占 8.73%,位居第三。周边四川、重庆、湖南、云南、广西五省(区、市)占入黔游客的 34.81%。随着国民经济水平和旅游关注度的持续提升,以及国家对休闲旅游发展的政策引导,以家庭为单位的旅游消费也已逐渐成为市场一大主流。家庭游在旅游市场的占比在逐年增加,市场潜力巨大,中产阶层家庭具有强大购买力和庞大体量,对整个旅游行业以及旅游客运行业起到了重要影响作用。家庭出行的消费者,关注焦点是出行的舒适度、安全性和便捷性,省内省外的旅游出行都会呈现稳步增长的趋势。

(三)主要客运区域判定

1. 出省主要通道

贵州至川渝地区:商贸、旅游等出行需求较大,需求随人们生活水平提高将会保持较快的增长,未来公路、铁路(高速铁路)旅客运输量仍然会快速增长。未来随着成都—贵阳快速铁路的建成,将吸引北部关中平原城市群的人流、并分流川南大部分客流去往珠三角,过境和到达客流运输量将会有显著增长。

贵州至长三角地区(含云南、湖南):以商贸、旅游出行目的为主,通道设置将以沪昆高铁、沪昆高速为主要依托,该条通道是贵州最早依托高铁形成的横向客流通道之一,依托长三角稳定的客源体系,通道客流将会长期保持稳定。

贵州至珠三角地区:以旅游、务工出行为主,随着贵州省经济社会的发展以及高新技术的大踏步前进,未来外出务工需求将会有所减少,商贸、旅游、公务出行将会逐步增多。主要以高速铁路和民航运输为主。

贵州经湖北至中原城市群:以旅游和商贸出行为主,由于该走廊基础设施较为薄弱,未来的高铁建设需求不明朗,该条通道不作为贵州主要的对外客运通道之一。

贵州经广西至北部湾(海南):以旅游、务工出行为主,随着国家南向陆海国际新通道的建设以及海南自贸港建设的深化推进,结合沿线高速铁路基础设施的不断完善,将成为贵州南下的主要客运通道之一。

2. 省内主要通道

贵州省内通道的需求分布未来仍然以贵阳为核心,以其他 8 个市州为节点呈现放射状分布。其中,流量较大的通道分布在贵州北部的贵阳—遵义、贵阳—毕节等通道,该部分通道主要以商贸、公务、旅游出行需求为主;贵阳—都匀、凯里通道以旅游出行需求为主,是贵州省重要的旅游资源聚集地,未来随着交通条件的进一步改善,该通道内自驾及道路客运出行需求仍然保持稳定增长。贵阳——盘州、兴义通道和贵阳——德江、铜仁主要以短途客流出行需求为主,出行需求特征不显著。各市州之间的客流以六盘水——毕节——遵义——铜仁、都匀——凯里之间的通道为主。

3.主要客流区域

贵阳——安顺都市圈、遵义都市圈未来是贵州省经济社会发展两大支柱,在都市圈内,通勤出行、商贸出行、公务出行等需求将会大幅度增长,对一体化出行的需求也随之增加,要求能够减少中间换乘环节,优化出行产品的设计。

(四)出行需求预测

交通出行需求作为一种经济社会生活的衍生需求,受到人口增长、经济水平、资源布局、产业结构、居民消费水平甚至区域文化以及各种运输方式发展水平等多种因素的影响。受到现有统计口径以及营业性、非营业性出行需求的比例变化,本研究预测采用两种方式进行预测:第一种是基于历史统计数据结合经济社会发展趋势进行预测;第二种以推算的全口径数据为基础,结合经济社会发展趋势进行预测。预测内容包含两个方面,分别为运输量和运输结构预测。

1.出行总量预测

近年来,贵州省铁路、公路、水运、民航运输方式客运总量不断增加。2018 年,贵州省铁路、公路、水路、民航四类交通方式的客运总量达到94475 万人次。

贵州省铁路、公路、水运、民航运输方式客运总量

年份	铁路	公路	水运	民航	客运总量
2013 年	4322	77358	1755	1125.46	84560
2014 年	4409	80231	1932	1420.68	87992
2015 年	4901	80621	2019	1563.28	89104
2016 年	5169	82199	2096	1873.81	91338
2017 年	5797	83809	2198	2457.65	94262
2018 年	6760	84053	2211	1450	94475

本研究采用弹性系数分析法对未来贵州省客运出行需求总量进行预测。

$$Q = Q_o * (1 + T * R_{GDP})$$

式中:Q——未来客运需求;

　　　Q_o——现状客运需求;

　　　T——客运弹性系数;

　　　R_{GDP}——GDP 增长速度。

在本部分预测中,需要对贵州省 GDP 增长和客运弹性系数进行预测,预测过程如下:

第一步:贵州省 GDP 预测。

中国社会科学院对我国整体经济发展预测的相关研究结果显示:2016—2020 年,我国 GDP 平均增长率保持在 6.5% 左右,到 2020 年,我国 GDP 总量达到 82.2 万亿元(2010 年价),为 2010 年的 2.0 倍;2021—2035 年,我国 GDP 平均增长率在 5.4% 左右;2036—2050 年,我国 GDP 平均增长速度很可能仅仅维持在 3.6% 左右(其中 2036—2040 年平均为 4.0%,2041—2045 年平均为 3.6%,2046—2050 年平均为 3.2%);2050 年中国不变价 GDP 规模将为 2020 年的 3.6 倍、2030 年的 2.1 倍、2040 年的 1.4 倍。

由于贵州人均 GDP 和人均收入水平仍然较低,城镇化发展空间较大,产业转型和开放发展势头较好,并参照近些年贵州经济增长实际情况,估计贵州将在较长一段时间内继续保持中高速增长。本研究综合参照以上所述专家预测,并考虑贵州的发展实际情况,分别按照低方案、中方案、高方案三种情景进行取值,如图表所示。

贵州省 GDP 增长率预测结果

年均增速	高方案	中方案	低方案
2019—2025	9%	8%	7%
2026—2035	7%	6%	5%
2036—2050	5%	4%	3%

第二步:贵州省客运弹性系数预测。

在城镇化初期阶段,客运需求具有总量水平和增长率"双低"特征,在城镇化中期阶段同时也是快速城镇化阶段,客运需求总量水平和增长率具有"双高"特征,在城镇化后期,客运需求则呈现出"总量高、增速低"的特征。2018 年贵州年末常住人口的比重(常住人口城镇化率)为47.52%,正是快速城镇化阶段。

根据相关规划,2030 年城镇化率超过 60%,到 2040 年,全省城镇化率将达 70%左右,也即在 2040 年以前贵州都将处于快速城镇化阶段。当然,根据我国城镇化特点,在较长一段时间内,贵州城镇化仍为半城镇化,在城镇工作的人口并不能解决户口问题,属于人户分离式的城镇化,出于与家人团聚的需要,半城镇化将使人口流动需求更多。但是随着外出务工人口户口得到解决,这种人户分离引致客运需求将减少。

总体趋势是,未来客运弹性系数随着客运量基数的扩大和经济规模的增长而逐步降低。综合分析,营运性客运量因公路客运市场呈缓慢增长和缩减趋势,营运性客运量增长弹性系数小于全口径客运量增长弹性系数,综合分析预计 2019—2025 年、2026—2035 年、2036—2050 年各时期增长弹性系数如表所示。

贵州省客运弹性系数预测

弹性系数	营业性客运	全口径客运
2019—2025	0.27	0.48
2026—2035	0.22	0.36
2036—2050	0.14	0.23

第三步:贵州省营业性客运量预测(统计口径)。

以统计的运输量(营运性运输量)为基数,按以上分析预测的各参数,综合预测贵州省未来客运需求总量结果如表所示。

在铁路、公路和水运三种运输方式中,以统计的运输量为基数,客运增量大多数要看铁路,而一般情况下铁路客运运输距离大于公路客运运输距离,因此,全社会旅客出行距离呈上升趋势,客运周转量的增长速度要快于客运量增长速度,但是随着城际铁路客运比重不断增大,两者之间的差距呈缩小趋势。

贵州省营业性客运需求总规模预测

客运量预测	高方案		中方案		低方案	
	运输量	增速	运输量	增速	运输量	增速
2018 年基数	9.4475(单位:亿人次)					
2025 年	11.18	2.43%	10.97	2.16%	10.77	1.89%
2035 年	13.25	1.54%	12.51	1.32%	12.02	1.10%
2050 年	14.24	0.60%	13.44	0.48%	12.68	0.36%
周转量预测	高方案		中方案		低方案	
	运输量	增速	运输量	增速	运输量	增速
2018 年基数	798.7(单位:亿人公里)					
2025 年	1206.9	6.08%	1154.2	5.40%	1103.4	4.72%
2035 年	1516.5	2.31%	1404.2	1.98%	1299.6	1.65%
2050 年	1688.9	0.72%	1530.5	0.58%	1386.4	0.43%

第四步:贵州省营业性客运量预测(全口径)。

根据《2018 年贵州省高速公路运输量调查分析专题报告》,2018 年,贵州省高速公路的客运量为 83804 万人。综合考虑高速公路里程占比,人口在大城市、中小城市、县城、农村地区的分布,国省道和农村公路在省域广大城乡地区的作用和承担的客运交通,以高速公路客运量占全省公路总客运量的 40% 推算全省公路客运量,推算的 2018 年全省公路全口径客运量为 209510 万人,约为 2018 年全省公路营运性客运量(84053 万人)的 2.5 倍;以高速公路旅客周转量 600.36 亿人公里占全省公路旅客总周转量的 50% 推算全省公路客运量,推算的 2018 年全省公路全口径旅客周转量 1200.7 亿人公里,约为统计的 2018 年全省公路营运性旅客周转量 469 亿人公里的 2.56 倍。

以推算的全口径运输量(包括私人交通和社会车辆的客运量)为基数,按以上分析预测的各参数,综合预测贵州省未来客运需求总量结果如表所示。

贵州省客运需求总规模预测(全口径)

客运量预测	高方案		中方案		低方案	
	运输量	增速	运输量	增速	运输量	增速
2018 年基数	21.9932(单位:亿人次)					
2025 年	29.57	4.32%	28.63	3.84%	27.72	3.36%
2035 年	37.93	2.52%	35.45	2.16%	33.13	1.80%
2050 年	45.02	1.15%	40.67	0.92%	36.73	0.69%
周转量预测	高方案		中方案		低方案	
	运输量	增速	运输量	增速	运输量	增速
2018 年基数	1530.3(单位:亿人公里)					
2025 年	2027.9	4.10%	1966.5	3.65%	1906.8	3.19%
2035 年	2537.7	2.27%	2384.1	1.94%	2239.2	1.62%
2050 年	2936.4	0.98%	2679.4	0.78%	2444.5	0.59%

2. 客运需求结构预测

第一步:以统计运输量预测的客运需求结构。

按统计口径的旅客运输量,2018 年贵州客运量共计 9.4475 亿人次,其中铁路、公路、航空和水运客运量分别为 6761 万人次、84053 万人次、2800 万人次、2211 万人次,2018 年,所占比重分别为 7.16%、88.97%、1.53%和 2.34%。

随着高速铁路成网,铁路客运在全社会营业性客运量所占比重近期将有大幅上升,高铁成网带来的网络效应消退后,铁路客运增速将会下降。一般而言,随着居民收入水平提高,以及贵州省外旅客增多,航空客运量将保持较快速度增长,航空客运所占比重将进一步提高;水路旅客运输特点决定了其需求增长有限,未来主要增长点可能是水上旅游项目开发所带来的客运量缓慢上升;受城际铁路客运和私家车出行等挤压,公路营业性客运增长非常缓慢。根据上述分析,贵州以统计运输量预测的客运结构如表所示。

贵州省统计口径下各种运输方式客运量预测　（单位:亿人次）

	年份	航空		铁路		水路		公路	
		运量	年增速	运量	年增速	运量	年增速	运量	年增速
高方案	2025 年	0.335	12.70%	1.676	13.90%	0.257	2.20%	8.908	0.80%
	2035 年	0.781	8.80%	2.344	3.40%	0.286	1.10%	9.61	0.80%
	2050 年	0.997	1.60%	2.706	1.00%	0.313	0.60%	10.228	0.40%
中方案	2025 年	0.329	12.40%	1.646	13.60%	0.252	1.90%	8.745	0.60%
	2035 年	0.751	8.60%	2.252	3.20%	0.275	0.90%	9.232	0.50%
	2050 年	0.941	1.50%	2.554	0.80%	0.296	0.50%	9.651	0.30%
低方案	2025 年	0.323	12.10%	1.616	13.30%	0.248	1.60%	8.584	0.30%
	2035 年	0.721	8.40%	2.163	3.00%	0.264	0.70%	8.868	0.30%
	2050 年	0.888	1.40%	2.409	0.70%	0.279	0.40%	9.105	0.20%

贵州省各客运方式需求比例预测结果（中方案,统计口径）

年份	航空	铁路	水运	公路	合计
2018 年	1.50%	7.20%	2.30%	89.00%	100.00%
2025 年	3.00%	15.00%	2.50%	79.50%	100.00%
2035 年	6.00%	18.00%	2.60%	73.40%	100.00%
2050 年	7.00%	19.00%	2.60%	71.40%	100.00%

第二步:以推算全口径运输量预测的客运需求结构。

按推算的全口径运输量,2018 年贵州客运量共计 21.99 亿人次,其中铁路、公路、航空和水运客运量分别为 6761 万人次、209510 万人次、2800 万人次、2211 万人次,所占比重分别为 3.1%、95.3%、1.0% 和 0.6%。根据贵州客运变化趋势和特征,航空和高铁客运以更快速度增长,在全省客运量占比将进一步提高上升,但随着高速铁路成网带来的网络效应消退后其增速明显下降,客运结构如图表所示。

贵州省各客运方式客运量分析预测结果(中高方案)(单位:亿人次)

	年份	航空		铁路		水路		公路	
		运量	年增速	运量	年增速	运量	年增速	运量	年增速
高方案	2025 年	0.335	12.70%	1.676	13.90%	0.257	2.20%	27.344	3.88%
	2035 年	0.781	8.80%	2.344	3.40%	0.286	1.10%	34.649	2.40%
	2050 年	0.997	1.60%	2.706	1.00%	0.313	0.60%	41.232	1.17%
中方案	2025 年	0.329	12.40%	1.646	13.60%	0.252	1.90%	26.404	3.36%
	2035 年	0.751	8.60%	2.252	3.20%	0.275	0.90%	32.175	2.00%
	2050 年	0.941	1.50%	2.554	0.80%	0.296	0.50%	37.368	1.00%

贵州省各客运方式需求比例预测结果(中方案,全口径)

年份	航空	铁路	水运	公路	合计
2018 年	1.30%	3.1%	1.0%	94.7%	100.00%
2025 年	4.4%	12.7%	0.7%	82.2%	100.00%
2035 年	8.9%	15.5%	0.6%	74.9%	100.00%
2050 年	10.6%	16.6%	0.7%	72.1%	100.00%

五、贵州省出行体系发展指导思想、总体构架、发展目标及指标体系

(一)贵州省出行体系发展指导思想

以习近平新时代中国特色社会主义思想为指导,深入贯彻党的十九

大精神,认真落实习近平总书记对贵州工作、对交通强国工作的重要指示精神,坚持以人民为中心的发展思想,贯彻落实新发展理念,按照统筹推进"五位一体"总体布局和协调推进"四个全面"战略布局要求,围绕居民出行主要矛盾变化,把握现代服务业和高质量发展要求,以供给侧结构性改革为主线,抓住交通强国建设机遇,以西部试点建设为己任,注重全球视野,体现贵州特色。牢固树立"创新、协调、绿色、开放、共享"新发展理念,以加强各种客运方式协同协作、竞争融合为主线,加快优化运输结构、创新组织模式、提升装备水平、强化科技引领、完善治理体系、激发市场活力,构建符合贵州发展特点和规律的普惠均等、便捷高效、智能智慧、安全可靠、绿色低碳的客运出行服务系统,为经济社会发展和人民群众安全便捷出行提供运输支撑和服务保障。

(二)贵州省出行体系发展总体构架

未来,不论国内外任何地点的任何目的的出行者,都能够使用航空、高铁等方式快速地到达贵州的主要城镇,贵州城乡居民可利用高速铁路、城际铁路实现都市圈的便捷通勤,还可利用发达成熟的多级公路体系实现顺畅的城乡出行,在城市内部构建以公共交通为主导地位的城市出行系统,在农村地区实现智能便捷的共享出行服务,结合旅游风景道的建设,为贵州游客打造一套"快旅漫游"的交通供给系统。为了实现上述目标,不仅需要在出行的时间、空间上实现全面供给,也要在满足生态文明的要求下,实现出行安全、高效、文明、法制等方面给予全面保障。构建一套以"层次清晰、衔接顺畅、多重保障"为特征的"六层级多要素"综合立体出行体系。

1. 时空架构

时空体系角度,以贵州省域范围为界,将出行体系划分为六个层次,包含对外出行和对内出行两个部分。贵州的外部出行体系服务贵州与国际、国内主要区域之间的人员往来,是中长距离快速干线出行服务的平台;贵州的内部出行体系,主要服务贵州省全域各层次节点的人员交流往来。

为了实现"人便其行"的目的,考虑到不同出行方式所对应的经济合理出行距离,从空间的另一个维度将体系划分为区际、城际、城乡、城市、枢纽和旅游等六级体系并设置了每个层级的出行主导模式,用来构建和刻画全面完整、系统有效,具有贵州特色的时空出行体系。

第一级:区际出行体系。以"1 干 16 支"机场群为基础,依托航线开发,形成国内主要地区 3 小时航空出行圈;以沪昆、贵广、成贵、渝黔、南贵等高速铁路为主骨架,形成 2—6 小时高铁出行圈。

第二级:城际出行体系。以高速、高铁双结构为基础,支线(通用)航空为辅,形成贵州主要城市间高铁 2 小时城际快速出行系统,该系统可以覆盖城镇体系规划中的省域中心、区域中心、地方中心等主要节点。

第三级:城乡出行体系。以高速公路为骨架,普通国省干线、农村公路为基础,形成地方中心城市至一般乡镇节点高速 2 小时为覆盖范围的城乡出行体系,此外,城镇体系规划中的一般县城均可通过高速公路连接至城际快速出行系统;县乡中心城市积极发展郊区公共交通线路,县(市)域单元建立覆盖镇和中心村的公共交通服务网络,促进城乡公交一体化发展。

第四级:城市出行体系。在省域中心城市和区域中心城市的建成区建立以地铁、轻轨等大容量快速公共交通为主导,慢行交通和共享交通为辅助的城市出行体系;在地方中心城市建成区建立以地面公交和慢行交通为主导的城市出行体系。

贵阳都市区、遵义都市区、毕节——大方地区建立同城化的公共交通运输系统。以贵阳为核心建设贵阳都市区轨道交通系统,开展遵义都市区城市轨道交通系统研究;六盘水、毕节、安顺、都匀、凯里、兴义、铜仁等城市积极发展大运量公共交通系统,根据交通发展需要,有条件的城市可以发展城市轨道交通。

第五级:枢纽转换体系。建立以省域中心、区域中心、地方中心为层级、以综合客运枢纽为依托的三级综合交通枢纽组织体系。贵阳为省域综合交通主枢纽,是全省综合交通组织的核心,并承担面向大西南地区的区域交通组织功能。遵义、毕节、六盘水、都匀、凯里为省域综合交通副枢纽,作为省域综合交通分区组织的中心,并承担面向邻省周边地区的区域交通组织功能。铜仁、兴义、安顺、盘县、德江、从江(洛贯新城)为区域性综合交通枢纽,承担分区交通组织功能。

第六级:旅游出行体系。以上述各个子体系为依托,结合贵州山地特色慢行旅游风景道建设和水上旅游服务体系,构成贵州高品质旅游出行体系,实现"空中游贵州、高铁游贵州"的全域旅游出行服务。

2. 要素架构

贵州出行体系发展应遵循"融合、共享、公平、可持续"的发展理念,实现一流的设施设备、一流的技术水平、一流的出行服务、一流的治理体系。实现各种出行方式间、交通与城镇体系、旅游体系、互联网等的协同、融合发展;依托新技术、新模式提高对既有出行设施设备的资源、能源利用效率和智慧化水平;不断提升基础交通网络的无障碍、便利化水平和基本公共出行服务水平,充分适应和满足贵州每一个出行者的出行需求;实现行业绿色环保的可持续发展,推动人、交通、资源环境间的和谐发展,最终建设成"出行品质高、出行体验好"的贵州出行服务体系。

快捷便利:完善并依托开放、高效、智慧的交通基础设施,形成多层次、快捷化、一体化的全域覆盖出行网络;提高客运设施设备的专业化、便利化和舒适性水平;升级完善服务体验,使旅客联程、换乘更加便捷,实现门到门的全过程无障碍化出行体验。

智慧引领:大数据、云计算、物联网、人工智能、自动驾驶、共享经济等新技术、新理念广泛应用,基本形成现代化城乡智能出行系统,通过科技手段进一步降低城市交通拥堵,有效解决农村地区出行保障问题。

安全保障:设施设备运行可靠、监管有力,应急救援体系全面覆盖、快速响应,出行安全保障能力显著增强,实现安全可靠、让人民群众放心出行的安全保障体系。

绿色环保:基本建成生态友好、环境融合的基础设施体系、先进适用的新能源与清洁能源装备体系、全面覆盖的交通环保治理体系,形成以绿色出行为主流方式的出行体系。

融合协同:发展多链条融合的出行服务体系。使出行过程与生态景观、特色产业、文化旅游、乡村振兴等具有贵州特色的资源链条进行有效衔接,实现出行服务与旅游、科技、文化等产业协同发展,使出行活动自然融入贵州经济社会发展过程。

文明法治:建设法律法规健全、决策公开透明、执法严格规范,具有国际先进水平的交通治理体系。通过普法宣导等手段文明出行环境、提升全社会出行素质,使社会公众对出行服务的认同感和满意度保持全行业前列。

(三)贵州省出行体系发展目标

以构建交通强国西部示范省为总体目标,基本建成"安全、便捷、高效、绿色、经济、文明"的现代化出行体系,总体达到西部先进水平,有力支撑贵州经济社会高质量发展。

第一阶段(2019—2035 年):以基础设施建设和优化为重点的全面发展阶段。

至 2035 年,基本建成以高(快)速铁路和普通铁路、高速公路、机场为骨架,与全国干线网络、周边省(区、市)交通基础设施网络互联互通,布局合理的全省出行体系网络;基本建成以贵阳全国性综合交通枢纽为龙头、各市(州)区域性枢纽联动发展的多中心换乘体系;基本建成现代化综合交通体系,支撑贵州现代化建设;基本建成"便捷舒适、智慧共享、安全可靠、绿色低碳、文明法治"的现代化交通客运出行系统,人民满意度明显提高。

实现黔中城市群之间交通 1 小时通达,都市圈 1 小时通勤,贵阳至各市州 2 小时通达,市州中心城市至所属各县 1 小时基本通达,贵阳至相邻省会城市 3 小时通达,贵阳至全国主要城市轨道交通 6 小时通达,航空 3 小时通达,出行体系总体适应贵州经济社会跨越式发展的要求。

第二阶段(2035—2050 年):以提升出行体系综合质量和运行效率为核心的全面优化阶段。

到 2050 年,基础设施网络布局更加合理、结构更加优化、衔接转换更加顺畅,功能更加完善;现代化、一体化的公共客运服务体系全面建成,安全顺畅的城乡私人交通需求得到充分满足,旅游交通服务体系更加完善,绿色循环的低碳出行发展水平达到国际先进水平;交通运输安全监管体系更加健全,综合运输安全生产和应急保障体系全面建成,全社会出行服务和管理效能大幅提升。全面建成"更公平、更智慧、更可持续、更具国际影响力"的贵州交通体系。

(四)贵州省货运体系发展指标

结合国家交通强国对出行服务的指标要求,以贵州省情为基础,设计符合贵州发展特色,具有西部示范带动作用的出行体系发展指标。研究到 2035 年(展望至 2050 年)贵州省出行体系的发展指标。从安全、便捷、智慧、绿色等方面设计指标体系,包括出行总体规模、服务范围、方式比例、服务时间、服务质量等方面的具体指标。

贵州强国出行体系发展指标（目标年）

具体目标	关键指标	单位	2035 年	2050 年
便捷舒适	"一带一路"沿线国家国际直达航线覆盖率	%	15	35
	民航机场 100 公里服务半径县级节点覆盖率	%	100	100
	高速铁路网对城区常住人口 20 万以上城市覆盖率	%	85	100
	黔中城市群中心城市间 1 小时交通圈覆盖率	%	100	100
	各市州中心城市至贵阳轨道交通 1—2 小时通达率	%	100	100
	新（改扩建）综合客运枢纽旅客换乘时间	分钟	10	5
	城市建成区平均通勤时间	分钟	30	30
	城市建成区公交站点 500 米覆盖率	%	60	100
	农村客运候车时间	分钟	15	10
	县级行政区域城乡客运一体化发展水平（AAA 级以上比率）	%	70	90
	客运枢纽无障碍设施覆盖率	%	75	100
安全可靠	道路交通事故万车死亡率	人/万车	0.5	0.3
	民航百万小时重大以及以上事故率	次/百万小时	0	0
	铁路亿人次事故死亡人数下降率	%	5	10
	城市公共汽电车正点率	%	80	90
	机场放行正常率	%	85	95
智慧共享	干线路网智能交通系统（ITS）信息交互设施覆盖率	%	20	100
	共享汽车占机动车私人出行分担率	%	5	30
	智能公交线路覆盖率	%	20	80
	"通村村"APP 服务平台使用率	%	50	100
绿色低碳	常住人口 50 万城市建成区（含县级市）公交分担率	%	60	80
	新能源、清洁能源公共汽车占比	%	100	100

六、贵州省出行体系重点任务

（一）打造辐射"一带一路"沿线国家的国际出行体系

拓展辐射能力，将龙洞堡机场打造成西南地区国际出行新门户。显著提升龙洞堡机场的航空服务能力，积极推进龙洞堡机场三期扩容改造工程，实现龙洞堡机场双跑道独立运行，具备三跑道运行条件，力争到2035年支撑实现4000万旅客吞吐量的运力规模；加大航线开发力度，重点培育和加密贵阳至东南亚、东北亚地区的航线，积极发展面向"一带一路"沿线国家的洲际航线，在巴黎、米兰、莫斯科等低频连通性航线开发的基础上，开发经香港出境到北美的串联型航线；拓展龙洞堡机场的地面辐射能力，在"十四五"时期内完成沪昆高铁龙洞堡站的工程改造，在原有站场基础上接入渝黔高、铁、桂南高铁、成贵高铁以及从贵阳辐射的各条城际铁路，打通龙洞堡机场至贵州周边省份主要枢纽节点的高铁通道，拓展龙洞堡机场的辐射和服务范围至整个大西南地区；迅速响应市场需求，培育机场至市区主要旅客集散点、机场至主要区县和景区的直通巴士线路。打造高速铁路和高速公路为双骨架的国际出行快速集疏运体系。通过扩容改造、航线开发、集疏运体系建设等方式，进一步强化贵阳龙洞堡机场的国际枢纽地位，形成以贵阳为主枢纽的西南地区国际出行新门户。

推动空域航权管理进入精细化时代。以主动承办全国民航时刻协调集中办公、全国时刻管理研讨会、西南地区时刻管理座谈会为抓手，建立西南片区民航时刻资源协调沟通长效机制，加强沟通，积极配合局方做好贵阳容量、时刻等核心资源的管理和使用效率提升工作。积极储备国际航权特别是优质航权资源，重点加强与"一带一路"沿线国家重点区域的洲际航线联系，保障国际航线客源和航线时刻资源。积极争取国家对龙洞堡机场利用第五航权的支持，在平等互利的基础上允许外国航空公司承载经贵阳至第三国的可获业务,积极争取国家向国外航空公司推荐并引导申请进入中国市场的外国航空公司执飞贵阳机场。通过空域优化和航权拓展,为贵阳龙洞堡机场争取更多空域、时刻资源,进一步提升国际竞争力。

(二)打造快速辐射全国的区际出行体系

构建"一干十六支"机场群协同发展体系。系统推进干支发展"一盘棋"工程,打造贵州航空市场良性生态圈,形成贵州至全国主要城市群4小时航空圈。打造贵州机场群与国内主要枢纽机场的串联航线,重点开发国内干线机场与贵阳机场的干线串飞航线,京津冀、长三角、珠三角、关中平原城市群等地区经停旅游资源丰富的本省支线机场至云南、广西等旅游大省的干支结合航线。协调贵州干支机场产权归属不一的实际情况,积极与航空公司沟通航线规划,统筹协调支线机场换季航线需求,推动贵州机场群协同发展,提升区际航空出行服务能力。

开辟高铁新通道,形成高铁+航空的区际出行新格局。进一步完善以贵阳为核心的放射状高铁网络格局,开辟贵阳至中原城市群、攀西、川南经济区、昭通等地的高铁新通道,形成贵州至国内主要城市7小时高铁出行圈。进一步完善高铁网络,加强与成都双流、重庆江北、昆明长水等周边大型航空枢纽的联系,形成空铁对外出行新格局。

完善高速公路省域出入口,建立对外陆路新通道。重点加强与川渝地区、湖南、两广、云南地区的高速公路通道新出口,形成联系重要区域的复合型多通道高速公路格局,增强贵州作为西南地区重要陆路交通枢纽承东启西、纵贯南北的区位优势。

(三)打造大容量城际高速出行体系

有重点、分层次推进城际轨道交通体系建设,提升轨道交通运能供给。通过优化铁路班次时刻,提升高铁运力,充分发挥高速国铁的骨干运输体系作用。通过城际铁路辅助体系建设,实现贵阳、安顺、六盘水、凯里等 9 个区域中心城市和瓮安、仁怀、独山、荔波等 19 个地方中心城市与高速铁路之间的直接连通,满足全省主要节点之间的快速出行需求,研究新增贵阳—兴义城际铁路。

打造轨道上的黔中城市群。充分发挥城市群内国家高铁网络布局特点,提升城际轨道节点连通度。形成以高铁为骨架,以城际轨道、市郊铁路为网络的黔中城市群快速轨道出行体系。实现贵阳—安顺、贵阳—遵义之间的多通道连接,城市群内毗邻节点间轨道交通直连的网络格局。基本建成高品质公共快速出行体系,形成"12136"快速交通圈,即贵阳至黔中城市群其他中心城市轨道交通 1 小时通达,贵阳至各市州 2 小时通达,市州中心城市至所属各县 1 小时通达,贵阳至相邻省会城市 3 小时通达,贵阳至全国主要城市 6 小时通达。大中城市单程通勤时间平均在 45 分钟以内。

提升公路多级出行网络体系服务质量,实现公路出行体系顺畅衔接。进一步提升重点区域的高速公路互联互通水平,优化路网结构,实施普通国省干线和县乡公路的提质改造工程和全路网的养护服务提升工程。通过公路运输服务水平的提升进一步拓展和延伸高速轨道交通的覆盖范围,打造全域重要节点之间的快速公路体系和服务高速(城际)铁路的集疏运体系。

(四)打造畅通有序的城市出行与转换体系

构建引导山地新型城镇化发展的城市通勤体系。与城市空间布局有机结合,以城市快速路、快速公交、地铁、轻轨、市郊铁路为主要方式,在城市组团(城市新区、大型工矿企业、大型社区、旅游景点、产业园区等)之间建设大容量、快速化的综合立体出行通道,提升组团间城市主要干道的服务能力。

构建平稳有序的城市出行管理体系。以明确城市定位、疏解非城市核心功能和推动城市功能区合理布局、促进职住平衡为根本途径,以提高私人出行工具购买门槛、使用门槛和提高私人交通通行、停车成本,降低交通需求等为辅助手段,控制城市居民私人交通工具出行规模,缓解城市交通拥堵。加强城市停车设施建设,改造停车设施(立体停车),提高停车设施利用效率。推进城市慢行交通设施建设,进一步提升慢行交通分担比例,至 2035 年慢行交通分担率达到 15%。

大力发展公共交通,创新公交服务新业态。创新发展州旅游交通产品,打造特色交旅品牌。结合重大、特色交通基础设施,打造交通旅游新形象。依托普速铁路,发展山地特色慢速铁路观光旅游列车,打造贵州版黄金列车。明确贵阳机场一个有公园的机场定位,全力打造全国首个旅游主题机场。深度挖掘高速公路季节性风景,打造贵州一万里高速画廊、中国特大桥梁博物馆、依托特大桥打造贵州深沟峡谷旅游区,依托贵州茅酒打造酒文化等旅游品牌。打造精品公路漫游产品,结合旅游小镇,特色农业观光,打造深度游交通慢行系统。在完善水上旅游公共服务设施的基础上,开发特色水上旅游线路。充分利用通用机场资源,建设低空旅游产业园、通航旅游小镇与飞行营地。挖掘交通文化旅游产品,加强对具有历史文化、精神价值等意义的铁路、公路交通遗产资源的保护开发研究,鼓励挖掘红色旅游等。

构建轻松舒适的城市衔接转换体系。重点做大做强贵阳核心枢纽,提升遵义枢纽,增强其他市(州)区域枢纽功能和增加通道布局。加强实体枢纽站场与城市交通、城际交通、大区域交通的一体化紧密衔接和便捷换乘(换装)。建设贵阳、遵义等全国性综合客运枢纽,加快六盘水、毕节、盘州等地区性综合客运枢纽建设,积极建设荔波、从江等区域性综合客运枢纽。优化人员中转设施和集疏运网络,促进各种运输方式协调高效,扩大枢纽辐射范围。

提升综合客运枢纽站场一体化服务水平。按照客运"零距离换乘"的要求,结合不同运输方式旅客出行需求发展趋势科学确定站场位置和规模,分类分策推进不同运输方式主导的综合客运枢纽建设,重点打造开放式、立体化综合客运枢纽。推进综合客运枢纽各种运输方式之间、新旧业态之间的"统一规划、统一设计、统一建设、统一运营管理",积极引导立体换乘、同台换乘。统筹规划布设枢纽内不同运输方式的到发区、换乘通道,以及安检票务等设施,通过公共交通优质服务、信息化手段,实现既有客运枢纽的软性高效衔接,通过设施建设一体化,实现新建客运枢纽的立体无缝换乘。

(五)打造普遍均等的农村出行体系

进一步增强农村交通基础设施质量和供给范围。因地制宜,构建以县城为中心的城乡客运网络和以乡镇为中心的农村客运网络,在有条件地区推进农村公路网络化,坚持实施农村公路生命防护工程和农村公路安保工程。改善农村地区的水路出行安全条件,积极进行农村渡口改造,提升农村水路安全服务水平。

创新城乡客运一体化发展模式。探索开展运营企业片区化经营、城市公交和农村客运线路混搭、冷线热线搭配等城乡客运资源统筹利用试点工作。在有条件的地区加强城乡公交资源融合,着重提升服务品质,探索开展全域公交、区级公交等多样化城乡客运试点工程。鼓励探索农村客运发展新模式,继续推进"通村村"试点工程,提高农村客运的运行效率和经济效益,解决农村客运"开得通、留不住"的问题。到2035年,全省基本实现镇村公交开通率100%,农村居民通过一次换乘即可抵达县城。

在有条件的地区探索开展"基本航空服务计划"。采用满足安全要求的经济适用航空器,通过支线机场和通用航空机场,把交通不便的边远地区和周边社会经济发展水平较好的城市连在一起,保障交通不便地区人民的基本出行权,提升交通不便地区的通达性。

（六）打造"快旅慢游"山地公园旅游出行体系

加快构建便捷高效的旅游交通网络。加强旅游交通基础设施统筹规划，建设航空、铁路枢纽节点至省内主要旅游景点以及邻近省份主要景点的基础设施集散体系，形成省内外景点服务联动体系，扩大航空、高铁旅游通道的服务能力和覆盖范围。实现高速公路联通省内主要旅游项目，合理布局建设至旅游景区、特色小镇、少数民族风情村寨、农业产业园区、农家乐示范村的客运系统，加强"最后一公里"的衔接，提高枢纽节点到达旅游目的地的通达性和便捷性。

完善交通旅游服务设施体系建设。以国省干线路网为依托，在服务区路侧空间富裕路段推动驿站、自驾车营地、房车营地、观景台等设施建设，完善道路交通指引标志，进一步完善和规范旅游景区道路交通指引标志设置，实现旅游交通标志规范、清晰明确、快速识别。结合山地全域旅游特色，探索构建旅游交通基础设施标准规范体系。

促进旅游交通服务高质量发展。进一步引导完善旅游服务和交通集散功能，加强高铁、机场等枢纽节点到省内景区、邻近省份知名景区的直通车，提升直达交通服务水平。在交通枢纽所在的市、县，以及旅游品牌县、重点景区建设一批功能综合、内容丰富、管理有序、服务便捷的交通旅游集散中心，引导贵州省自助游有序发展。推动传统客运班线与旅游产业融合发展，根据服务季节性旅游需求，开行旅游班列、旅游包车、旅游航线等旅游交通服务。

构建智慧旅游信息服务体系。通过信息化手段，围绕"吃住行游购娱"旅游全过程，实现交通服务无缝衔接。建立旅游公共信息数据库，整合旅游产业信息，常态化发布旅游资讯；应用多元化信息传播途径，强化旅游业宣传营销效果；创新智慧旅游信息服务，全面推进建设智慧旅游大省。建立交通、旅游等跨部门数据共享机制，研究制定交通、旅游部门数据共享清单、开放清单，实质性对外开放相关数据。促进交通旅游服务大数据应用,引导各类互联网平台和市场主体参与交通、旅游服务大数据产品及增值服务开发,打造交通旅游移动终端服务平台,推广"多彩贵州一卡通""身份证验证入园"智能导游系统、APP 手机应用等模式,为社会公众提供多样化交通出行、旅游等综合信息服务。加强政企合作推动12301 智慧旅游公共服务平台建设,推广景区门票网上预约,完善重点景区客流监测预警等功能,采用信息化等手段引导节假日旅游高峰客流。

挖掘交通文化旅游产品,加强对具有历史文化、精神价值等意义的铁路、公路交通遗产资源的保护开发研究,鼓励深入挖掘"红色旅游、川盐入黔线路",为贵州发展全域特色旅游体系提供产业融合和交通供给支撑。

(七)打造人本智能的出行服务体系

提供适应新形势、新业态的旅客运输服务。适应贵州人口老龄化发展趋势,提高交通运输服务无障碍化设施覆盖率。推进旅客出行信息共享,联运票务一体化,鼓励不同运输方式站场互设自动售(取)票设备。积极探索旅客联程运输电子客票,在有条件的地区为推行"掌上一站购票""掌上一票出行"创造条件。

推动传统客运转型升级。结合不同发展阶段的新要求,科学调整道路客运班线运力投放和站点位置,着力完善高铁和城际轨道交通尚未覆盖区域的道路客运网络,积极培育火车站、机场开往周边区域的中短途道路客运市场,激发 200 公里以内的中短途客运班线的比较优势。支持贵州较为偏远的汽车客运站依托机场和高铁站拓展旅游集散功能,鼓励城区客运站分散化经营,大力发展旅游客运和包车客运。积极引导并规范开展班车、旅游客运专线、机场或高铁快线、商务快客、短途驳载等特色业务。推动互联网、大数据在传统公路客运中的运用,依托科技创新和移动互联网等新信息技术,推动客运行业从粗放型向精细化转变,不断调整客运供给规模和结构,改变传统的固定化、标准化运输模式,向个性化、多样化服务转变。

加大前沿科学技术应用。发挥高新技术对贵州客运行业的影响力,依托贵阳交通云研发平台,大力推进移动互联网、物联网、云计算、大数据、智慧交通等技术在客运领域的研发和应用。以省级行业重点项目和重大工程为试点示范,逐步向百姓生活和日常出行推广渗透。创新综合运输基础数据与信息平台建设,建立多层次综合运输数据库及出行特征手册,进一步提升旅客出行信息资源的利用效率,为行业管理、科学决策和服务优化提供科技支撑。

提升政府管理信息化管理水平。加强各级政府间信息系统的互联互通,加强政府信息系统与公共数据资源的互联互通,加强信息公开,扩大客运行业公共数据资源开放共享。加大政企合作,引导和鼓励企业、社会机构基于开放的数据进行挖掘,挖掘出大数据背后的潜在价值。运用大数据、云计算、智能视频等技术,打造集图像分析、知识图谱、数据融合于一体的 AI 开放平台,通过"数据+算法"开发更多的优质客运产品,为人民群众提供更加智能、准时、便利的出行服务。

(八)打造绿色安全的可持续出行体系

深入实施公交优先战略。深化"公交优先"理念,强化智能手段在城市公共交通管理中的应用,完善定制公交、夜间公交、社区公交、旅游公交等多层次服务模式,通过提高运输能力、提升服务水平、增强公共交通竞争力和吸引力,进一步提升常规公交、轨道交通等绿色低碳出行方式比重,全面推进"公交都市"建设。

完善城市慢行交通系统。鼓励非机动低碳出行方式,加强城市人行步道、自行车道和人行过街设施等城市慢行系统综合设施建设,提升慢行交通的安全性、有序性和舒适性。结合城市绿化、景观工程,优化慢行交通环境,提升城市慢行空间品质。做好自行车系统增点、扩面、提质工作,加强与轨道交通、公交的接驳，引导人民群众采用"公交+慢行"的出行方式。

提升客运装备能效水平。严格实行营运车船燃料消耗量限值准入制度，联合环保、工信、质检、公安等部门，严格落实国家、行业有关能耗等标准限值要求，鼓励支持节能环保车船优先使用。推动建立客运装备能效标识制度，推动客运装备升级进档。在机场服务、城市公交、出租汽车、汽车租赁等领域优先使用纯电动、混合动力等新能源汽车，加大天然气等清洁燃料车船推广应用。积极探索生物质能在客运装备中的应用。完善客运装备节能环保技术标准，落实对新能源和清洁能源车船推广应用的政策措施。

提升道路交通安全水平。一是利用人性化道路交通设施设计提升交通安全水平，加强国省道路边沟的安全性、人车分流覆盖率。二是完善公路运输日常监控系统及长途客运车辆监控网络，加强城市公共交通与营运车船运行监测，实现高速公路的监控全覆盖。三是强化农村客运薄弱环节建设，加快农村公路的危桥改造，解决红绿灯等安全防范设施设备不全的情况。四是建立交通管理部门、行业协会及保险公司多方参与的事故快速疏散联动机制，加快公路应急抢通时间。

提升轨道交通安全水平。一是重视安全新技术的应用，深入推进大数据技术、无人机技术、先进的轨检技术、移动智能设备等应用，强化风险源辨识、评估和管控。严格管理规章制度，在机车、车辆、线路、信号、装卸作业等均采用先进技术，提升运载工具的安全性。

提升大型客运枢纽安全水平。一是全面提升综合客运枢纽信息共享水平，构建统筹各种运输方式的应急联动机制，进一步完善综合客运枢纽内部应急预案体系、应急指挥体系、应急监测预警系统，加强安全保障措施设计和应用，提升应对突发事件或安全风险的能力。二是强化高峰期客流高度聚集时安全组织能力，实现旅客迅速、安全、方便进出。三是加强新技术新装备的应用,提升大型客运枢纽的监控和安检水平。

提升公众交通安全常识水平。严把交通运输行业从业人员资质准入关,加强安全管理职业资格制度建设,建立健全安全生产培训教育体系。加强交通运输驾驶人员安全教育,开展社会公众交通运输安全生产知识宣传教育活动,提升全民交通安全意识,加快西部山区道路运输安全警示教育基地的建设和应用。

（九）打造开放有序的客运治理体系

加快建立统一开放、竞争有序的客运市场。以市场化为导向,破除区域壁垒和行业垄断,实现产权有效激励、要素自由流动、价格反应灵活、竞争公平有序、企业优胜劣汰。激发全社会创造力和发展活力,使市场在客运资源配置中起决定性作用。

支持客运企业做大做强做精做优。深化客运领域国有企业改革,发展混合所有制经济,支持民营客运企业发展,引导小微客运企业集约高效良性发展,打造具有西部地区竞争力的一流客运企业。

有效发挥政府作用。客运服务体系的创新发展离不开监管机制的改革和提升。充分发挥政府的引导与推动作用,扎实推进"简政放权、放管结合、优化服务",扩大企业经营自主权,适时放开客运市场竞争性领域价格,有效激发市场活力。完善市场监管机制,建立灵活、融合的集约化客运监管体系,形成组织管理、工作运行、政策制度、法规标准,为构建现代客运市场体系提供良好环境。

加强信用管理。完善客运市场信用体系建设,加强信用评级、信用记录、风险预警、违法失信惩罚的管理,把信用评价作为客运市场监管的重要手段,切实加强事中事后监管。实现政府与企业在行业信息比对及信用等领域的互信与共享,推动客运行业服务环境的完善与治理。

与时俱进地改革行业管理思路。随着现代技术发展,客运市场主体可能由过度竞争转为寡头垄断,对政府治理能力也提出了严重的挑战。

因此,需要政府积极探索优化新业态管理模式,按照"鼓励创新、守住底线"的基本原则,加大对寡头企业发展态度与挑战的预研判断力度,对现有法规、政策、标准进行梳理完善,推动形成政府监管、企业自治、公众监督的多位一体现代化交通治理体系。

第六节 贵州现代物流业发展要求

一、发展现状

(一)现代物流业规模持续壮大

贵州省委、省政府高度重视现代物流工作,2020 年,省政府印发《贵州省服务业创新发展十大工程行动方案》(黔府发〔2020〕7 号),统筹推进现代物流创新发展各项工作,推动现代物流业呈现规模持续壮大、网络日趋完善,效率不断提升、成本明显下降的良好发展态势。

物流行业规模持续壮大。2020 年前三季度现代物流业增加值完成670 亿元,其中交通运输仓储和邮政业增加值完成 502. 24 亿元,2020 年全省现代物流业增加值完成 990 亿元,同比增长 7. 6%。

货物运输规模持续扩大。2020 年 1—11 月,物流运输基本恢复正常,全省货物运输总量 7. 7 亿吨,同比增长 3. 2%,增速较上月加快 0. 4 个百分点;货物周转量 1025. 31 亿吨公里,同比增长 1. 8%,增速较上月加快1. 0 个百分点,货物运输总量和货物周转量的累计增速连续 9 个月实现逐月加快的态势。

快递行业较快增长。2020 年 1—11 月全省快递服务企业业务量累计完成 24942. 12 万件,同比增长 12. 2%;快递业务收入完成 46. 63 亿元,同比增长 12. 3%。

物流企业稳步发展。截至 2020 年 10 月底,全省物流企业数量达到

19533 户,预计 2020 年达到 20000 户以上,物流业就业人数预计达到 32 万人;全省现有 A 级以上物流企业达到 50 家;物流企业信息化率达到 80%以上。

物流成本明显下降。2020 年社会物流总费用与地区生产总值的比率下降到 15.5%,比 2019 年下降 0.5 个百分点。

物流枢纽网络进一步完善。贵阳陆港型物流枢纽列入 2020 年国家物流枢纽建设名单,贵州省农产品现代流通运营总部、遵义黔北物流新城、中国物流黔中物流中心等物流枢纽园区加快建设。

冷链物流建设成效显著。全省现有冷库 1284 个,总库容 411.77 万立方米,数量和库容分别比 2019 年增长 15.2%、14%。全省冷链运输车共有 1624 辆,比 2019 年新增 204 辆,增长 14.4%。

(二)物流行业总体运行平稳、物流成本逐步下降

2020 年社会物流总费用为 2790 亿元,社会物流总费用与 GDP 的比率降到 15.5%(2020 年贵州省地区生产总值为 17826.56 亿元),比上年下降 0.5 个百分点左右,全年累计实现降低物流成本约 89 亿元(名义)。社会物流总费用中,运输费用 1431 亿元,占物流总费用比重 51.3%,同比上升 0.3 个百分点;保管费用 924 亿元,占物流总费用比重 33.1%,同比下降 0.4 个百分点;管理费用 435 亿元,占物流总费用占比 15.5%,同比上升 0.1 个百分点。2020 年物流业务总收入 2622 亿元,其中配送业务收入 294 亿元,占总收入 11.2%,仓储业务收入 823 亿元,占总收入 31.4%,运输业务收入 1356 亿元,占总收入 51.7%,装卸搬运业务收入 149 亿元,占总收入 5.7%(含其他业务收入)。物流业务总成本 2412 亿元,全年总利润 212 亿元,其中配送成本 270 亿元,仓储成本 757 亿元,运输成本 1247 亿元,装卸搬运成本 137 亿元(含其他业务成本)。物流业增加值达到 990 亿元左右,同比 2019 年增长 7.6%。其中交通运输仓储邮政业增加值达到 742 亿元。物流业增加值占地区生产总值比重为 5.5%,占服务业增加值比重为11%,保持在近年平均比重区间。

（三）交通运输基本恢复正常

总体来看,2020年以来,物流基本恢复正常,贵州省货物运输总量为7.7亿吨,同比增长3.2%,增速较上月加快0.4个百分点;货物周转量为1025.31亿吨公里,同比增长1.8%,增速较上月加快1.0个百分点,货物运输总量和货物周转量的累计增速连续9个月实现逐月加快的态势,预计2020年货物运输总量8.6亿吨,货物周转量1291.15亿吨公里。

1. 公路运输逐渐回暖,公路货物运输增速居全国首位。公路运输作为贵州客货运量占比最大的运输方式,货物运输逐渐加快,公路货运量为7.21亿吨,同比增长3.9%;公路货物周转量为552.06亿吨公里,同比增长11.1%,增速位居全国第一位。预计全年公路货运量达到8亿吨左右,公路货物周转量达到608亿吨公里。

2. 铁路运输逐渐恢复,铁路货运量增速首次转正。随着疫情防控转入常态化,全省铁路旅客运输逐渐恢复,降幅有所收窄。2020年1—11月,全省铁路货运量为3582.44万吨,同比增长1.0%,自2020年2月以来增速首次转负为正;铁路货物周转量为440.2亿吨公里,同比下降6.2%,降幅较上月收窄1.4个百分点。预计全年铁路货运量达到5580万吨,铁路货物周转量达到650亿吨公里。

3. 水路运输有所恢复,降幅有所收窄。水路货运逐渐恢复,2020年1—11月,水路货运量为1106.49万吨,同比下降26.6%,降幅较上月收窄0.3个百分点;水路货物周转量为33.05亿吨公里,同比下降18.8%,降幅较上月收窄2.24个百分点。预计全年水路货运量达到1230万吨,水路货物周转量达到33.2亿吨公里。

4. 航空运输逐渐恢复,降幅持续收窄。2020年以来,全省航空运输业受疫情影响较大,但近期已经逐渐恢复。1—11月民航货邮吞吐量为10.5万吨,下降8.6%,降幅较上月收窄0.5个百分点。

（四）邮政行业保持较快增长

2020 年 1—11 月,全省邮政行业业务收入(不包括邮政储蓄银行直接营业收入)累计完成 78.09 亿元,同比增长 8.68%;邮政行业业务总量累计完成 76.59 亿元,同比增长 10.94%。预计全年邮政行业业务收入累计完成 85.58 亿元,同比增长 8.4;邮政行业业务总量累计完成 83.65 亿元,同比增长 11%。1—11 月,全省快递服务企业业务量累计完成 24942.12 万件,同比上升 12.21%;业务收入累计完成 46.63 亿元,同比上升 12.27%。其中,同城业务量累计完成 4483.06 万件,同比下降 21.94%;异地业务量累计完成 20413.59 万件,同比增长 23.99%;国际/港澳台业务量累计完成 45.47 万件,同比上升 108.75%。预计全年全省快递服务企业业务量累计完成 27900 万件,同比增长 13.4%;业务收入累计完成 51.6 亿元,同比增长 11.9%。1—11 月,同城、异地、国际/港澳台快递业务量分别占全部快递业务量的 17.97%、81.84% 和 0.18%;业务收入分别占全部快递收入的 8.04%、44.21% 和 0.50%。与去年同期相比,同城快递业务量的比重下降 7.87 个百分点,异地快递业务量的比重上升 7.77 个百分点,国际/港澳台业务量的比重上升 0.08 个百分点。

（五）冷链物流有序推进

《贵州省农产品市场流通体系建设规划》实施以来,贵州省农产品现代流通运营总部、毕节金海湖新区竹园物流中心冷链物流园、黔东北冷链物流中心等重点项目开工建设,贵阳农产品物流园(一期)、威宁江楠农产品物流园(一期)、凯里银田农产品物流园等冷链物流园区建成,贵州冷投、物流集团、贵阳农投、遵铁物流等重点企业整合现有资源布局冷链建设,推动全省冷链物流布局进一步优化,冷链物流设施网络进一步完善。截至 2020 年 12 月,全省拥有冷库 411.77 万立方米,比 2019 年新增 50.61 万立方米,增长 14.01%;全省共有冷链运输车 1624 辆,较 2019 年新增 204 辆,增长 14.37%。惠民生鲜等农产品流通企业积极拓展社区冷链服务网点,全市已累计建成 154 个惠民生鲜超市(约 24 万平方米),覆盖全市行政社区 89 个。贵阳百合联公司围绕供应链体系,构建供销社城乡商品流通网络体系,打造"农产品进城、工业品下乡"双向流通主渠道,建成 500 个城乡网点、10 个乡村(社区)示范店、10 个农合联惠民服务点,积极促进消费便利化、品牌连锁化、服务特色化。

(六)物流企业稳定发展

1. 市场主体发展稳步增长。截至 2020 年 12 月底,全省物流行业市场主体总量达到 49576 家、注册资本 1517.59 亿元,同比分别增长 1.46%、1.87%;其中:企业 19975 家、注册资本 1485.03 亿元。截至 2020 年底,物流企业数量达到 20000 家以上。顺丰、京东、苏宁、普洛斯、传化、宝能等领军企业先后入驻贵州,现代物流产业集团、长和长远等本土企业加快成长,贵州物流业加快发展的主体基础能力不断夯实。

2. A 级物流企业稳步增加。截至 2020 年 12 月底,全省 A 级以上物流企业 50 家,其中已获得证书 44 家,通过现场评审 6 家,另有 2 家已通过网上审查,待下一步核定。按等级来看,5A 级 1 家,4A 级 12 家,3A 级 31 家,2A 级 8 家。按市州来看,贵阳市 38 家,遵义市 2 家,六盘水市 1 家,毕节市 1 家,铜仁市 4 家,黔东南州 1 家,黔南州 2 家,黔西南州 1 家。

3. 物流信息化建设有序推进。国家首批骨干物流信息平台——满帮集团信息化平台建设稳步推进,贵阳传化等企业物流信息化平台、贵州长和长远等智能仓储设施、京东集团无人配送等项目加快建设。大数据、云计算、互联网、物联网等新一代信息技术在物流企业、物流园区、物流运作环节得到积极运用,深层次改变了以往"电话+小黑板"开展物流业务的传统模式,物流企业信息化使用率达到 80%左右。

4. 物流标准化稳步推进,共同配送试点成效显著。贵阳市、黔南州全面完成国家城乡高效配送试点城市建设。贵阳农产品物流园、合力超市、博凯物流园在快消品、工业零部件等适用领域推广应用标准托盘,推进托盘、周转箱(框)等物流载具与货运车厢的标准衔接,初步构建了标准托盘使用及循环共用体系,有效提升了物流配套设施设备和服务标准化水平。贵州蔬菜集团、贵阳农产品物流园等企业积极推广使用周转箱、周转筐及其他标准化包装,减少了流通环节周转损耗。博胜医药、九州通医药等企业打造集约高效的配送渠道,在医药行业实现覆盖585个连锁药店的共同配送。推进配送终端智慧化建设,市农投惠民公司在观山湖区、云岩区以及南明区建成50个社区智慧微菜场并对功能进行优化提升,贵州易果生鲜电商配送有限公司建成250个以生鲜自售柜、生鲜自提柜和冻品自售柜为主要内容的智慧售卖网点。铜仁鹏程物流公司推进传统货运站场向物流园区转型升级,不断提升了标准化水平。

5. 多式联运取得重点突破。磷化集团开通福泉至东北、中亚,开阳至东北、华北、东南亚、新西兰等地的多式联运线路,贵阳铁路枢纽都拉营国际陆海通物流港、贵阳改貌物流中心、贵州双龙航空港经济区航空物流园等多式联运设施建设全面推进,贵州省多式联运投资发展有限责任公司挂牌运营。西部陆海新通道班列班车常态化开行,开通"黔新欧"等中欧班列,截至2020年11月底,累计开行西部陆海新通道铁路联运班列297列、到发集装箱15281标箱。其中下行铁海联运班列123列、公路班车387班,累计发运集装箱6581标准箱,比2019年分别增长119.6%、316.1%、124.2%;上行铁海联运班列174列,累计到达集装箱8700标准箱,同比增长287.4。中欧班列共开展搭乘测试48次,直发班列测试1次,累计发集装箱512箱,线路覆盖中亚、中欧线,主要覆盖俄罗斯、哈萨克斯坦、吉尔吉斯斯坦、白俄罗斯、波兰、荷兰、德国等。

（七）物流网络枢纽布局进一步优化

1. 交通条件不断优化。全省铁路营业里程达到 3867 公里，其中高速铁路 1527 公里，铁路出省通道增至 15 个。

全省公路总里程约 21 万公里，其中高速公路总里程突破 7000 公里，总里程跃升至全国第四位、西部第二位，高速公路出省通道增至 22 个，高速公路综合密度继续保持全国第一。

全省航道里程达 3755 公里，其中高等级航道建成里程 988 公里。农村公路"组组通"全面完成，物流体系从主动脉至毛细血管进一步畅通。

2. 枢纽地位进一步提升。贵阳列为陆港型、空港型、生产服务型和商贸服务型国家物流枢纽承载城市，并入选 2020 年国家物流枢纽建设名单加以重点推进；遵义列为陆港型国家物流枢纽承载城市。贵阳和遵义纳入西部陆海新通道总体规划。贵州（昌明）国际陆港和遵义黔北物流新城评为国家级多式联运示范工程，清镇市物流园区、黔中（安顺）物流园区列为国家级示范物流园区，推动贵州快递物流园、贵阳农产品物流园申建第三批国家级示范物流园区。

3. 物流布局进一步完善。依托全省主要物流通道，一核驱动（贵阳、贵安、安顺）、两轴拓展（遵义——贵阳——都匀和铜仁——凯里——贵阳——安顺——毕节——六盘水）、四区集聚（以遵义、毕节为枢纽的西北物流集聚区，以铜仁为枢纽的黔东北物流集聚区，以都匀、凯里为枢纽的黔东南物流集聚区，以六盘水、兴义为枢纽的黔西南物流集聚区）、多点支撑（一主、一次、八枢纽、多节点）的物流布局进一步完善，物流集散功能基本成形。

（八）物流行业固定资产投资稳定增长

1. 枢纽园区加快建设。全省物流园区库共有园区 119 个，其中建成园区 22 个，在建 54 个，规划建设 43 个。积极支持牛郎关物流园区申建国家物流枢纽园区，推动贵阳都拉营国际陆海通物流港、贵州黔北现代物流新城等 10 个物流园区打造全省枢纽园区,威宁江楠农产品物流园、铜仁九州物流园等区域性物流枢纽园区功能逐步完善,能力稳步提升。

2. 基础设施项目全面推进。2020 年,贵州省现代物流创新发展工程项目正式开工。该次开工项目 126 个、总投资 397.85 亿元。建立现代物流创新发展工程项目库,初期入库项目 803 个,总投资 2344.85 亿元,其中在建项目 659 个,总投资 1511.32 亿元;谋划项目 144 个,总投资 833.53 亿元。5 亿元以上在建重大项目 48 个,总投资 855 亿元;规划建设重大项目 69 个,总投资 847 亿元。

3. 物流行业重点项目建设成效显著。2020 年 1—11 月现代物流业重点项目投资完成 112.78 亿元,预计全年完成投资 120 亿元左右,建成投入使用一批重大项目,新开工建设一批重大项目,新谋划一批重大项目,为全省物流行业稳定健康发展增强了源源不断的内生动力。

二、现代物流业发展的主要目标

1. 物流业综合实力显著提升。到 2025 年,全省物流业增加值超过 1600 亿元,年均增长 10% 以上。全省货运量和货物周转量分别达到 11 亿吨和 1810 亿吨公里。社会物流总费用与地区生产总值的比率降到全国平均水平。

2. 物流基础设施网络更加完善。创建 4 个国家物流枢纽,新增 2 个国家骨干冷链物流基地。物流园区建设加快推进,到 2025 年基本形成以 5 个国家级示范物流园区为核心、10 个省级物流园区为支撑、100 个区域性物流园区为补充的物流园区网络。

3. 物流运输结构进一步优化。积极发展多式联运,建设一批铁路、公路专用线,到 2025 年,力争铁路货运量占比提高到 12%,力争公路货运量占比下降到 85%,水运、航空运输比重稳步提升。

4. 物流服务能力明显增强。到 2025 年,冷链物流设施服务能力大幅增强,冷库容量达到 600 万立方米,冷藏运输车达到 3000 台。快递物流服务能力持续增强,快递业务量突破 52550 万件。物流信息化和标准化水平不断提升,物流企业信息化率达到 95% 以上,全社会标准化物流载具使用率达到 30% 以上。

5. 市场主体不断壮大。到 2025 年,营业额过亿的物流企业达到 25家,具有区域竞争力的大型综合物流企业达到 5 家,A 级物流企业达到 100 家以上。

三、现代物流业发展的主要任务

构建"通道+枢纽+网络"的现代物流运行体系,着重从优化物流基础设施网络、提升物流组织服务能力、推动干支配网络衔接畅通、构建多式联运服务网络四个方面加以推进。

打造产业融合发展的现代供应链体系,着重从促进物流业与农业、制造业、商贸业、旅游业深度融合,助推农业现代化、新型工业化、商贸现代化、旅游产业化四个方面加以推进。

发展集约高效的现代物流服务体系,着重从大力发展数字化智慧化物流、推进绿色物流发展、高质量发展专业物流三个方面加以推进。

培育发展创新赋能的现代物流经济体系,着重从大力发展枢纽经济走廊、加快发展通道经济两个方面加以推进。

发展保障有力的现代应急物流体系,着重从统筹推进全省应急物流设施建设、提升应急物流组织能力、建立健全应急物流响应机制、构建军民融合发展的应急物流四个方面加以推进。

积极发展内联外通的现代国际物流体系,着重从推进物流开放平台建设、提升通关便利化水平、拓展国际物流服务功能三个方面加以推进。

培育充满活力的物流市场主体体系,着重从优化市场发展环境、推动企业创新发展、引导企业转型发展三个方面加以推进。

夯实科学完善的现代物流基础体系,着重从健全物流标准体系、完善物流统计体系、优化物流信用环境、培养引进一流物流人才四个方面加以推进。

第七节　贵州交通大数据人才需求

一、贵州交通大数据人才队伍建设机遇和挑战

(一)贵州交通大数据人才队伍建设机遇

大数据是信息化发展的新阶段,随着信息技术同生产生活的交汇融合,互联网快速普及,全球数据呈现爆发式增长、海量汇集和多样性的特点,对经济发展、社会治理、国家管理、人民生活都产生了重大影响。大数据将为人类的生活创造前所未有的可量化的维度,并且已经成为新发明和新服务的源泉,而更多的改变正蓄势待发。贵州省结合本省实情,积极推进交通大数据的发展,这样的时代背景和贵州省得天独厚的优势为智慧交通和交通大数据人才队伍建设提供了良好发展契机。

1. 大数据时代的兴起

随着互联网的飞速发展,各行业的数据出现了爆发式的增长,产生了海量的、多样化的数据,催生了大数据科学、网络技术等的发展,社会发展进入大数据时代。大数据时代的兴起,促使大数据逐步与各行业融合,大数据人才、技术等相关因素在各行业中发挥着巨大的作用,对经济发展、社会治理、国家管理、人民生活都产生了重大影响。大数据将为人类的生活创造前所未有的可量化的维度,并且已经成为新发明和新服务的源泉,而更多的改变正蓄势待发。虽然大数据成为当今最热门的发展领域,但

能够服务于大数据发展的人才很少,大数据人才出现了严重的缺口。另外,能够把大数据技术与传统行业发展有机结合起来的专业人才更是少之又少。因此,进行大数据人才队伍建设是大数据时代发展的迫切要求。

2. 贵州省大数据产业发展定位

贵州省将大数据产业作为贵州经济社会的发展战略,是贵州省委、省政府落实习近平总书记牢牢守住发展和生态两条底线的具体实践。省委、省政府依托智慧交通建设,加强大数据基础设施建设,实现交通行业数据资源聚集、开放、应用,推动大数据产业发展,支撑交通运输转型升级。省交通运输厅制定了交通云大数据实施方案、贵州省"互联网+"便捷交通行动计划、交通运输信息化"十三五"发展规划等规划方案,编写了交通云建设方案,进一步明确了智慧交通的发展目标、重点任务和工作举措,为交通大数据发展指明了前进方向。在省委、省政府的大力推动下,大数据技术能力逐步提升,大数据的能力和价值逐渐得到体现。贵州省交通运输厅以贵州省交通大数据发展的战略规划为依托,加快发展、建设交通云、智慧交通等大数据业务,对贵州交通大数据人才的需求更加强烈。

3. 国家和贵州省提供政策保障

为贯彻落实有关规划,国家35个部委相继出台支持贵州发展的政策文件或与贵州签署合作协议,对贵州省发展的支持力度明显加大。贵州省政府出台《关于加快大数据产业发展应用若干政策的意见》《贵州省大数据发展应用促进条例》《贵阳市大数据产业行动计划》及《贵阳市大数据综合治税推进工作方案》等各项政策支持贵州省大数据产业发展的政策。

贵安新区跻身国家级新区,在财税、投资、金融、产业、土地、人才等方面享有更多广泛的改革试验权和更加优惠的产业政策,为贵州省经济发展注入了强劲动力,对产业和人才、资金、数据资源的吸引力显著增强。各类政策叠加效应日益显现,为贵州省大数据产业发展带来难得机遇。贵州省委、省政府对大数据发展高度重视,将大数据作为贵州省发展战略重点之一,为加快招商引资、加速资源集聚、推动大数据产业发展提供了保障。

4. 贵州经济社会加速转型升级

贵州省已进入工业化、城镇化加速发展阶段,推动改革发展转型、提高经济增长的质量和效益、保障和改善民生等任务艰巨,需要强化创新驱动和推动信息技术的广泛、深入应用,把握和发挥大数据在决策、管理等方面的重要作用。由此将带来各行业、各领域数据量的爆发性增长和大数据应用需求的急速增大,带动政府部门、社会机构、企业及个人的大数据应用热潮。旺盛的应用需求将为大数据产业发展提供广阔的市场空间,更好地促进数据资源、应用资源的产生和聚集,实现产用衔接,互动共进。

5. 贵州旅游和人员的来往与交流

贵州省有着丰富的旅游资源,其中具有开发价值的旅游景点较多,有12个国家级重点风景名胜区、57个省级风景名胜区、7个国家级自然保护区、4个国家级地质公园、19个全国重点文物保护单位。近几年,贵州利用西部大开发战略、新阶段扶贫开发、中国加入世贸组织等有利时机,推动了旅游业的全面发展。贵州省旅游业的蓬勃发展,一方面加大了外来人员与本地人员之间的交流和互动。外来人员通过旅游的方式认识、了解贵州,体验贵州经济发展新面貌,萌发建设贵州的思想观念。另一方面为贵州交通大数据人才队伍建设吸引人才提供了新的路径,人员流动数量的增加和流动区域的扩大,为吸引交通大数据人才奠定了良好基础和新的方式。

6.贵州地理、气候优势

贵州省属亚热带季风湿润气候,夏季平均气温低于 25℃,全年风速以微风为主,没有明显沙尘天气,空气质量常年优良。地质结构稳定,远离地震带,灾害风险低,优良的生态环境为建设交通大数据基础设施提供了独特优势。

贵州水能资源蕴藏量为 1874.5 万千瓦,居全国第六位,其中可开发量达 1683.3 万千瓦,占全国总量的 4.4%;煤炭资源量居全国第五位,煤层气资源量列全国第二位,全省火电装机容量超过 2000 万千瓦。电力价格具有竞争优势,贵州省工业用电平均价格明显低于国内其他地区,能源优势能够为大数据产业的发展提供廉价、稳定的电力资源,降低运行成本。

7.贵州大数据产业良好发展

2015 年 8 月,国务院印发《促进大数据发展行动纲要》,将大数据产业提升到国家战略高度,贵州作为其唯一提及的省份及大数据综合试验区践行者,紧随其后,立即着手谋划大数据综合实验区建设。

2015 年 9 月,贵州率先启动全国第一个大数据综合试验区建设。围绕"数据强省"总目标,重点构建"三大体系"、建设"七大平台"、实施"十大工程",开展"七项试验"大力发展大数据核心业态、关联业态和衍生业态三类业态,涵盖大数据存储、交换交易、金融服务、电子商务、高端产品制造等领域,分三步建设国家级大数据内容中心、大数据服务中心、大数据金融中心。力争通过 3—5 年的努力,将贵州大数据综合试验区建设成为全国数据汇聚应用新高地、综合治理示范区、产业发展集聚区、创业创新首选地、政策创新先行区。

贵州大数据产业发展态势良好,具体表现为:2013 年 9 月,贵阳市政府与中关村科技园区管理委员会签订战略合作框架协议,并为"中关村贵阳科技园"揭牌;同年,中国电信、中国移动、中国联通三大运营商数据

中心相继落户贵安新区;2014 年 7 月,"云上贵州"大数据国际年会召开;
12 月,2014 阿里云开发者大会西南峰会举行;2015 年 4 月,历时 7 个多月
的全国首个大数据商业模式大赛——"云上贵州"大数据商业模式大赛
在贵阳落幕。此次大赛涵盖农业、建筑、旅游、金融、健康、公共服务等多
个领域大数据应用,吸引了全国 8615 个项目参赛,最终落地项目 92 个。
从 2015 年开始,每年 5 月都会在贵阳举行大数据产业博览会,迄今为止
已经成功举办了四次博览会,且从 2016 年开始,数博会升级成为国家级
博览会,成为贵州发展大数据的品牌活动,为贵州大数据产业发展提供了
良好契机。

8. 贵州良好的交通基础设施建设

贵州省位于我国中部和西部地区的结合地带,连接成渝经济区、珠三
角经济区、北部湾经济区,是我国西南地区的重要经济走廊。近年来,抓
紧建设以贵阳龙洞堡国际机场为核心的民航运输系统,以黔桂、成贵等铁
路干线和贵广高铁、沪昆高铁为代表的铁路运输网络正在形成,2014 年
进入"高铁时代"。贵州省公路路网结构日趋完善,高速公路通车里程
3261 公里,2015 年通车里程已突破 5100 公里,实现"县县通高速"的目
标。《贵州省综合交通运输"十三五"发展规划》明确"十三五"时期交通
建设目标:力争全省铁路营业里程达到 4000 公里以上,建成"六横七纵八
联"高速公路网,全省公路通车里程达 20 万公里,全省航道里程达 4100
公里,建成贵阳城市轨道交通 1 号线和 2 号线一期工程,实现城市轨道交
通大突破。贵州省良好的交通基础设施建设,必然离不开交通信息化的
应用。统筹省内各交通各行业信息平台规划与建设,推进集各种运输
方式为一体的综合交通运输公共信息服务平台、综合交通运输运行监
控指挥信息平台的系统设计与建设,这些都离不开云计算和大数据,需
要大量的大数据人才。未来贵州交通大数据需要在系统内整合和系统
外对接,并进行更大的数据整合,这势必需要更多更高水平和层次的大

数据人才。进行贵州交通大数据人才队伍建设是时代需求，更是现实需求。

（二）贵州交通大数据人才队伍建设挑战

贵州交通大数据人才队伍建设在政策扶持、产业发展、地理位置优势等方面具有得天独厚的优势，能够极大地促进交通大数据人才队伍的建设发展。但不可否认的是，在贵州交通大数据人才队伍建设过程中，仍然存在着各种各样的挑战。这些挑战将是打破贵州交通大数据人才队伍建设僵局的着力点。

1. 大数据人才认定机制缺失

虽然大数据科学、网络技术等已经逐步对经济发展、社会治理、国家管理、人民生活都产生了重大影响，但是大数据仍然属于一个新兴发展起来的领域。大数据科学、大数据技术、大数据产业、大数据人才培养等核心要素还未形成一个成熟的体系，与大数据相关的发展都是在摸索中前进，没有完全成熟。大数据人才的识别、认定、培养、发展等都缺乏相应的认定机制或者规定。国内没有形成统一的大数据人才认定、评定办法。有些省市出具的大数据人才评定办法则得不到业界或国内权威机构的认证。贵州交通大数据人才队伍建设也面临如何对大数据人才进行认定这一严肃问题，同时，对于贵州省交通运输厅进行的大数据人才认定能不能在其他行业得到认证，也是一个问题。因此，大数据人才认定机制缺失成为了贵州交通大数据人才队伍建设的第一大挑战。

2. 公共大数据共享存在数据壁垒

由于各省份政府系统之间、各行业政府系统之间受到政策、制度等因素的制约，众多政府机构、事业单位在数据共享上持保守态度，导致各系统及单位业务活动缺乏专业性、成效不高。我国公共大数据共享存在一定数据壁垒的现象。数据壁垒成了数据共享与运用的最大绊脚石。数据无法共享、共用,就无法为大数据人才发挥价值创造应有的环境,同时也是大数据人才培养、成长的重大障碍,更是智慧交通建设和发展的重大挑战。

3. 贵州区域竞争优势不足

贵州位于中国西南腹地,东毗湖南、南邻广西、西连云南、北接四川和重庆。贵州是个"三不沿"(不沿边、不沿江、不沿海)的内陆腹地,处于云贵高原之上,是一个多民族聚居的地方,贵州有特殊的地理环境条件——"地无三尺平"和典型的喀斯特地貌,奇特的自然条件和不合理的产业结构限制了贵州的经济发展,使得贵州省经济发展常年落后于周边省区市。周边的省区市都有其特有的发展优势,使得贵州相比之下,区域竞争优势很弱,造成了难以吸引人才、聚集人才、留住人才的困境。

4. 贵州经济发展水平相对较低

贵州经济发展水平一直以来都比较落后,尽管近些年来,贵州经济发展进入高速发展阶段,但是人均 GDP 一直处于全国末尾阶段,经济发展依旧滞后。贵州与北京、上海、广州、深圳等一线城市相比,资源拥有率低,经济发展水平低,难以吸引人才,人才引进也是极为困难的事情。贵州有大数据产业作为支撑,开启了经济建设的快进键,后发赶超优势明显,这是贵州省发展的大好时机。让大数据人才改变对贵州经济落后的观念认识,让大数据人才留在贵州发挥才智,在一定程度上也为贵州交通大数据人才队伍建设带来极大的挑战。

5. 贵州政府公共管理水平较低,机构作风有待加强

党中央、国务院高度重视贵州省的发展,先后出台若干政策规划都明确了对贵州省的支持。目前来看,贵州发展大数据产业、交通大数据建设等大数据相关业务取得了一定的成绩,但是没有达到领先全国业务水平,没能形成良好的示范效应。贵州政府公共管理水平较低,有关大数据产业发展的有些项目,只停留在文件政策上,并未能落地转化成应用成果,

未能产生经济价值。公共部门的数据壁垒问题也一直得不到完全、有效的解决,阻碍了贵州大数据产业的高速发展,对贵州大数据人才建设问题造成了一定的影响。

6.贵州传统文化观念相对落后

贵州呈现出的状态是传统文化观念落后,思想保守,缺乏接受新鲜事物的激情和创新精神。这就导致大数据这一新兴产业在贵州的发展受阻。目前贵州聚集的大数据相关的企业大多数是国际知名企业的数据中心,例如阿里、腾讯、华为、苹果等,"云上贵州"的大数据全球"朋友圈"越来越大,但是大多数是北京、上海、广州、深圳等地的分公司或是由外地人来投资开办的企业,很少有本地成长起来的企业,这一方面说明贵州本地人缺乏创新思维、创新精神,不能有效利用资源优势;另一方面说明了贵州思想守旧,不能接受新事物,还未能形成包容、多元的创新思维和环境。

7.贵州交通大数据人才基础薄弱

贵州发展大数据产业的人才多数采用引进的方式,几乎没有自主培养的大数据人才。目前,贵州交通运输厅现有的大数据人才多数是从传统信息技术转型过来的,不能算是大数据专业人才,只能算是大数据相关人才。从实地调研过的 14 家单位调查结果看,大数据人才 34 人,大数据相关人才 166 人,其他人才 133 人。这就是说,全省交通运输厅系统内,其他单位和部门都没有大数据人才,可能拥有大数据人才就是这次确实进行实地调研的 14 家单位,调研结果实际拥有大数据人才的有 5 家单位。14 家单位三类人才占比是:34∶166∶133 等于 1∶4.9∶3.9 约等于 1∶5∶4。若与省交通运输厅全部人才数 37339 人以及全部人员数 46926 相比(两个数据均为 2015 年 6 月 30 日统计数),34 位大数据人才可谓凤毛麟角,由此可见贵州交通运输系统大数据人才稀缺程度和匮乏程度。

（三）贵州交通大数据人才队伍建设 SOWT 分析

贵州交通大数据人才队伍建设 SWOT 分析

	优势（S） 1.贵州省交通大数据发展战略定位 2.国家和贵州省提供政策保障 3.贵州地理气候优势 4.贵州良好的交通基础设施建设 5.贵州交通大数据产业发展后发优势明显	劣势（W） 1.贵州省信息基础设施建设相对落后 2.贵州交通大数据人才队伍基础薄弱 3.贵州交通大数据人才培养能力未知 4.贵州交通运输行业大数据人才培养水平不高 5.贵州不同交通运输领域存在严重的大数据壁垒 6.政府公共交通大数据人才队伍管理观念落后,水平低
机会（O） 1.国家对贵州大数据产业发展政策支持 2.贵州大数据战略与政策支持 3.贵州经济社会的快速发展 4.贵州大数据产业良好发展 5.贵州良好的交通基础设施建设	SO 1.有效利用国家和贵州省政策支持加快大数据产业发展 2.将贵州地理气候优势进一步转化为竞争力 3.加大贵州交通基础设施建设 4.持续深化贵州交通大数据产业后发赶超优势 5.完善交通大数据人才队伍建设	WO 1.完善贵州省信息基础设施建设 2.解决交通运输行业数据壁垒问题 3.引进大数据人才发展交通大数据产业 4.尝试多种方式培养交通大数据人才 5.加快贵州交通大数据人才队伍建设步伐 6.提高交通大数据人才队伍管理水平
威胁（T） 1.贵州周边发达省市区对交通大数据人才更具吸引力 2.大数据人才稀缺,竞争激烈 3.大数据尖端人才流动壁垒 4.大数据科学、技术与工具壁垒 5.贵州交通大数据人才流失严重	ST 1.出台大数据人才引进政策 2.自主培养交通大数据人才 2.破除大数据人才流动壁垒 3.加强贵州交通大数据人才保留,防止交通大数据人才流失	WT 1.加强贵州交通大数据人才队伍基础建设 2.提高贵州交通运输行业大数据人才培养水平 3.防止交通大数据人才流失

1.贵州交通大数据人才队伍建设优势分析

通过对贵州交通大数据人才队伍建设机遇进行分析,在此基础上,结合贵州省交通大数据产业发展、交通运输厅内大数据业务开展现实情况,对贵州交通大数据人才队伍建设优势进行分析归纳,得出贵州交通大数据人才队伍建设具有贵州省交通大数据发展战略定位、国家和贵州省提供政策保障、贵州地理气候优势、贵州良好的交通基础设施建设、贵州交通大数据产业发展后发优势明显等五个方面的重大优势。其中国家和贵州省提供政策保障和贵州地理气候优势两大优势在前文贵州交通大数据人才队伍建设机遇中详细讲述过,现就其他优势做一详细分析。

(1)贵州省交通大数据发展战略定位。

近年来,贵州省交通运输厅认真贯彻落实交通运输部和贵州省委、贵州省政府推进大数据发展的战略部署,以国家大数据(贵州)综合试验区建设为契机,以交通大数据"聚通用"为核心,以行业监管和公众服务为重点,加快推进智慧交通建设,全面推进"互联网+交通运输",加快云计算、大数据等现代信息技术在交通领域的集成创新与应用,在数据资源的开放、共享和应用上先行先试,乘云而上,漫步云端。通过发展大数据,为贵州交通运输品质工程创建、服务综合交通、平安交通、绿色交通建设提供了科技支撑,有效提升了交通运输行业治理和公众服务水平。

(2)贵州良好的交通基础设施建设。

近年来,贵州省交通发展实现了历史性突破,2017年末全省公路总里程达19.4万公里,其中高速公路通车里程5833公里;各类营运车辆32万辆,公路水路从业人员超过300万人。面对庞大繁杂的服务行业和瞬息万变的动态监管,贵州省交通运输厅抢抓实施国家大数据战略和建设智慧交通的发展机遇,以交通大数据"聚、通、用"为核心,以行业监管和公众服务为重点,加快推进智慧交通建设,在数据资源的集聚、共享和应用上探索创新,有效提升行业治理水平,有力推动相关产业融合发展。

贵州省交通运输系统积极推动大数据在路网管理中的应用,路网运行管理系统列入2017年"政府大数据应用专项行动"。系统以遍布路网的各类感知设备为"触觉"、以统一视频平台为"视觉"、以音视频调度平台为"神经",依托"省路网中心+各地区路网分中心"结构,为全省路网日常运行监测、异常情况预警、突发事件处置和公众出行服务提供了支撑,促进路网运行管理工作"三个转变"——从"经验"管理向"数据"说话转变,从"粗放管理"向"精细化"管理转变,从被动响应和突发事件处置向提前预警、事前干预转变,有效提升路网管理效率,降低了突发事件带来的影响,为路网安全畅通和平稳运行奠定了坚实基础。

目前,贵州已实现路网运行态势"全覆盖",实现了包括高速公路、普通国省干线在内全省1万多公里路网的实时拥堵情况、区域实时气象情况、近2万个基础设施健康情况和6万余个设备情况的全景展现,对大流量事件和路网突发事件进行动态监测、预警,同时,构建了基于事件持续时间、事件影响范围评估和计算的路网诱导分流和安全管控框架,能够对事件的影响持续时间和影响范围进行评估,划分为事件区、引导区、分流区,形成各个区域情报板发布方案、指令下达方案、车辆分流绕行方案、信息共享方案等,辅助管理部门快速指挥决策,通过全省统一搭建的综合调度系统,实现"横向到边、纵向到底"音视频调度,建立监控指挥大厅与应急事故现场的双向联系,及时实现应急人员、物资、装备等应急指挥调度,对已发生的事件实现"智能化、一键式"处置。

(3)贵州交通大数据产业发展后发优势明显。

交通运输厅领导积极制定贵州省"互联网+便捷交通"行动计划、交通运输信息化"十三五"发展规划等,进一步明确智慧交通的发展目标、重点任务和工作举措,积极推动"数据铁笼"建设,加快交通建设工程计量数据聚集和大数据分析,不断强化基础设施平台和数据资源整合,加快推进信息化集约发展,并牵头开展跨省交通运输数据共享工作,建立了"四省一市"(贵州、四川、重庆、云南、陕西)交通运输行业信息交换共享机制,实现交通大数据"聚通用"发展。同时,安排专项资金重点支持交通大数据发展,鼓励有实力的企业以PPP模式投资大数据开发运营和增值服务。

交通运输厅内已形成"一办一中心一平台一公司"的交通大数据管理运营格局,并建成省级及 9 个区域路网中心,形成了全省"1+9"路网管理模式;完成"云上贵州"平台交通云基础设施层搭建和贵州交通"一令通、一号通、一卡通、一点通"建设,实现数据中心、GIS 平台、黔通途等行业核心系统云化改造迁移,同时完成省级物流公共信息交换平台建设并试运行,促进与物流云、电商云互联互通,逐步接入各大物流园区数据。同时,在大数据深度挖掘、大数据模型设计、预测预警分析、辅助决策等方面已有个别性和尝试性的探讨,因此可以为交通大数据人才提供良好的成长和发展平台,在项目中培养、促进交通大数据人才成长、发展。

贵州交通大数据率先成为贵州"7 朵云"的排头兵,在行业内率先开展互联网+农村客运建设,开发"通村村"App,为农村出行提供信息化服务,探索大数据扶贫新模式;全国第一个采取大数据手段,创新 ETC(电子不停车收费系统)卡发行方式,将 ETC 卡应用拓展到旅游、购物等方面,因此贵州交通大数据产业发展具有明显的后发优势。

2. 贵州交通大数据人才队伍建设劣势分析

(1)贵州省信息基础设施建设相对落后。贵州省信息基础设施建设水平相对落后,与发达地区相比信息基础设施建设仍较薄弱,已有的信息基础设施建设仍然不能完全满足数字经济发展和大数据产业需求。目前,贵州省信息化整体水平在全国排名第 20 位,数字生活指数排名全国第 30 位,处于靠后水平。2016 年,我省网络普及率仅为 39.8%,在全国排名第 29 位,信息网络覆盖面不广,资费较高,区域"数字鸿沟"明显。随着数字技术的飞速发展,新一代无线通信、虚拟现实、物联网、车联网、智能遥测感知等新应用的快速普及,对信息基础设施的需求呈现爆发式增长,对互联网的带宽、资费和覆盖率提出了更高要求,信息基础设施水平相对落后将制约大数据产业的快速发展。

（2）贵州交通大数据人才队伍基础薄弱。对贵州省交通运输厅内的14 家单位进行调研，结果显示目前贵州省交通运输体系有大数据人才 34人，大数据相关人才或基础人才 175 人，其他人才 538 人。其中大数据人才所占比例为 4.55%，大数据相关人才或基础人才所占比例为 23.42%，其他人才所占比例为 70.02%。这些数据证明，贵州交通大数据人才队伍基础薄弱，在交通运输厅内极其缺乏大数据人才，大数据人才队伍建设也没有形成培养体系。

（3）贵州交通大数据人才培养能力显现不明显。贵州省为解决大数据产业发展的大数据人才匮乏问题，大力自主培养大数据人才。2014 年贵州大学成立了大数据与信息工程学院，是全球首家专门培养大数据人才的学院。学院下设电子科学系、信息工程系与大数据科学工程系，其中大数据科学与工程系下设物联网工程和信息管理与信息系统两个专业，并配套相应的物联网实验室、大数据实验室。此外，在人才培养过程中，采取校企联合培养的模式，全程跟踪培养过程；2016 年贵州财经大学成立贵阳大数据金融学院，全球第一所以大数据金融人才培养和科学研究为核心任务的学院。学院下设大数据金融研究院、大数据工程研究院、大数据扶贫研究院等三个研究机构，与贵阳大数据交易所、贵阳众筹交易所、贵阳瀚德金控集团等单位建立战略合作关系，并聘请了国内外 30 多名大数据金融领域的知名专家、企业家担任兼职教授；贵州交通职业技术学院信息工程系根据区域经济发展需要，开设计算机网络技术、软件与信息服务、云计算技术与应用、电子商务技术、大数据技术与应用、城市轨道交通通信信号技术、智能交通技术运用、物联网应用技术等十个大数据相关专业。此外，2017 年贵州省其他高校与国家统计局、阿里巴巴、华为等联合办学，成立大数据学院，并开始广泛招生。

贵州省对大数据人才的培养处于起步阶段，培养出来的大数据人才还未能真正进入各行业发挥作用、创造价值，贵州省对大数据人才的培养模式仍在不断探索完善之中,对大数据人才的培养成果有待行业和社会检验,所以其培养大数据人才的能力未知。

(4)贵州交通运输行业大数据人才培养水平不高。目前,贵州省交通运输厅对于交通大数据人才的培养缺乏针对性和系统性的模式,培养机制不完善,资金、培训设施、基地、平台和设备等基础支撑严重不足。同时,对交通大数据人才没有针对性的、专门化、专业化和系统化的管理与使用办法,对现有大数据人才的引进、选拔、认定、评审、任用、配置、晋升、规划、激励等问题仍采用传统人事管理或一般人力资源管理理念、制度和方法,甚至出现身兼数职,过度使用的状态。贵州交通运输行业大数据人才培养水平不高是目前交通大数据人才队伍建设较大的劣势。

(5)贵州不同交通运输领域存在严重的大数据壁垒。数据共享是大数据的前提,交通运输领域相关的全部数据的汇合、叠加是发展交通大数据的必要条件。一方面,虽然目前贵州省交通运输系统与公安交警、气象等部门实现了信息共享,但是跨部门数据打通、数据共享和业务协同还远远不够,造成交通运输系统内各单位之间、各部门之间以及各系统之间的数据仍不能高效、完全的共享;另一方面,在政府数据资源开放类别、开放对象、开放程度、开放方式及数据开发应用等方面缺乏相应法律、政策作为支撑,数据交换共享开放体系建设明显滞后。数据壁垒必然导致数据量的不足和数据类型的单一化。巧妇难为无米之炊,数据不足自然成为限制大数据人才培养以及大数据人才团队和队伍建设的重大障碍。

(6)政府公共交通大数据人才队伍管理观念落后、水平不高。贵州省各政府部门对公共交通领域的大数据人才队伍缺乏合理、有效的管理理念和机制,对交通大数据人才队伍管理观念落后、水平低。贵州省交通运输系统内各事业单位和部门对大数据人才评价、考核、激励、管理等依然采用传统人事管理或一般人力资源评价与考核办法、制度、体系,缺乏系统的、完整的、有效的、有针对性的大数据人才工作绩效考核体系和晋升机制,严重影响大数据人才的考核、激励、培养、成长和发展,是贵州省交通大数据人才队伍建设的重大障碍。

3.贵州交通大数据人才队伍建设机会分析

通过对贵州交通大数据人才队伍建设机遇进行分析,在此基础上,结合贵州省交通大数据产业发展、交通运输厅内大数据业务开展现实情况,对贵州交通大数据人才队伍建设机会进行分析归纳,得出贵州交通大数据人才队伍建设机会有国家对贵州大数据产业发展政策支持、贵州大数据战略与政策支持、贵州经济社会的快速发展、贵州大数据产业良好发展、贵州良好的交通基础设施建设等五个方面。其中贵州经济社会的快速发展、贵州大数据产业良好发展、贵州良好的交通基础设施建设三大优势在前文贵州交通大数据人才队伍建设机遇中详细讲述过,现就其他优势做详细分析。

(1)国家对贵州大数据发展的政策支持。目前,国家出台了促进大数据产业发展的两大重要政策,分别是国务院于 2015 年 8 月发布的《促进大数据发展行动纲要》以及 2016 年 12 月发布的《大数据产业发展规划(2016—2020 年)》。为贯彻落实国务院《促进大数据发展行动纲要》,2016 年 2 月国家发展改革委、工业和信息化部、中央网信办发函批复,同意贵州省建设国家大数据(贵州)综合试验区,这也是首个国家级大数据综合试验区。为贯彻落实有关规划,国家 35 个部委相继出台支持贵州发展的政策文件或与贵州签署合作协议,对贵州省发展的支持力度明显加大。

贵安新区跻身国家级新区,在财税、投资、金融、产业、土地、人才等方面享有更多广泛的改革试验权和更加优惠的产业政策,为贵州省经济发展注入了强劲动力,对产业和人才、资金、数据资源的吸引力显著增强。各类政策叠加效应日益显现,为贵州省大数据产业发展带来难得机遇。

(2)贵州大数据战略与政策支持。贵州省政府出台《关于加快大数据产业发展应用若干政策的意见》《贵州省大数据发展应用促进条例》《贵阳市大数据产业行动计划》及《贵阳市大数据综合治税推进工作方案》等各项政策支持贵州省大数据产业发展的政策。贵州省委、省政府对大数据发展高度重视,将大数据作为贵州省战略重点之一,为加快招商引资、加速资源集聚、推动大数据产业发展提供了保障。

2014年贵州省发布《大数据产业发展应用规划纲要》,围绕电子政务、智能交通、智慧物流、智慧旅游、工业、电子商务、食品安全等方面建设的"七朵云",将让贵州人享受到大数据带来的"新生活"。2017年4月16日,时任贵州省委主要负责同志在中国共产党贵州省第十二次代表大会上指出,关注未来五年贵州发展的大扶贫、大数据、大生态三大战略行动。2018年3月6日贵州省大数据局印发《贵州省"十三五"以大数据为引领的电子信息产业发展规划》中指出,全面实施全省大数据战略行动,发展大数据核心业态、关联业态和衍生业态三类业态,以大数据为引领推动与各行各业深度融合,把大数据作为提升政府治理能力的新手段、服务社会民生的新途径、引领产业转型升级的新动力、推动大众创业万众创新的新引擎。贵州大数据战略和行业地位使贵州省交通运输厅大数据人才需求更加突出。贵州省交通运输厅"智能交通云"是"贵州云"最早的"7朵云"之首。智能交通连接着智慧物流、智慧旅游、电子商务,有别于传统的交通、物流、旅游、商务,有着海量、多样、快速发展等多方面的大数据特点,迫切需要与交通大数据业务相关的大数据人才。

4. 贵州交通大数据人才队伍建设威胁分析

(1)贵州周边发达省市区对交通大数据人才更具吸引力。目前,全国各地都在利用大数据进行产业升级,各地都加大大数据产业的投资开发。重点发展大数据产业地区有贵州省、京津冀、珠江三角洲、上海市、河南省、重庆市、沈阳市、内蒙古等地区,这些地区都是国家级大数据综合试验区。贵州省建设了首个国家大数据(贵州)综合试验区——贵安新区,在大数据产业的发展中以领跑者的姿态活跃在大数据市场上。此外,浙江、广东等地的大数据产业发展态势十分强劲。与周边进行大数据产业发展的省区市相比,贵州由于经济条件限制、地理位置不具优势等原因,贵州人才吸引力较低。

(2)大数据人才稀缺,竞争激烈。除了贵州省以外,内蒙古自治区、山西省、山东省、吉林省、河北省、陕西省、甘肃省、青海省、重庆市、江西省等众多省市区也在大力发展大数据产业,各地也积极出台了相关政策促进大数据产业发展。目前,国内大数据人才缺口严重,大数据人才尤其稀缺,其他地区对大数据人才的需求也十分强烈,这就造成了大数据人才争夺战。贵州省与其他地区在引进大数据人才方面存在竞争关系,造成贵州交通大数据人才队伍建设更加艰难,也是贵州交通大数据人才队伍建设的一个重大挑战。

(3)大数据尖端人才流动壁垒。大数据的发展离不开大数据科学、大数据技术对其的支持。大数据人才尤其是尖端人才是推动大数据产业发展的关键力量。目前,大数据尖端人才在流动过程中存在严重的壁垒问题。大数据尖端人才流动壁垒包括国内与国际大数据人才间流动壁垒、国内各省市区间大数据人才流动壁垒、不同行业间大数据人才流动壁垒、体制内和体制外大数据人才的流动壁垒以及学术机构与企业、政府间大数据人才流动壁垒等。由于各地区政策、制度等的不同,限制了大数据人才之间的流动。

(4)大数据科学、大数据技术与工具壁垒。目前,典型的大数据处理开源架构有 Hadoop、Storm 和 Spark 等。正是因为这些基础架构是开源式,才使得大数据相关技术发展得更为迅速。但并不是所有有关大数据技术、大数据应用软件是开源的,这就造成了技术与工具之间存在壁垒。尤其是大数据核心技术无法匹配于任意软件,需要有特定的技术环境才能得以实现。大数据科学研究成果无法及时转化成应用成果,也使得大数据技术、大数据产业的发展受到一定的限制,给大数据人才队伍建设造成一定的威胁。

(5)贵州交通大数据人才流失严重。由于目前大数据人才非常稀缺,在当前更具有高的市场价值,造成对大数据人才存在过度竞争倾向,同时由于贵州省交通运输系统在大数据人才福利、待遇、管理、使用、开发等方面又缺乏针对性和有效性的措施、制度,造成大数据人才大量流失。2017年贵州省交通信息与应急指挥中心有3位拥有10年从业经验的专家级人才辞职,贵州高速公路集团有限公司5名大数据专业人才在3个月内全部流失,同时贵州智通天下信息技术有限公司也在短时间内流失10多名大数据专业人才。由此可见,贵州交通运输系统内大数据人才流失巨大,大数据人才团队结构不稳定,对贵州交通大数据人才队伍建设提出挑战。

在对贵州交通大数据人才队伍建设的所面临的机会(Opportunities)、威胁(Threats)和所具备的优势(Strengths)、劣势(Weaknesses)四个方面进行详细分析的基础上,提出贵州交通大数据人才队伍建设可以选择的四种战略类型。

第一类SO战略亦发展战略。SO战略要求在进行交通大数据人才建设时充分利用机会,大力发挥优势,是一种积极发展的战略选择。贵州交通大数据人才队伍建设可以有效利用国家和贵州省政策支持,加快大数据产业发展,将贵州地理气候优势进一步转化为竞争力,进一步加大贵州交通基础设施建设,此外,还需要持续深化贵州交通大数据产业后发赶超优势。

第二类WO战略亦稳定战略。稳定战略采取的措施是尽力把内部劣势转化为优势,抓住机会,寻求生存与发展,是一种稳定发展的战略。贵州交通大数据人才队伍建设选择这类战略是需要首先完善贵州省信息基础设施建设、解决交通运输行业数据壁垒问题;然后引进大数据人才发展交通大数据产业、尝试多种方式培养交通大数据人才、加快贵州交通大数据人才队伍建设步伐；最后提高交通大数据人才队伍管理水平。

第三类 ST 战略即多角化战略。采用多角化战略要克服或避开威胁，发挥优势，避免单一化的风险。贵州交通大数据人才队伍建设选择多角化战略是要从多个角度解决交通大数据人才队伍建设过程中存在的威胁，从多方面发挥出所具备的优势，可以采用出台大数据人才引进政策、自主培养交通大数据人才、破除人才流动壁垒、加强贵州交通大数据人才管理，防止交通大数据人才流失等措施。

第四类 WT 战略亦即紧缩战略。这类战略选择往往是要解决问题，克服不足，避开威胁，寻求出路。贵州交通大数据人才队伍建设采用此类战略时可以用加强贵州交通大数据人才队伍基础、提高贵州交通运输行业大数据人才培养水平、防止交通大数据人才流失等办法。

目前，贵州交通大数据人才队伍建设具有比较突出内部优势和良好的外部发展环境，因此根据 SMART 原则积极利用内部优势和外部良好的发展环境。贵州交通大数据人才队伍建设应该以 SO 战略（发展战略）为主，有效利用国家和贵州省对大数据产业发展的政策支持，进一步深化贵州交通大数据产业后发赶超优势，大力推进大数据人才培养工程和大数据人才团队建设，并深入开展校企合作，加强大数据重点领域人才开发。同时为尽可能回避或避免内部劣势与外部环境威胁，以 WO 战略（稳定战略）和 ST 战略（多元化战略）为辅助战略，完善贵州省信息基础设施建设、引进大数据人才发展交通大数据产业、尝试多种方式培养交通大数据人才、破除人才流动壁垒、防止交通大数据人才流失、加快贵州交通大数据人才队伍建设步伐，优化大数据人才发展环境，为贵州交通大数据人才队伍建设保驾护航。

二、贵州交通大数据人才队伍建设使命

通过对贵州交通大数据人才队伍建设机遇、挑战和SWOT分析,依据贵州智慧交通建设战略规划,以培养、建设一批高、新、精、尖、特的交通大数据人才和行业领军人才为使命,努力提升各类交通大数据人才的能力和水平,满足贵州智慧交通发展需要,引领贵州现代综合交通运输发展。

(一)贵州交通大数据人才需求分析

根据调研组对贵州省交通运输厅的调研结果显示,目前贵州交通运输厅内大数据人才仅有三十多位,贵州省交通运输厅整体和下属单位和部门对大数据人才的需求已经达到饥渴的状况,甚至是"越多越好、多多益善"的非常规程度。现阶段贵州交通运输厅对大数据人才的需求包括对大数据系统研发人才、大数据应用开发人才和大数据分析人才的需求。此外,对大数据人才的需求不仅仅表现在对大数据人才的数量上,更表现在大数据人才质量上的需求。

贵州交通大数据人才需求预测以贵州智慧交通建设的战略目标、发展规划和工作任务为出发点,综合考虑各种因素的影响,对实现智慧交通所需交通大数据人才的质量、数量和结构等进行预测。需求预测的常用方法主要有德尔菲法、人员比率分析法、经验预测法、趋势预测法和回归分析法等。根据现阶段掌握的资料和信息,本研究主要采用德尔菲法、人员比率分析法对贵州交通大数据人才的需求进行预测。

1. 贵州交通运输厅大数据人才资源现状

目前贵州交通运输厅大数据人才仅34人,大数据相关人才166人。交通大数据人才体系结构不合理,从性别上看,男性29人,女性仅5人;从年龄层次上看,30岁以下仅有9人,30—50岁占大多数有24人,50岁以上才1人;从学历上看,博士只1人,硕士仅11人,本科及大专22人;从专业上看,来自计算机科学与信息科学及相关专业有24人,其他专业

来源有 10 人;从职称上看,初、中级职称有 24 人,高级职称仅 10 人。总体来说,贵州交通运输厅内大数据人才不仅数量极少,而且体系结构严重失衡。

2. 德尔菲法预测

为得到更为准确、可靠的预测结果,我们成立了贵州交通大数据人才需求分析专家组。该专家组主要由贵州交通大数据人才队伍建设项目组成员以及相关领域专家组成。我们参考 2016 年 7 月 15 日数联寻英发布全国首份《大数据人才报告》和《2017 年大数据及人工智能领域人才发展报告》中提到的未来 3—5 年内全国对大数据人才的需求量,并结合贵州智慧交通建设战略规划以及目前贵州交通运输厅交通大数据人才现状,通过"背靠背"的方式对完成智慧交通的所需交通大数据人才质量、数量和结构进行集体讨论,并通过多次反复、轮回对专家组各成员的意见进行汇总归纳,最终得出完成贵州智慧交通建设需要大数据人才 300 人以上,其中大数据专业技术人才 100 人以上,大数据应用人才 120 人以上,大数据领军人才 10 人以上,大数据安全人才 50 人以上,大数据管理人才 50人以上。

3. 比率分析法

比率分析法是基于对员工个人生产效率的分析而进行预测的一种方法。进行预测时,首先要计算人均生产效率,再根据企业未来的业务量预测出对人力资源的需求,即:

所需人力资源=未来业务量/[目前人均生产效率×(1+生产效率的变化率)]

按照上述方法的计算过程,我们首先预测大数据人才的劳动生产率。由于缺少大数据人才的直接劳动生产率,本研究中通过间接方法预测大数据人才的劳动生产率,即先计算普通人的劳动生产率,再预测出大数据人才相对于普通人才劳动生产率的倍数,据此得到大数据人才的劳动生产率。

中国神华是中国乃至全球第一大煤炭上市公司,公司的煤炭开采、安全生产技术处于国际先进水平,清洁燃煤发电、重载铁路运输等技术处于国内领先水平。华为是一家致力于开发和构建通信网络、IT、智能终端和云服务等领域的、不断坚持自主创新的、处于行业乃至全国领先地位的高科技企业。我们将中国神华作为传统行业的代表,将华为作为高科技企业的代表。根据其销售收入与员工人数求出近五年两家企业的劳动生产率,然后求出两家企业的平均劳动生产率在 200 万—300 万,作为我国普通员工劳动生产率,具体情形如图所示。

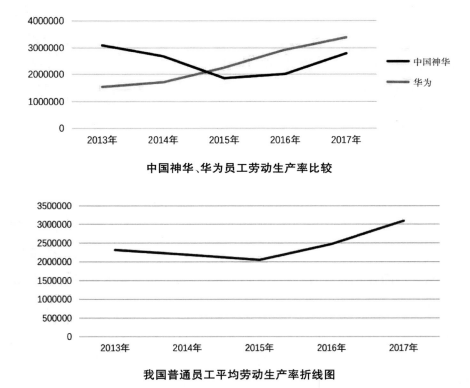

中国神华、华为员工劳动生产率比较

我国普通员工平均劳动生产率折线图

根据人才资本理论、按贡献分配理论和工资决定理论等理论,员工得到的报酬与其所做出贡献是成正比的,而且大数据人才与普通人才的工资报酬数据容易获取,因此在预测大数据人才相对于普通人才劳动生产率倍数时,我们选取工资倍数作为劳动生产率的倍数。

　　根据相关资料显示,大数据分析师平均年薪 13 万元,大数据开发工程师 36 万元,分布式计算(Hadoop)开发工程师平均年薪 24 万元,大数据挖掘师平均年薪 26 万元,算法工程师平均年薪 27 万元,大数据人才平均年薪 25 万元。而全国公民平均年薪 7.5 万元,可知大数据人才平均年薪是全国公民平均年薪的 3.4 倍。但全国公民平均年薪的计算包含大数据人才、人工智能、物联网、云计算等高精尖人才,因此实际大数据等高精尖人才的平均年收入是全国普通公民的 4 倍左右。同时,普通应届博士平均年薪 20 万左右,而 2018 年 AI 应届博士年薪 80 万,是普通应届博士的 4 倍,据此推测大数据应届博士年薪是普通应届博士平均年薪的 3—4 倍。综上,由人才资本理论、按贡献分配理论和工资决定理论可以判断大数据人才劳动生产率是普通人才劳动生产率的 4 倍左右,进而根据普通员工劳动生产率推算出大数据人才劳动生产率在 800 万—1200 万之间。然后以华为大数据人才业务收入增长率近似看作大数据人才劳动生产增长率,最后根据比率分析法计算所需大数据人才。

　　预测出大数据人才的劳动生产率后,我们还要预测大数据人才的劳动生产率的变化率,这里用华为做代表,原因是在华为年报中披露了华为企业业务收入一项,而华为企业业务模块致力于加速全球企业数字化转型进程,不断强化云计算、数据中心、物联网等产品和解决方案创新,并推动数据在智慧城市、平安城市以及金融、能源、交通、制造等行业得到广泛应用。这些业务与大数据相关度极大,因此将华为企业业务销售收入增长率作为大数据人才劳动生产率增长率计算依据较为合理。经过计算我们发现,华为企业近五年企业业务销售收入增长率在 27%—47%之间,因此,我们将近五年的平均增长率近似(即 37%)看作大数据、AI、物联网等高精尖人才的劳动生产率增长率。

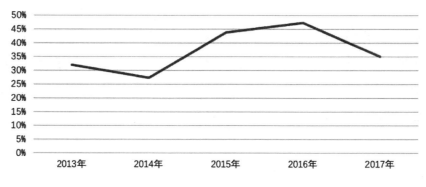

华为企业业务销售收入增长率

最后,围绕贵州智慧交通建设战略规划,以大数据人才劳动生产率以及劳动生产率平均增长率为依据,采用比率分析法预测完成贵州智慧交通建设需要交通大数据人才 300 人左右,其中交通大数据专业技术人才 100 名左右,交通大数据应用人才 100 名左右,交通大数据领军人才 10 名左右,交通大数据安全人才 50 名左右,交通大数据管理人才 40 名左右。

综上,两种供给预测方法对贵州交通大数据人才供给预测结果大体一致,我们采取后一种预测结果。未来对大数据人才的需求更多从现在的强调量向今后的强调质转换,从现在的泛大数据人才向今后的专门大数据人才转换。对大数据人才的需求不仅体现在个体人才上,更是体现在人才团队、人才梯队和人才队伍上,未来大数据人才越来越需要向结构合理、优化和高层次个体和群体结构上转换。

(二)贵州交通大数据人才供给分析

对贵州交通大数据人才资源的供给预测分析,首先要根据调研资料对省交通运输厅现有交通大数据人才的培养、培训、保留和开发情况进行分析;其次,考虑交通运输行业系统的特殊性以及交通运输厅具体情况,优先考虑交通大数据人才资源内部供给;最后,内部供给不能满足大数据人才需求量的部分则通过外部供给来解决。

由于省交通运输厅对交通大数据人才培养、培训、使用、保留和开发机制体制是不断完善的,因此交通大数据人才的供给状况是动态变化的。针对省交通运输厅交通大数据人才、大数据基础人才和大数据业务开发量现状,为保证大数据人才资源供给预测尽可能准确、高效,我们目前仅对省交通运输厅短、中期的大数据人才资源供给进行预测,长、远期的大数据人才供给预测根据未来省交通运输厅大数据人才具体数量以及智慧交通发展战略进行进一步开展。

1. 贵州交通大数据人才供给现状分析

交通大数据人才是贵州交通智慧化建设和发展的重要支撑与保障,贵州交通大数据人才的供给主要包括交通运输系统内各事业单位内部进行大数据人才培训、项目培养、内部人才转型、合作培养、活动培养(创客大赛等)等方式。

贵州省各交通部门、企业通过各种方式的培训来培养大数据人才,是省交通运输厅人才供给的主要方式,如贵州省高速公路管理局监控与应急处置中心通过内培外训来实施人才培养,2017 年起启动内训师培训计划,目前有 27 支内训师队伍,聘请来自贵州大学、同济大学、华南理工大学等高校知名教授;黔通智联科技公司聘请专业人士进行培训,同时选拔人员外出参加培训;省交通勘察设计院有限公司下属贵州宏信达高新科技有限责任公司与国际知名的专业培训机构 NIT 进行合作,通过国际化方式培养大数据人才;除了组织内部员工进行大数据技能的培训,贵州省交通运输厅下属各部门还提出要构建大数据人才培养的课程、知识体系,建立师资库、开办“大数据”培训班、进行定期培训、建立日常交流平台,普及大数据知识。

人才转型也是内部供给的常见方式,包括由非大数据人才转变成为大数据人才,大数据基础人才转化为大数据专门人才,初级大数据人才成为中级、高级大数据人才。调查显示,目前贵州省交通系统内为交通大数据业务提供直接或间接支撑工作的大数据相关人才或基础人才 175 人,虽然目前这些人才并没有直接从事交通大数据业务,但具有向大数据人才转变的巨大潜力。此外,一些传统认识上与大数据毫无关系的专业如工商管理、应用物理、汉语言文学、音乐学、人力资源管理(如黔通智联公司)、公共事业管理、行政管理、广告学(如交勘院下属的宏信达公司)等专业转而从事大数据业务,成为大数据专门人才。

此外,贵州省交通运输厅及其下属单位积极推动相关大数据资料推荐、文化沙龙等活动建立日常交流平台,普及大数据知识、组织参加创客大赛等、鼓励员工有针对性参加各种大数据企业交流会、研讨会,观摩学习其他企业的经验、举办各种形式的行业内部论坛、系统交流,也是贵州省交通运输厅增强大数据基础人才或其他人才对交通行业业务的熟识度、管理技能,提升大数据思维的有效途径。

2. 马尔可夫模型供给预测分析

本研究采用马尔可夫模型对贵州交通大数据人才供给进行预测,马尔可夫模型是用来预测等时间间隔点上人员分布状况的一种动态预测技术,基本思想是找出过去人力资源流动的比例,以此来预测未来人力资源供给的情况。

通过对贵州交通运输厅内部大数据人才培养、培训以及流失的调研和分析,以及贵州交通大数据人才队伍建设项目组成员和相关领域专家讨论后,得出一致意见,即未来5年内其他人才转化为大数据专业技术人才3%左右,转化为大数据应用人才3%左右,转化为大数据领军人才为零,转化为大数据安全人才1%左右,转化为大数据管理人才1%左右;大数据基础人才转化为大数据专业技术人才15%左右,转化为大数据应用人才15%左右,转化为大数据领军人才1%左右,转化为大数据安全人才10%左右,转化为大数据管理人才5%左右;大数据专业技术人才流失率15%左右,大数据应用人才流失率15%左右,大数据领军人才流失率1%左右,大数据安全人才流失率20%左右,大数据管理人才流失率20%左右。

人才转移率矩阵表

	大数据专业技术人才	大数据应用人才	大数据领军人才	大数据安全人才	大数据管理人才	离职率
大数据基础人才	0.15	0.15	0.01	0.1	0.05	0.1
其他人才	0.03	0.03	0	0.01	0.01	0.05
离职率	0.15	0.15	0.01	0.2	0.2	

根据表中大数据人才原始数量和转移率,预测未来 5 年省交通运输厅的大数据人才资源供给情况,将初期的人数与每类人才的转移率相乘,再纵向相加,就得到每类人才的供给量,表中数据是大数据人才供给量的最终计算结果。

省交通运输厅未来 3—5 年对大数据人才供给量　　　（单位:人）

	大数据专业技术人才	大数据应用人才	大数据领军人才	大数据安全人才	大数据管理人才	大数据基础人才	其他人才
初期人数	8	15	0	3	8	175	538
大数据基础人才	26	26	2	18	9	—	—
其他人才	16	16	0	5	5	54	—
离职合计	1	2	0	1	2	18	27
预测的供给量	49	55	2	25	20	130	415

由表中可以看出,未来 5 年大数据专业人才供给量为 151 人,大数据基础人才供给量为 130 人。

（三）贵州交通大数据人才供需平衡分析

通过对贵州交通运输厅大数据人才需求进行分析,发现目前交通大数据人才严重匮乏,远远不能满足贵州智慧交通建设需要,大数据人才呈现供不应求的状态。这与贵州交通大数据快速发展密切相关,支撑贵州交通大数据发展主要人才有大数据专业技术人才、大数据应用人才、大数据领军人才、大数据安全人才、大数据管理人才。

贵州交通大数据人才供需平衡结果　　　　　（单位：人）

大数据人才类别	需求人员	供给人数	平衡结果
大数据专业技术人才	100	49	−51
大数据应用人才	100	55	−45
大数据领军人才	10	2	−8
大数据安全人才	50	25	−25
大数据管理人才	40	20	−20
合计	300	151	−149

由表中可以发现,要实现贵州智慧交通发展规划,所需要的交通大数据专业技术人才为100人,目前仅有49人,人员缺口51人;交通大数据应用人才需求量为100人,现有人员55人,人员缺口45人;交通大数据领军人才需求量为10人,现有人数2人,人员缺口8人;交通大数据管理人才需求量为40人,目前仅20人,缺口20人;整体贵州交通大数据人才缺口149人,缺口比例达到50%,交通大数据人才严重缺乏。

通过以上对贵州交通大数据人才的需求和供给分析,可以发现贵州交通运输厅交通大数据人才极度匮乏。为此,要实现贵州智慧交通建设目标,就必须加强贵州交通大数据人才队伍建设,通过一系列措施培养、建设一批高水平、高绩效的交通大数据人才。

三、贵州交通大数据人才队伍建设目标

(一)贵州交通大数据人才队伍建设总体目标

贵州交通大数据人才队伍建设以培养、建设一批高、新、精、尖、特交通大数据人才和行业领军人才,初步形成一支素质优良、规模宏大、结构合理、富有活力的高水平交通大数据人才队伍为总体目标,在质量、数量、结构、团队、梯队和产业队伍上满足贵州智慧交通发展需要,引领贵州现

代综合交通建设。

1. 贵州交通大数据人才质量建设目标

大幅提高贵州交通大数据人才质量,建设一批技术精湛、知识全面、经验丰富、素质优良、能力高水平和品格高尚的交通大数据人才,在交通大数据领域培养、引进一批大数据领军人才和高端大数据技术人才,不断提高交通大数据人才竞争优势,在智慧物流云、智慧交通综合信息中心、智慧港航、智慧城市交通、智能设施等交通发展重点领域,建成一批人才高地,满足、引领贵州智慧交通各产业和各具体业务的需求。

2. 贵州交通大数据人才数量建设目标

围绕贵州智慧交通发展规划,实现贵州交通大数据人才队伍规模稳步扩大,由目前的 34 人增加到 300 人以上,交通大数据人才规模效益显著提升,在数量上满足贵州智慧交通建设和发展需要。

3. 贵州交通大数据人才结构建设目标

大数据学科是数学与应用数学、信息与计算机科学等众多学科与统计学交叉产生的一门新兴学科,同时还涉及云计算、物联网等新兴相关领域,大数据人才更是一类新、高、精、尖、特的综合型人才。因此,贵州交通大数据人才结构建设要进一步优化交通大数据人才结构,逐步形成均衡的年龄结构、合理的学历结构与知识结构、协调的专业结构、复合的学科结构,以及时、快速、高效地解决智慧交通建设过程中涉及云计算、物联网、移动互联网、人工智能等相关领域的障碍与挑战。

4. 贵州交通大数据人才使用目标

明显提高交通大数据人才使用效能,做到用其所长,用当其时。交通大数据人才以用为本,为交通大数据人才发挥才能搭建平台,创造机会,考虑不同类别交通大数据人才专长和特长,充分发挥其才能、释放其活力,切实提高贵州交通大数据人才使用效益,同时创新交通大数据人才发展体制机制,初步形成人才辈出,人尽其才的环境。

5. 贵州交通大数据人才管理目标

交通大数据人才数量保持稳定增长,人才结构不断优化,总体质量和综合素质不断提高,各类交通大数据人才富有活力、创造力和工作积极性,并且各类交通大数据人才之间关系融洽,个人之间以及团队之间能够相互沟通、协调、各有专长且互补,能够就某项工作或任务展开深入合作,共同促进智慧交通建设发展。

(二)贵州交通大数据人才队伍建设具体目标

制定贵州交通大数据人才队伍建设总体目标是人才队伍建设目标的总纲领,具有引领、指导的作用,本节内容在总体目标的前提下,制定人才队伍建设的具体目标。从人才结构建设角度出发,建设一批年龄分布合理、知识储备全面、学历结构层次分明、职称体系完备的、能够符合贵州大数据发展的人才队伍。

1. 贵州交通大数据人才数量建设目标

培养、引进贵州交通大数据专业技术人才 100 名以上,交通大数据应用人才 100 名以上,交通大数据领军人才 10 名以上,交通大数据安全人才 50 名以上,交通大数据管理人才 40 名以上。

贵州交通大数据人才数量分布比例

2. 贵州交通大数据人才素质建设目标

（1）贵州交通大数据人才知识建设目标。知识建设是个体素质建设的首要内容，专业、全面的知识建设是个体其他素质建设的基础和条件。贵州交通大数据人才知识建设目标以交通大数据人才掌握正确、全面、专业、深刻、独到的大数据专业知识、移动互联网知识和数据科学知识等大数据处理分析知识以及交通运输行业知识与信息科学知识为核心，为智慧交通建设过程中交通大数据的全面采集、存储、深度分析与挖掘、安全维护等提供重要的支撑作用。同时，为交通大数据人才其他素质建设提供基础。

（2）贵州交通大数据人才技能建设目标。技能建设是个体素质建设的基本内容，熟练的技能是解决复杂问题的关键。贵州交通大数据人才技能建设目标以交通大数据人才掌握熟练、精通、灵活、自动化的大数据技能为核心目标，合理、高效地利用自身技能对交通运输领域内大数据平台、数据库操作等大数据基础设施进行维护和管理，并灵活、有效解决智慧交通建设过程中各种复杂、专业性问题，深度挖掘交通运输领域各项数据的隐含价值并实现可视化展现。

（3）贵州交通大数据人才能力建设目标。能力建设是个体素质建设的核心内容。根据《贵州省综合交通运输"十三五"发展规划》对智慧交通建设要求和目标，贵州交通大数据人才能力建设目标要求交通大数据人才能够高水平、高效、快速、及时、顺利地对交通运输领域产生的海量数据进行及时和全面的采集、存储、清洗、深度分析和挖掘以及安全维护，充分发挥大数据精准预测的作用，引领智慧交通发展。

（4）贵州交通大数据人才经验建设目标。经验建设是贵州交通大数据人才素质建设的重要内容，贵州交通大数据人才素质建设目标以交通大数据人才具备丰富、深厚和独到的大数据、交通运输领域从业经验和大数据、交通运输项目主持经验为核心。将大数据思维与交通运输行业发展紧密联系起来,有效将大数据技术与交通运输领域具体业务对接,将自身经验进一步转化为实际成果,更好地推动贵州智慧交通建设和发展。

(5)贵州交通大数据人才思想建设目标。思想对个体行为具有导向作用,交通大数据人才的行为与实践活动对智慧交通建设与发展至关重要。由于大数据学科是一门统计学、应用数学等众多学科交叉产生的新兴学科,交通大数据更是一种新的尝试和探索。要求贵州交通大数据人才具备正确、深刻、灵活、前瞻和开放的思想,使交通大数据人才能够积极学习和吸收先进知识与经验,更好地解决和突破贵州交通大数据建设过程中的疑难、复杂问题。

(6)贵州交通大数据人才品格建设目标。高尚的品格是人性的最高形式的体现,是最强大的动力之一,它能最大限度地展现出人的价值和潜力。由于交通大数据人才是一类新、高、精、尖、特的人才,高尚的品格显得更加重要。贵州交通大数据人才品格建设目标以交通大数据人才具备专注、高尚、包容、诚实、善良、负责的品格为核心,最大限度激发交通大数据人才自身潜能,助推智慧交通建设和发展。

(三)贵州交通大数据人才类别建设目标

1. 贵州交通大数据专业技术人才建设目标

交通大数据专业技术人才建设目标以人才具备精湛的大数据技术及相关技术为核心,同时要求人才精通交通运输领域业务以及相关业务,具备丰富的从业经验为目标,真正地将大数据思维和技术与交通运输领域具体业务融合在一起,发挥大数据思维与技术在交通运输领域的巨大价值,以及时、快速、有效解决交通智慧化建设过程中出现的各种复杂问题。

2. 贵州交通大数据应用人才建设目标

大数据技术在交通运输领域价值的体现和发挥主要取决于大数据技术应用人才对各项大数据技术的熟练程度。贵州交通大数据应用人才建设目标以人才熟练地应用各项大数据技术与相关技术为核心,同时要求人才具有高水平的工作能力、熟练地将大数据技术与具体交通业务对接，能够灵活处理智慧交通建设过程中存在的各项技术应用和改进问题。

3. 贵州交通大数据领军人才建设目标

交通大数据领军人才对贵州智慧交通和相关大数据产业的发展具有重要的引领作用。贵州交通大数据领军人才建设目标以人才具备强大的感召力、领导力、人格魅力、创新能力为核心，同时要求人才具备深刻的思想力和坚定的意志力，不断地进行探索、创新，引领贵州智慧交通建设与发展。

4. 贵州交通大数据安全人才建设目标

进入大数据时代，越来越多的数据共享开放，交叉使用，造成敏感数据泄露、信息访问权限混乱、个人敏感信息滥用等问题更加突出。贵州交通大数据安全人才建设目标以人才具备较强的数据安全意识和丰富的数据安全工作经验为核心，要求人才将数据按照敏感信息和非敏感信息进行分类和存储，及时掌握和应用文档安全与敏感数据防泄露产品，实现电子文件与敏感数据的加密保护和使用管控，不断强化数据加密和个人敏感信息保护，保障大数据背景下的数据安全；同时，要求交通大数据安全人才对有可能的数据泄露或者系统漏洞及时采取相应措施进行弥补或修复，消除数据安全隐患，确保数据安全。

5. 贵州交通大数据管理人才建设目标

贵州交通大数据管理人才涉及交通运输大数据业务及相关业务的各环节的管理活动，是对交通运输大数据及相关业务进行计划、组织、领导和控制，保障大数据业务及相关业务实现的复合型人才。交通大数据管理人才建设目标以人才具备较强的组织能力、协调能力、沟通能力、控制能力和丰富的管理知识为核心，满足交通大数据业务以及数据管理、开发、安全等一系列管理工作。要求人才必须具备丰富的大数据专业知识和交通运输知识，实现对交通大数据的深度分析和挖掘，能够敏锐地捕捉交通大数据的核心价值,将大数据思维和技术与交通运输实现无缝对接;同时要求交通大数据管理人才必须具备丰富的从业经验和较高的综合素质。

(四)贵州交通大数据人才结构建设目标

1. 贵州交通大数据人才年龄结构建设具体目标

贵州交通大数据人才年龄结构建设具体目标以全面构建青年(22—40岁)、中年(40—55岁)到年轻老年(55—60岁)各年龄段人才规模、比例结构合理的大数据人才团队为核心,满足贵州智慧交通发展需要,为实现智慧交通总体战略目标提供坚实的大数据人才保障。

2. 贵州交通大数据人才知识结构建设具体目标

贵州交通大数据人才知识结构建设具体目标以形成信息科学技术知识、互联网知识、大数据专业技术知识、数据科学知识等为主线的知识体系为核心,致力于解决贵州现代综合交通建设过程中存在的各项挑战和复杂问题。

3. 贵州交通大数据人才学历结构建设具体目标

贵州交通大数据人才学历结构建设具体目标以全面形成博士、硕士、学士、专科各层次学历人才规模、结构合理的交通大数据人才团队为核心,为形成合理的职称结构和人才业务梯队奠定基础。

4. 贵州交通大数据人才职称结构建设具体目标

贵州交通大数据人才职称结构建设具体目标以形成数据科学家、大数据工程师、大数据架构师、大数据分析师、助理工程师体系为核心,构建全面的交通大数据人才职称结构体系,全方面引领贵州现代综合交通运输建设和发展。

(五)贵州交通大数据人才团队建设目标

1. 贵州交通大数据基础架构人才团队建设目标

贵州交通大数据基础架构人才团队建设目标,以形成一支目标明确、工作承接有序、配合默契、能够发挥自身专长且互补的高绩效大数据基础架构人才团队为核心。要求交通大数据基础架构人才团队中交通大数据架构总工程师、交通大数据基础架构师、程序员三类人才之间具备明确的工作分工和具体工作目标,在具体架构建设过程做到工作承接有序,彼此配合默契,能够各自发挥自身专长且互相补充,完成横向价值链、纵向价值链、基础设施层、平台设施层、处理框架层和信息交互通信框架等的建设,能够搭建支撑具体交通业务需求的高水平大数据系统架构或实现大数据业务的高标准架构平台。

2. 贵州交通大数据采集存储人才团队建设目标

贵州交通大数据采集存储人才团队建设目标,以建设一支分工明确、结构合理、相互协调、有凝聚力的高水平交通大数据采集存储人才团队为核心。要求系统日志采集人才、网络数据采集人才、数据库采集人才等大数据采集人才和数据存储工程师、数据存储运维工程师等大数据存储人才具备非常明确的数据采集和存储分工,且各类人才之间要做到及时沟通、有效沟通、善于沟通,在交通大数据的采集和存储工作上承接有序,能够实现对交通大数据实时、及时、快速、全面、安全、可靠的采集和存储。同时做好整体数据的备份与管理工作。

3. 贵州交通大数据分析挖掘人才团队建设目标

贵州交通大数据分析与挖掘人才团队建设目标,以建设一支经验丰富、专业性强、知识全面的贵州交通大数据分析与挖掘人才团队为核心。要求数据分析师助理、数据分析师以及数据科学家等大数据分析、挖掘人才,具备明确的工作目标和分工,在具体数据的分析和挖掘工作中能够相互配合、协调,能够利用先进的技术和丰富的知识对采集到的交通大数据进行全面、深入分析与挖掘,实现数据分析与挖掘流程化、专业化和规范化,解决智慧交通建设过程中的疑难、复杂问题。

4. 交通大数据应用人才团队建设目标

大数据应用人才团队建设是大数据价值展现与发挥作用的重要保

障,交通大数据应用人才团队建设目标以建设一支技术精湛、具有创新性、合作性、前瞻性的交通大数据人才应用团队为核心,要求交通大数据产品应用人才和交通大数据服务应用人才等交通大数据人才在工作中具有明确的分工和目标,积极配合团队工作,并且能够充分发挥各自的专长形成互补氛围,实现大数据价值、思维、技术与智慧交通建设具体业务的融合,推动大数据产品与服务实现产业化和商业化。

5. 贵州交通大数据安全人才团队建设目标

大数据环境下,数据量巨大、数据变化快等特征导致大数据分析及应用场景更为复杂,众多敏感信息存在被泄露和盗取的危险。贵州交通大数据安全人才团队建设目标以建设一支安全意识强、经验丰富、能力高水平的大数据安全人才团队为核心。要求交通大数据安全人才团队和团队成员具有比较明确的工作目标,能够构建包括系统层面、数据层面和服务层面的大数据安全框架,在技术保障、管理保障、过程保障三方面保障数据不被窃取、破坏和滥用,确保大数据系统的安全可靠运行;要求交通大数据人才具备强大的安全意识,将数据按照敏感信息和非敏感信息进行分类和存储,及时、全面掌握和应用文档安全与敏感数据防泄露产品,实现电子文件与敏感数据的加密保护和使用管控;同时具备丰富的数据安全工作经验和高尚的品格,对有可能的数据泄露或者系统漏洞及时采取相应措施进行弥补或修复,消除数据安全隐患,解决智慧交通建设过程中数据安全问题。

6. 贵州交通大数据管理人才团队建设目标

贵州交通大数据管理人才团队建设目标,以建设一支结构合理、经验丰富、知识全面的交通大数据管理人才团队为核心,要求交通大数据管理人才能够对交通运输领域数据的获取、加工、应用、产权、产业和法规问题等进行有效的管理和保障;能够制定大数据相关政策法规、标准规范以及数据安全标准规范,并对基础设施、数据资源、大数据规划投资、交通运输行业大数据政策研究、应用推广等交通大数据相关事务进行高效、高水平的管理。同时,能够积极促进政府数据资源和其他各领域数据资源的共享与开放,统筹推进交通运输行业大数据的开发应用。

四、贵州交通大数据人才队伍建设主要任务

(一)突出培养高层次交通大数据领军人才

围绕交通智慧化建设发展要求,以智慧交通云建设为核心,以智能交通系统、交通运输的计算机处理、云管理等为重点,培养一批具有深刻的大数据思维和思想力、强大的感召力、坚定的意志力、强大人格魅力,并能够不断引领大数据、云计算与物联网技术创新和发展,精通交通运输业务的交通大数据领军人才,引领贵州智慧交通建设和发展。

(二)着力培养交通大数据重点领域开发人才

围绕贵州智慧交通建设发展规划和交通大数据人才队伍建设要求、目标,着力培养一批经验丰富、高水平,并能够发挥示范带头作用的大数据、云计算、物联网技术开发人才,使其成为交通大数据产业发展的中坚骨干力量,推动贵州现代综合交通运输建设。

(三)加强交通大数据基础人才培养

围绕贵州交通大数据产业发展要求以及贵州交通大数据人才队伍建设目标,实施"工匠"式的培养计划,培养一批技术精湛、业务精通、经验丰富、能力高水平的大数据基础人才,为贵州智慧交通建设与发展奠定坚实人才基础和保障。

第八节 交通运输人力资源需求定性分析

(一)中国人口老龄化程度不断加深,区域间劳动力迁移潮流显现

目前,我国人口的老龄化程度正在加速加深,人口老龄化已经成为我

国一个严峻的社会问题,直接影响着我国社会、经济等各方面发展,也将对我国实施交通强国战略,保障所必需的人力资源提出新的挑战。2017年,全国人口中60周岁及以上人口24090万人,占总人口的17.3%,其中65周岁及以上人口15831万人,占总人口的11.4%。60周岁以上人口和65周岁以上人口都比上年增加了0.6个百分点。预计到2025年,60岁以上人口将达到3亿,成为超老年型国家。预计到2040我国人口老龄化进程达到顶峰,之后,老龄化进程进入减速期。此外,随着我国区域协调发展进程不断推进,区域人口再分布出现了人口由"东南沿海单向集中"转向"多向集中"、人口迁移的地理临近效应弱化、中西部地区劳动力吸纳效应显现、大城市对外来人口的"黏性作用"尚存等新态势。新形势下东部地区大城市人口调控工作要以"调"代"控",重在调整人口结构,使之适应新一轮服务型经济发展的需求。中、西部地区重点处理好经济发展与人口发展、工业化与城市化之间的协调关系;防止"隐形城镇化"等问题。关于人口新的发展态势,将对我国交通运输人力资源总体发展产生直接或间接影响,进而导致全行业从业人员需求与供给不相匹配的新矛盾。

(二)交通运输结构调整加快推进,铁路邮政民航运输量快速增长等对交通运输人力资源需求结构优化提出新要求

党中央、国务院高度重视运输结构调整工作。中央经济工作会议、中央财经委员会第一次会议先后对调整运输结构工作作出重要部署。习近平总书记强调,要调整运输结构,减少公路运输量,增加铁路运输量,减少公路特别是大宗产品公路货运量,提高沿海港口集装箱铁路集疏港比例。近年来,交通运输部努力推动运输服务转型升级,取得了积极成效,但综合运输体系结构不合理、各种运输方式比较优势未能充分发挥、综合运输组织化水平不高、基础设施衔接不畅等问题依然突出,急需加快推进运输结构调整。而交通运输结构调整与人力资源需求之间存在着紧密相关、相互依存的关系。运输结构的调整实际是市场资源配置关系的变化,是交通结构不断合理化、高级化的过程。在运输结构调整大的背景下,铁路、水运、民航、邮政的运输量将快速提升,公路的货运量将呈平缓下降趋势,对交通运输行业人力资源需求结构调整提出了新要求。总体上,交通运输结构调整既为交通运输人力资源开发带来难得机遇,同时也给现行人才开发带来严峻挑战。

(三)新一轮科技革命和产业革命孕育发展、新兴业态不断涌现等对交通运输人力资源需求变化将产生直接影响

随着全球新一轮科技革命和产业变革的蓬勃发展,全球经济社会也正经历着巨大历史性变革,尤其是大数据、云计算、物联网、移动互联网等新一代信息技术,逐渐深入到社会经济生活的方方面面,给人类社会带来了深刻、难以想象的变革,吸引了越来越多的人加入到这些技术创新引领的行业。目前,"互联网+交通运输"等新业态快速发展,有力助推了我国交通系统的发展转型,显著提升了信息化智能化发展水平。人工智能、无人驾驶等新技术正处于一个快速发展的大好机遇期,未来在交通运输领域、载运工具控制方面将得到广泛应用推广。新业态新技术的创新发展,将可能重塑原有传统交通运输组织模式,既有交通运输行业中低端人才需求可能大幅减少,适应新业态发展的科技人才需求将面临激增态势。

第九节 交通运输人力资源需求定量预测

一、定量预测理论方法

常用的定量分析方法包括时间序列预测方法、曲线拟合法、差分方程法、微分方程模型、灰色预测模型、回归分析预测、神经元网络模型等。

(一)时间序列预测法

时间序列是指同一统计指标的数值按照时间先后顺序排列而成的数

列。它的基本特征是其数值与时间变化关系密切,随着时间的变化数值序列有某种确定的变化趋势。时间序列预测法是根据客观事物发展的这种连续规律性,运用过去的历史数据,通过统计分析,进一步推测未来的发展趋势的方法。时间序列预测法可用于短期预测、中期预测和长期预测。根据对资料分析方法的不同,又可分为:简单序时平均数法、加权序时平均数法、移动平均法、加权移动平均法、趋势预测法、指数平滑法、季节性趋势预测法、市场寿命周期预测法等。

(二)曲线拟合法

曲线拟合用连续曲线近似地刻画或比拟平面上一组离散点所表示的坐标之间的函数关系,是一种用解析表达式逼近离散数据的方法。曲线拟合通俗的说法就是"拉曲线",也就是将现有数据透过数学方法来代入一条数式的表示方法。科学和工程遇到的很多问题,往往只能通过诸如采样、实验等方法获得若干离散的数据,根据这些数据,如果能够找到一个连续的函数(也就是曲线)或者更加密集的离散方程,使得实验数据与方程的曲线能够在最大程度上近似吻合,就可以根据曲线方程对数据进行数学计算,对实验结果进行理论分析,甚至对某些不具备测量条件的位置的结果进行估算。使用数学分析进行曲线拟合有很多常用的方法,最常用的是最小二乘法。

(三)差分方程法

差分方程是联系未知函数的差分和自变量的方程,反映的是关于离散变量的取值与变化规律。差分方程法就是针对要解决的目标,引入系统或过程中的离散变量,根据实际背景的规律、性质、平衡关系,建立离散变量所满足的平衡关系等式,从而建立差分方程。通过求出和分析方程的解,或者分析得到方程解的特别性质(如平衡性、稳定性、振动性、周期性等),从而把握这个离散变量的变化过程的规律,进一步再结合其他分析,得到原问题的解。差分方程法常常需要根据统计数据用最小二乘法来拟合出差分方程的系数。差分方程模型有着广泛的应用。

（四）微分方程模型

微分方程建模是数学建模的重要方法,适用于基于相关原理的因果预测模型,大多是物理或几何方面的典型问题:假设条件,用数学符号表示规律,列出方程,求解的结果就是问题的答案。优点是短、中、长期的预测都适合。如传染病模型、经济增长(或人口)模型等。反映事物内部规律及其内在关系,但由于方程的建立是以局部规律的独立性假定为基础,当作为长期预测时,误差较大,且微分方程的解比较难以得到。

（五）灰色预测模型

灰色系统理论是邓聚龙教授于1982年开创的。其理论核心是采用连续离散变异的方法,用微分方程代替差分方程,用生成的数列序列代替原始时间序列,使数学处理更容易。灰色预测通过鉴别系统因素之间发展趋势的相异程度,即进行关联分析,并对原始数据进行生成处理来寻找系统变动的规律,生成有较强规律性的数据序列,然后建立相应的微分方程模型,从而预测事物未来发展趋势的状况。

其优点是在处理较少的特征值数据时,不需要数据的样本空间足够大,就能解决历史数据少、序列的完整性以及可靠性低的问题,能将无规律的原始数据进行生成得到规律较强的生成序列。但其只适用于中短期的预测,只适合近似于指数增长的预测。

（六）回归分析预测

回归分析预测法,是在分析市场现象自变量和因变量之间相关关系的基础上,建立变量之间的回归方程,并将回归方程作为预测模型,根据自变量在预测期的数量变化来预测因变量关系大多表现为相关关系。因此,回归分析预测法是一种重要的市场预测方法,当我们在对市场现象未来发展状况和水平进行预测时,如果能将影响市场预测对象的主要因素找到,并且能够取得其数量资料,就可以采用回归分析预测法进行预测。

它是一种具体的、行之有效的、实用价值很高的常用市场预测方法。

(七)神经网络模型

神经网络模型亦称为"联结主义网络模型"。BP 神经网络是应用最广泛的神经网络模型之一。BP 网络(Back-Propagation Network)又称反向传播神经网络,它是一种有监督的学习算法,具有很强的自适应、自学习、非线性映射能力,能较好地解决数据少、信息贫、不确定性问题,且不受非线性模型限制。BP 神经网络模型多用于函数逼近、模型识别分类、数据压缩和时间序列预测等。它具有高度非线性和较强的泛化能力,但也存在收敛速度慢、迭代步数多、易于陷入局部极小和全局搜索能力差等缺点。

二、研究对象与数据选取

(一)研究对象

本次研究界定预测对象为贵州省交通运输铁路、道路、水路、民航、邮政和管道六大领域。

(二)数据选取

贵州省交通运输铁路、道路、水路、民航、邮政和管道六大领域数据以贵州交通运输不同领域人力资源情况数据为依据。

三、定量模型预测分析

(一)铁路

铁路交通运输行业从业人员数预测,历史数据较少,历年数据增长规律随机性较强。从预测可行性与准确性方面综合考虑,最终选灰色预测模型对铁路运输从业人员总数进行预测。

首先计算出 2020—2029 年铁路运输从业人员数,同理,再计算2030—2049 年的从业人数,得到:2020 年为 35516 人,2025 年预计 37897人,2030 年预计 42150 人,2035 年预计 45396 人,2049 年预计 55877 人。

铁路运输行业从业人员总量预测见表。

铁路运输行业从业人员总量预测

年份（年）	2020	2025	2030	2035	2040	2045	2049
灰色预测模型（人）	35516	37897	42150	45396	48892	52657	55877

（二）公路

公路交通运输行业从业人员数预测，历史数据较少，历年数据增长规律呈线性增长。从预测可行性与准确性方面综合考虑，最终选曲线拟合线性模型对公路运输从业人员总数进行预测。

计算出公路运输从业人员数：2020 年为 69871 人，2025 年预计 87115人，2030 年预计 108043 人，2035 年预计 130916 人，2049 年预计 183083人。公路运输行业从业人员总量预测见表。

公路运输行业从业人员总量预测

年份（年）	2020	2025	2030	2035	2040	2045	2049
曲线拟合法（人）	69871	87115	108043	130916	151281	168345	183083

（三）水路

水路运输从业人员数预测，历史数据较少，历年数据变化规律随机性较强。从预测可行性与准确性方面综合考虑，最终选曲线拟合法对水路运输从业人员总数进行预测。

计算出水路运输从业人员数预测，计算出 2020—2049 年水路从业人数：2020 年为 436 人，2025 年预计 332 人，2030 年预计 268 人，2035 年预计 225 人，2049 年预计 155 人。

水路运输行业从业人员总量预测

年份（年）	2020	2025	2030	2035	2040	2045	2049
曲线拟合法（人）	436	332	268	225	194	170	155

（四）民航

民航运输从业人员数预测,历史数据较少,历年数据变化规律随机性较强。从预测可行性与准确性方面综合考虑,最终选曲线拟合 Generalm-odelExp1 对民航运输从业人员总数进行预测。

计算出民航运输从业人员数,计算出 2020—2049 年民航从业人数:2020 年为 18914 人,2025 年预计 42136 人,2030 年预计 93869 人,2035 年预计 209119 人,2049 年预计 1969829 人。

民航运输行业从业人员总量预测

年份（年）	2020	2025	2030	2035	2040	2045	2049
曲线拟合法（人）	18914	42136	93869	209119	465868	1037845	1969829

（五）邮政

邮政运输从业人员数预测,历史数据较少,历年数据变化规律随机性较强。从预测可行性与准确性方面综合考虑,最终选曲线拟合线性模型对邮政运输从业人员总数进行预测。

计算出邮政运输业 2020—2049 年从业人数:2020 年为 55818 人,2025 年预计 85309 人,2030 年预计 114799 人,2035 年预计 144290 人,2049 年预计 226864 人。

邮政运输行业从业人员总量预测

年份（年）	2020	2025	2030	2035	2040	2045	2049
曲线拟合法（人）	55818	85309	114799	144290	173781	203271	226864

（六）管道

管道运输从业人员数预测,历史数据较少,历年数据变化规律随机性较强。从预测可行性与准确性方面综合考虑,最终选曲线拟合线性模型对管道运输从业人员总数进行预测。

　　计算出管道运输业 2020—2049 年从业人数：2020 年为 181 人，2025 年预计 180 人，2030 年预计 242 人，2035 年预计 337 人，2049 年预计 393 人。

管道运输行业从业人员总量预测

年份（年）	2020	2025	2030	2035	2040	2045	2049
曲线拟合法（人）	181	180	242	337	388	380	393

第四章　贵州交通运输人力资源保障体系建设待完善之处

第一节　交通运输人才发展跟不上事业发展步伐

（一）思想观念跟不上形势发展变化

近年来,贵州交通运输系统人才工作取得了明显成效,贵州省交通运输之所以有今天的发展局面,很重要的一个原因得益于此。

但随着经济社会发展的变化,国家交通运输处于由建设向"建设与服务并举"的转型期,在机遇与困难面前,仍存在如下问题:一是一些单位自我陶醉式地看待现有的人才工作,引进了一名博士或者一名研究生,就认为人才工作做得很好了;二是有的单位眼光不长远,对交通运输人才工作往往"说起来重要,做起来次要,忙起来不要",在交通运输人才投入方面希望得到"短平快"的效益,在交通运输人才成长上更多是"顺其自然",缺乏宏观把握、严谨思考和周密的计划;三是有的单位"等、靠"思想严重,认为交通运输人才工作是人事部门的事情,对本单位交通运输人才工作缺乏正确的认知,既无进度也无目标;四是还有一些交通运输主管部门和单位在实际工作中主动性不强,抱怨人才工作难做,强调没有政策支持,既不掌握政策又不懂得沟通协调,做井底之蛙,主动作为不够。

(二)人才工作体系建设还不健全

虽然贵州交通运输系统成立了交通运输厅人才工作领导小组,成员由职能部门的主要负责同志担任,但有的成员单位将一些制度文件束之高阁,也没有专门的负责人,有人推就动一动,职能作用发挥不够。

从地方交通运输主管部门的情况看,也不太理想,人才工作的机构和力量严重不足,有一个负责人才工作的同志往往还要负责多项工作,有的负责党办党务工作、干部教育,有的负责干部监督、纪检监察,等等。

从兄弟省市调研了解的情况来看,仅交通运输厅人才专班就有四五个人或者更多的人专门开展人才联系工作,所属各部门各单位、地方交通运输主管部门都有人才工作专职负责人。且明确规定,各部门"一把手"每年必须专门研究人才工作,主要领导亲自到国内各大高校、科研院所参与人才招聘工作,到现场宣传介绍本地区本单位的人才工作政策,此举极大地增强了交通运输人才吸引力,也有力地提升了交通运输行业形象。

(三)投入与贵州交通运输发展的地位不匹配

从人才工作方面投入的情况来看,"十三五"以来贵州交通运输系统人才经费占可支配财政支出的比例不到0.5%。这个数据远低于深圳、广州等发达地区。贵州交通运输各部门通过科技、人社等部门争取到的用于人才方面的专项支出也不够。贵州地方交通运输主管部门和厅属企事业单位的投入也比较少,《国务院关于大力发展职业教育的决定》要求,企业每年应按职工工资总额的1.5%—2.5%提取职工教育经费并合理使用,确保60%以上用于一线职工的教育和培训。贵州交通运输系统除了一些重视职工教育的大中型企业外,很多单位多年没有开展职工培训工作,致使大部分一线职工长期在固定的生产岗位从事单一的生产操作,不具备复合型技能,许多企业高、精、尖生产设备的操作和维修后继乏人。各单位和部门普遍反映由于政策限定,培训固定在贵州交通职业技术学院,不能走出贵州横向交流培训,更不能去"一带一路"沿线国家地区开展交流,与"走出去"实现互联互通、交通运输经验输出、更加开放的精神还不够契合。

第二节 体制机制落后于人才发展需求

(一)尚未建立适应贵州省综合交通运输发展的人才工作体制

当前,交通运输部全面推动综合交通运输体制机制改革,研究建立国家综合交通运输运行服务部际联席会议制度,印发了《交通运输部与管理的国家局职责分工和工作程序暂行办法》,强化了综合运输下对规划、法规、标准的统筹协调。印发《"十三五"现代综合交通运输体系发展规划》部内任务分工方案,完善规划实施机制,取得了显著成效。但尚未建立适应综合交通运输发展的人才工作体制,综合交通运输体制下的人才工作格局有待进一步完善。

贵州交通运输系统人才政策文件一直在不断完善,领导体制和管理体制也都普遍建立,但配套措施难以及时跟上,如股权激励、个人所得税减免等。交通运输人才引进、培养、评价、使用、激励和保障等制度仍不完善,人才发展的体制机制障碍尚未消除。由于受传统计划经济的影响,条块分割、职能交叉、多头管理的格局还没有完全解决。人才开发培养与发展的需求不协调,"不够用"与"不适用"二者并存。

(二)贵州省现有交通运输人才队伍建设发展机制仍需进一步完善

在选拔培养机制建设方面,提高选人用人精准性科学性的方式方法有待丰富,制度建设需进一步完善;"重选轻管"的现象还一定程度存在。专业技术技能人才的选拔培养以及国际交流合作机制还有待进一步完善。在干部监督管理方面。对所属单位干部工作的监督还存在短板;组工干部队伍整体能力素质参差不齐;交通运输系统巡视巡察工作还有待完善,监督体系、监督力量仍需加强;对干部日常管理监督的手段有待丰富。人才作为重要的资源,市场化程度越来越高,导致了行业大量优秀人才的流失,对行业人才队伍的稳定性造成了一定程度的影响,行业人才激励机制需要进一步健全并提高灵活性,以增强行业对人才的吸引力。

(三)贵州省现有交通运输人才队伍考评机制仍需进一步完善

发现和评价考核方式单一,标准不科学、导向不明显、手段不先进,以能力和业绩为导向的人才评价标准尚未确立起来;交通运输人才使用不畅通,身份壁垒、政策壁垒、市场壁垒等问题长期没有得到解决,人才市场化选聘、人才市场化配置模式还不够成熟,相关政策机制不够健全,政策优惠幅度不够、吸引力不强,且没有建立起完善的人才工作考核考评机制,也没有纳入绩效考评的内容。

第三节　交通运输人才队伍人才总量偏小、质量不优

一、人才总量规模偏小且结构分布不均衡

从人才区域分布来看,主要向经济相对发达的东部地区集中,中西部地区尤其是西部地区人才普遍不足。例如,西部地区交通运输高层次人才总量不到东部的10%。西部地区普遍反映,交通发展的最大制约因素是人才资源匮乏,其中高级和中级技术、技能人才尤其匮乏。

二、贵州省高层次和新领域新业态专业技术人才、专业技能人才严重短缺

交通运输行业是一个劳动密集型行业,从业人员总量大、专业多、工种全,吸纳了大量的就业人员,从而使交通运输行业成为吸纳就业人员最

多的行业之一。但是,这些专业和工种都普遍缺乏技能人才。针对专业技术人才而言,高层次人才数量不足、质量不高。

相对于我国每年近万亿元的交通建设投资,相对于每年数以千计的高速铁路、高速公路、大型管道、特大型桥梁、长大型隧道、高等级航道、专业化码头和现代化机场等重大工程建设项目不断上马,相对于交通建设、养护、管理和运输服务等各个领域以及前期决策、工程建养、安全保障、资源节约、环境保护和信息化等各个方面不断出现的大量科技和管理难题需要解决,相对于交通科技研发从基础研究、应用研究、成果转化到推广应用从而最终形成现实生产力对人才需求的普遍性,相对于全国各地交通改革与发展中各种问题和矛盾的特殊性,相对于互联网、大数据、人工智能、自动驾驶等交通运输新领域新业态发展的现实需求,现有人力资源结构在解决各种复杂问题的实践能力与创新能力上仍显不足,还不适应建设交通强国西部示范省的更高要求。

三、人才增长数量没有达到预期

针对贵州省高速公路管理局、贵州省公路局、贵州省道路运输局、贵州省交通建设工程质量监督局、贵州交通建设集团有限公司、贵州省高速公路集团有限公司和贵州省海事局七个单位的交通运输人才情况,对各单位填报的统计表数据从人才分布、学历结构、年龄结构等多维度对交通运输人才进行分析。

(一)人才分布

七个单位涉及人才总数为 19661 人,贵州省公路局和贵州省交通建设集团有限公司占比最高,都在 30% 以上。其中贵州省公路局人数最多,为 6864 人,占人才总数的 35%;贵州省交通建设集团有限公司次之,为 6061 人,占人才总数的 31%;其后依次是贵州省高速公路集团有限公司 3418 人,占人才总数的 17%;贵州省高速公路管理局 2360 人,占人才总数 12%；贵州省海事局 821 人，占人才总数的 4%；贵州省道路运输局 77 人和贵州省交通建设工程质量监督局 60 人，共占人才总数的 1%。

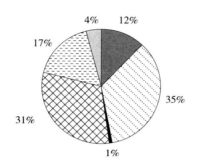

各单位交通人才占比情况图

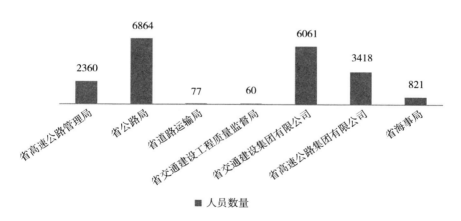

贵州不同交通单位人才数量对比图

（二）人才类型

通过分析七个单位的交通人才类型可以看出，专业技能型人才最多，为 8227 人，占人才总数的 42%；其次，技能型人才，为 5428 人，占人才总数的 28%；再次，为机关和事业单位管理人才，为 3344 人，占人才总数的 17%；为企业经营管理人才最少，为 2662 人，占人才总数的 13%。

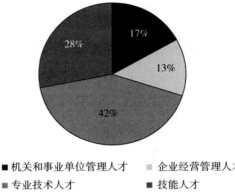

不同类型人才比例图

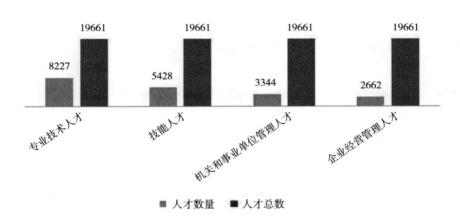

各类人才数量与人才总数对比图

1. 机关和事业单位管理人才

这种类型人才贵州省高速公路管理局最多，为 2085 人；贵州省公路局次之，为 996 人；其后依次为：贵州省海事局 173 人，贵州省道路运输局 73 人，贵州省交通建设工程质量监督局最少，人数为 17 人。贵州省交通建设集团有限公司和贵州省高速公路集团有限公司为企业性质，因此无机关和事业单位管理人才。

2.企业经营管理人才

这种类型人才贵州省交通建设集团有限公司最多,为 1125 人;贵州省高速公路集团有限公司次之,为 960 人;贵州省海事局为 177 人,贵州高速公路管理局、贵州道路运输局和贵州交通建设工程质量监督局没有企业经营管理人才。

3.技能型人才

这种类型人才贵州省公路局最多,为 3679 人,其次是贵州省交通建设集团有限公司,为 1081 人;贵州省高速公路集团有限公司有 393 人,位列第三;贵州省交通建设工程质量监督局人数最少,仅 1 人。

4.专业技术人才

这种类型人才贵州省交通建设集团有限公司最多,为 3855 人;贵州省高速公路集团有限公司次之,为 2065 人;再次之是贵州省公路局,为 1789人;后依次为贵州省海事局 285 人,贵州省高速公路管理局 191 人,贵州省交通建设工程质量监督局 42 人,贵州省道路运输局没有专业技术人才。

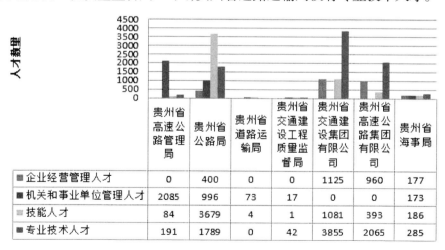

人才数量	贵州省高速公路管理局	贵州省公路局	贵州省道路运输局	贵州省交通建设工程质量监督局	贵州省交通建设集团有限公司	贵州省高速公路集团有限公司	贵州省海事局
■企业经营管理人才	0	400	0	0	1125	960	177
■机关和事业单位管理人才	2085	996	73	17	0	0	173
▨技能人才	84	3679	4	1	1081	393	186
■专业技术人才	191	1789	0	42	3855	2065	285

不同单位人才类型比较图

专业技术型人才中获得职称的总人数为 7151 人,占人才总数的36%。初级职称最多,为 3309 人,中级职称次之,为 2194 人,副高级职称再次之,为1484人。正高级职称最少,为164人。

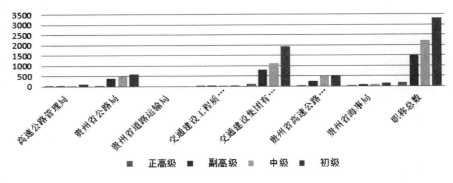

不同单位不同职称对比图

(三)人才职称的单位分布

获得职称的人才最多的是交通建设集团有限公司,为3913人,占获得职称总人数的55%;贵州省公路局次之,为1485人,占获得职称总人数的21%;再次之为贵州省高速公路集团有限公司,为1281人,占获得职称总人数的18%;为之后依次是贵州省海事局,267人,占获得职称总人数的4%;贵州省高速公路管理局为171人,占获得职称人数的不到2%;贵州省交通建设工程质量监督局为34人,占获得职称总人数的不到1%;贵州省道路运输局无人获得职称,需要在此方面加强专业型人才的培养或引进。

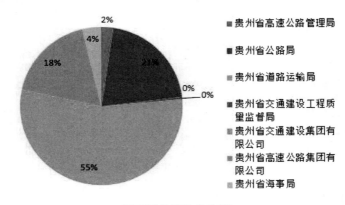

不同单位职称分布图

（四）人才学历结构

人才学历结构分布：大学本科学历人数最多，为 8342 人，占人才总数的 46%；大学专科学历人数次之，为 5251 人，占人才总数的 29%；中专及以下学历为 4071 人，占人才总数的 23%；研究生人数最少，为 371 人（其中博士 8 人），占人才总数的 2%。

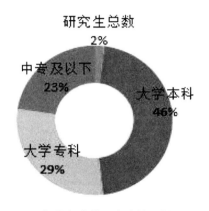

各类人才学历占比情况图

各单位硕士研究生及以上高学历人员较少，其中，贵州省高速公路集团有限公司人数最多，为 201 人，占研究生及以上学历人才的 54%；贵州省交通建设集团有限公司数量次之，为 79 人，占高学历人才的 21%；之后依次为贵州省公路局 39 人，占高学历人才的 11%；高速公路管理局，为 20 人，占高学历人才的 5%；贵州省海事局、贵州省交通建设工程质量监督局、贵州省道路运输局人才分别为 12 人、11 人、9 人；分别占比为 3%，其中，博士学历共有 8 人，贵州省交通建设集团有限公司最多，有 3 人，贵州省公路局次之，有 2 人，交通运输局、贵州省高速公路集团有限公司、贵州省海事局各有 1 人。

（五）人才年龄分布

一方面，35 岁以下的青年人数最多，为 7481 人，占人才总数的 41%；年龄在 41 岁到 45 岁之间的人数次之，为 2839 人，占人才总数的 16%；其

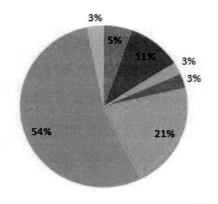

不同单位研究生及以上人数占比图

次是在 46 岁到 50 岁之间的人才,为 2526 人,占人才总数的 14%;再次是
年龄在 36 岁到 40 岁之间的人才,为 2378 人,占人才总数的 13%;之后是
年龄在 51 岁到 54 岁之间的人员 1966 人,占人才总数的 11%;年龄在 55
岁以上人员 840 人,占人才总数的 5% 左右;返聘退休人员最少,为 11 人,
占人才总数不到 1%。

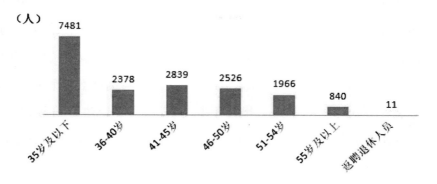

不同年龄人才分布图

另一方面,人才的年龄结构趋于年轻化,40 岁以下的中青年共计
8021 人,占人才总数的 54%,各类人才年龄比例可以适应交通运输业的
发展需要。

（六）人才获奖情况

1. 共获得奖励总数量为 423 个。其中,国家级奖励数量为 20 个,占奖励总数的 5%;省部级奖励数量为 141 个,占奖励总数的 33%;地厅级奖励数量为 262 个,占奖励总数的 62%。

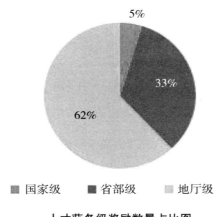

人才获各级奖励数量占比图

2. 获得奖励数量最多的是贵州省交通建设集团有限公司,数量为 161 个,占获奖总数的 38%;其次是贵州省公路局,数量为 145 个,占获奖总数的 34%;排在第三位的是贵州省高速公路管理局,数量为 67 个,占获奖总数的 16%;其后是贵州省地方海事局,数量为 26 个,占获奖总数的 6%;贵州省高速公路集团有限公司获奖数量为 20 个,占获奖总数的 5%;交通建设工程质量监督局,数量为 3 个,占获奖比例不到 1%;贵州省道路运输局获奖最少,为 1 个,占获奖比例不到 1%。

3. 获得国家级奖励所占比例最高的是交通建设集团有限公司,有 10 个,占国家级奖项的 50%,其中包括"第十四届中国土木工程詹天佑奖";贵州省高速公路集团有限公司次之,获得国家级奖项 6 个,占国家级奖项的 30%;贵州省公路局和高速公路管理局都获得了 2 项国家级奖励,分别占比为 10%,其他单位未获得国家级奖励。

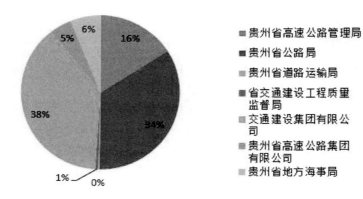

不同单位获奖数量占比图

4. 获得省部级奖励占比最高的也是交通建设集团有限公司,为 86 项,占比为 61%;其次贵州省公路局,为 21 项,占比为 15%;贵州省高速公路集团有限公司有 14 项,占比为 10%,贵州省地方海事局有 11 项,占比为 8%;高速公路管理局为 9 项,占比为 6%,其他两个单位未获得此奖项。

5. 获得地厅级奖励所占比例最高的是贵州省公路局,为 122 项,占比为 47%;其次是贵州省交通建设集团有限公司和贵州省高速公路管理局,分别为 65 项,占比 25%;为 56 项,占比 21%。贵州省地方海事局有 15 项,占比为 6%;贵州省交通建设工程质量监督局有 3 项,贵州省道路运输局为 1 项,两单位共占地厅级奖励的 1%。

6. 通过各单位高层次人才数量与获奖数量进行对比分析,可以看出人才的数量与获奖数量基本呈相同的趋势。从获奖的含金量分析交通建设集团有限公司学历型人才数量最多,获奖的数量和质量也最多最高。获得的奖项如:"第十四届中国土木工程詹天佑奖""2017—2018 年度十大桥梁人物""2017 年 12 月贵州总溪河特大桥获由中国公路建设行业协会颁发的 2016—2017 年度李春奖(公路交通优质工程奖)""中国公路百名优秀工程师"等。

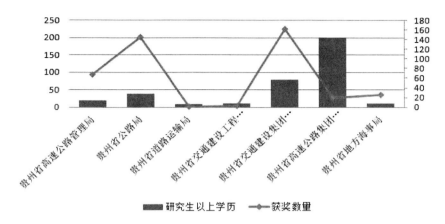

不同单位高级人才数量与获奖数量对比图

（七）人才职业资格情况

1. 获得职业资格的人数为 5759 人,占七单位人才总数的 29%。其中,获得行政执法领域职业资格的人数为 3896 人,占职业资格总人数的 68%;获得建设领域职业资格的人数为 1634 人,占职业资格总人数的 28%;获得水运领域职业资格的人数为 207 人,占职业资格总人数的 4%,其他领域未有获得职业资格人员。

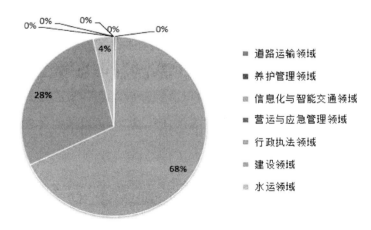

不同类型职业资格比例图

2. 获得职业资格人数最多的是贵州省高速公路管理局,为 2305 人;其次是贵州省公路局,为 1949 人;较少的是省交通建设工程质量监督局,为 62 人,最少的是省道路运输局,为 42 人。

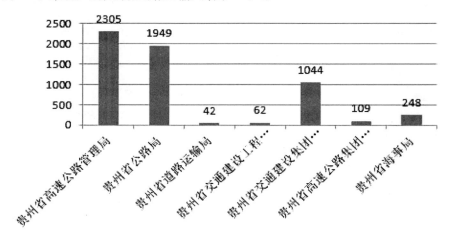

不同单位职业资格人数统计图

3. 获得职业资格人数所占比例最高的贵州省高速公路管理局,为 40%;其次是贵州省公路局,为 34%;占比最少的是贵州省道路运输局和贵州省交通建设工程质量监督局,分别占仅占 1%。

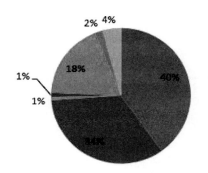

■贵州省高速公路管理局　　　　■贵州省公路局
■贵州省道路运输局　　　　　　■贵州省交通建设工程质量监督局
■贵州省交通建设集团有限公司　■贵州省高速公路集团有限公司
■贵州省海事局

不同单位职业资格人数占比图

（七）数据统计分析结论

因统计表中对数据的性质、分类和关系体现较少，虽然不能全面分析交通运输人才的其他现状和问题，但仍然具有一定的代表性。

通过数据分析，我们初步可以得出如下结论：一是人才分布和年龄结构分布比较合理，可以满足整体交通运输业务发展的需要；二是职业资格证书中68%为行政执法资格证书，其他更专业、知识含量更高的职业资格证书占比相对较少，需要采取激励措施增加专业职业资格人员数量；三是建设工程质量监管人员不足，不利于交通运输管理和交通建设工程的质量监督工作的开展。另外，虽然高学历人才和具有中高级职称的人员占比较高，这些数据并不能说明监管部门人才结构合理。是否具有对口专业的高学历人才才是判断交通建设质量监管工作的唯一标准。四是人才的数量和质量决定了单位业务水平的高低，决定了获奖的数量和质量，只有多引进高层次人才才能使贵州的交通运输事业走在全国前列，因此，需要采取措施提高各单位高学历人才的占比。

纵观国内外发展较快的城市与千亿美元以上的企业，人才总量占人口的比重均超过25%以上。贵州交通运输行业人才比例都在8%—10%之间。据报道，中国的劳动年龄人口（16—59岁）从2012年开始下降，2015年已经是第四年下降，累计减少了1300多万。而2015年又首次出现了流动人口减少的现象，2013年和2014年，流动人口每年都增加800万以上，总数达到2.53亿，但在2015年下降了568万。劳动年龄人口和流动人口同时减少，是改革开放30多年来的首次发生。在此前提条件下，贵州省交通运输系统如何吸纳足够的人才资源，是当前迫在眉睫的头等大事。

第四节 交通运输人才队伍结构失衡

一、专业领域失衡

首先,在专业分布上以传统领域为多,新兴产业偏少,尤其是复合型、领军型、高层次人才比较匮乏,具有战略眼光、在经营管理方面有国际竞争力的人才严重不足,对于交通运输新业态的管理能力与水平,与贵州大数据战略下现代交通运输高质量发展的要求还有极大的差距。

其次,贵州省获得奖励总数为 149 项,平均每市县数量为 17 项;其中,国家级奖励数量为 4 项,平均每市县不足 1 项,占奖励总数的 2.68%;省部级奖励数量为 75 项,平均每市县为 8 项,占奖励总数的 50.34%;地厅级奖励数量为 70 项,平均每市县为 8 项,占奖励总数的 46.98%。

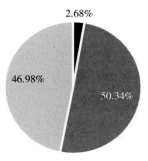

■国家级 ■省部级 ■地厅级

不同等级奖励占比图

再次,获得奖励数量最多的是黔南州,数量为 48 项;其次是贵阳市,数量为 32 项;毕节市和黔西南州未获奖。获得国家级奖励最多的是黔南州,数量为 2 项,贵阳市和威宁县均获得国家级奖励 1 项,其他市县没有获得国家级奖励。获得省部级奖励最多的是黔南州,数量为 29 项,其次是黔东南州,数量为 20 项,毕节市、六盘水市、黔西南州和仁怀市未获得省部级奖励。获得地厅级奖励数量最多的也是黔南州,数量为 17 项;其次是贵阳市和仁怀市,数量均为 15 项;毕节市、六盘水市、黔西南州、铜仁市和威宁县未获得地厅级奖励。

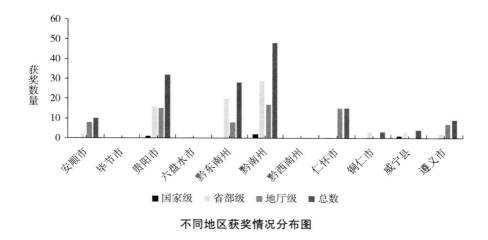

不同地区获奖情况分布图

最后,获得国家级奖励所占比例最高的是威宁县,为 25%;黔南州和贵阳市分别是 4.17%和 3.13%,其他市县未获得国家级奖励。获得省部级奖励所占比例最高的是铜仁市,为 100%,其次是威宁县和黔东南州,为 75%和 71.43%,毕节市、六盘水市、黔西南州和仁怀市未获得省部级奖励。获得地厅级奖励所占比例最高的是仁怀市,为 100%;其次是安顺市和遵义市,分别为 80.00%和 77.78%,毕节市、六盘水市、黔西南州、铜仁市和威宁县未获得地厅级奖励。

二、行业分布失衡

大多数高层次人才集中在交通职业院校、科研院所以及机关事业单位,交通运输企业高层次人才虽然在省内拥有率相对突出、但与"一带一路"建设及交通运输"走出去"的要求相比仍然不高。在交通运输行业的分布也不科学,主要集中于传统交通建设,分布在贵州省大型交

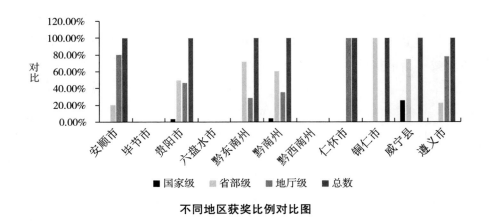

不同地区获奖比例对比图

通运输集团企业,地方交通运输部门、地方交通运输企业高技能人才匮乏。

首先,贵州省地方交通运输人才中,研究生人数最少,为183人,平均每县市17人,占人才总数的1.72%,其中博士生7人,每县市不足1人,占人才总数的0.07%。大学本科生人数为最多,为4313人,平均每县市392人,占人才总数的40.64%。大学专科生人数为3936人,平均每县市358人,占人才总数的37.09%。中专及以下人数为1698人,平均每县市154人,占人才总数的16.00%。

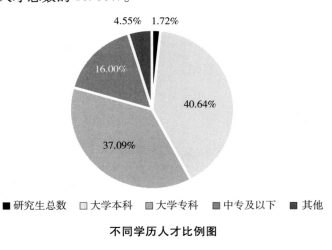

不同学历人才比例图

　　其次,研究生人数毕节市最多,为 56 人;贵阳市和黔西南州次之,分别为 36 人和 24 人;仁怀市和威宁县无研究生学历的人才,其中毕节市、黔东南州和遵义市有博士学历人才,分别为 2 人、3 人和 2 人,其他市县无博士学历人才。大学本科学历人才黔东南州最多,为 757 人;黔西南州次之,为 608 人;仁怀市最少,仅 15 人。大学专科学历人才黔西南州和铜仁市人数最多,分别为 777 人和 775 人;黔东南州次之,为 498 人;仁怀市最少,为 29 人。专科及以下学历人才六盘水市数量最多,为 604 人;黔西南州次之,为 431 人;威宁县最少,仅 7 人。

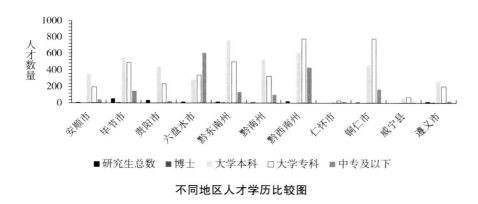

不同地区人才学历比较图

　　最后,研究生人才所占比例最高的是贵阳市,为 4.92%;毕节市次之,为 3.83%;仁怀市和威宁县无研究生学历的人才。大学本科学历人才所占比例最高的是贵阳市和安顺市,分别是 59.97% 和 59.33%;其次是黔南州,为 54.77%;仁怀市最低,为 10.00%。大学专科学历人才所占比例最高的是铜仁市,为 54.85%;其次是黔西南州,为 42.27%;仁怀市最低,为 19.33%。中专及以下学历人才所占比例最高的是六盘水市,为 47.34%;其次是黔西南州,为 23.45%;贵阳市最低,为 2.87%。

三、地域选择失衡

　　贵州交通运输系统的人才大多集中在少数地区,地域不平衡性明显。

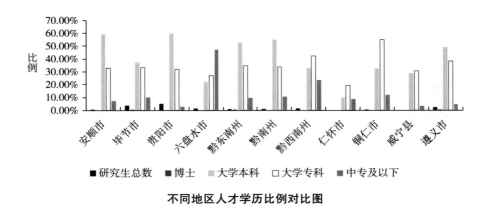

不同地区人才学历比例对比图

首先,"十三五"交通运输人才评估涉及的地级市、自治县共 11 个,在所调查的贵州省市、县交通运输主管部门(以下简称"贵州省地方交通运输主管部门")中,人才总数为 10612 人,平均每市县 965 人;其中机关和事业单位管理人才最多,为 5496 人,占总数的 51.79%,平均每市县 500 人;企业经营管理人才最少,为 1015 人,占总数的 9.56%,平均每市县 92 人;专业技术人才 2410 人,占总数的 22.71%,平均每市县 219 人;技能人才 1691 人,占总数的 15.93%,平均每市县 154 人。

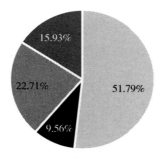

各地不同类型人才比例图

其次,黔西南州人才总数最多,为 1838 人;毕节市和黔东南州次之,分别为 1464 人和 1437 人;仁怀县人才总数最少,为 150 人。机关和事业

单位管理人才数量铜仁市最多,为 920 人;黔东南州和毕节市次之,分别
是 860 人和 811 人;仁怀市数量最少,为 93 人。企业经营管理人才数量
黔西南州最多,为 426 人;六盘水市次之,为 319 人;安顺市、贵阳市、黔南
州、仁怀市、铜仁市、威宁县和遵义市无企业经营管理人才。专业技术人
才数量黔西南州最多,为 632 人;黔东南州次之,为 349 人;仁怀市数量最
少,仅 15 人。技能人才数量六盘水市最多,为 458 人;黔西南州次之,为
368 人;安顺市数量最少,仅为 20 人。

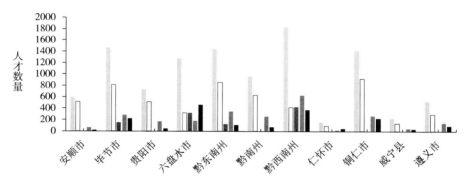

不同地区人才类型比较图

最后,机关和事业单位管理人才所占比例安顺市最高,为 85.55%;
贵阳市次之,为 70.08%;黔西南州最低,为 22.42%。企业经营管理人
才所占比例六盘水市最高,为 25.00%;黔西南州次之,为 23.18%;安顺
市、贵阳市、黔南州、仁怀市、铜仁市、威宁县和遵义市无企业经营管理
人才。专业技术人才所占比例黔西南州最高,为 34.39%,遵义市和黔
南州次之,分别为 27.10% 和 26.87%;仁怀市最低,为 10.00%。技能
人才所占比例六盘水市最高,为 35.89%;仁怀市次之,为 28.00%;安顺市
最低,为 3.36%。

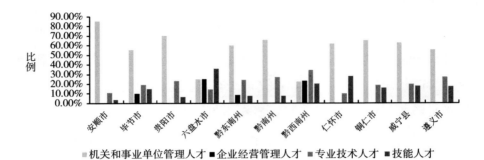

不同地区人才类型比例对比图

四、年龄结构失衡

在人才的年龄结构上呈现中间大两头小的状态。以高技能人才为例，贵州交通运输系统的高级技工以 30—39 岁为主，技师以 30—39 岁居多，而经验丰富的高级技师则以 50—59 岁偏少，则 30 岁以下的高技能人才严重偏少，使得贵州省交通运输高技能后备人才缺乏，容易造成代际断裂。

首先，贵州省地方交通运输人才中，35 岁及以下人才数量最多，为3312 人，平均每市县 301 人，占人才总数的 31.21%；返聘退休人员数量最少，为 14 人，平均每市县仅 1 人，占人才总数的 0.13%；36—40 岁人才为 1713 人，平均每市县 156 人，占人才总数的 16.14%；41—45 岁人才为1905 人，平均每市县 173 人，占人才总数的 17.95%；46—50 岁人才为1602 人，平均每市县 146 人，占人才总数的 15.10%；51—54 岁人才为1025 人，平均每市县 93 人，占人才总数的 9.66%；55 岁及以上人才数量为 552 人，平均每市县 50 人，占人才总数的 5.20%。

其次，35 岁及以下人才数量最多的是黔西南州，为 731 人；其次是黔东南州，为 542 人；仁怀市数量最少，为 17 人。36—40 岁人才数量最多的是铜仁市，为 358 人，其次是六盘水市，为 272 人；仁怀市数量最少，为 8人。41—45 岁人才数量最多的是六盘水市，为 352 人；其次是黔东南州，

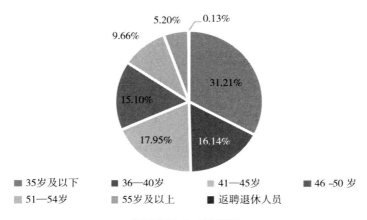

不同年龄人才比例图

为 254 人;仁怀市数量最少,为 15 人。46—50 岁人才数量最多的是黔西
南州,为 275 人;其次是六盘水市,为 251 人;仁怀市数量最少,为 14 人。
51—54 岁人才数量最多的是黔西南州,为 211 人;其次是毕节市和黔东
南州,分别为 159 人和 157 人;仁怀市数量最少,仅 2 人。55 岁及以上人
才数量最多的是黔西南州,为 126 人;其次是毕节市,仅 94 人;仁怀市数
量最少,仅 1 人。返聘退休人员数量最多的是毕节市,为 12 人;贵阳市和
黔东南州分别有 1 人,其他市县无返聘退休人员。

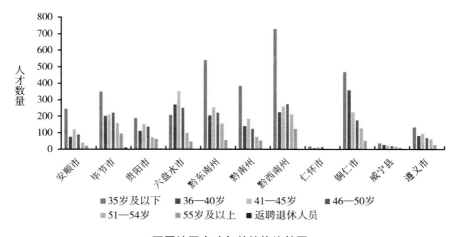

不同地区人才年龄结构比较图

最后,35岁及以下人才所占比例最高的是安顺市,为41.34%;其次是黔南州和黔西南州,分别为39.94%和39.77%;最低的是仁怀市,为11.33%。36—40岁人才所占比例最高的是铜仁市,为25.34%;其次是六盘水市,为21.32%;最低的是仁怀市,为5.33%。41—45岁人才所占比例最高的是六盘水市,为27.59%;其次是贵阳市和安顺市,分别是21.04%和20.67%;最低的是仁怀市,为10.00%。46—50岁人才所占比例最高的是六盘水市,为19.67%;其次是贵阳市,为18.99%;最低的是仁怀市,为9.33%。51—54岁人才所占比例最高的是遵义市,为11.83%;其次是黔西南州,为11.48%;最低的是仁怀市,为1.33%。55岁及以上人才所占比例最高的是贵阳市,为8.74%;其次是黔西南州有,为6.86%;最低的是仁怀市,为0.67%。返聘退休人员所占比例最高的是毕节市,为0.82%,贵阳市和黔东南州分别是0.14%和0.07%,其他市县无返聘退休人员。

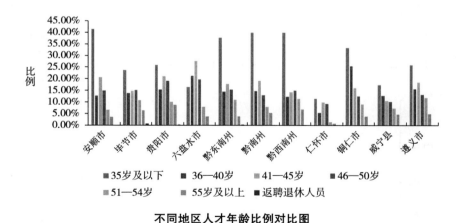

不同地区人才年龄比例对比图

第五节　交通运输人才队伍集聚度低

贵州省作为欠发达地区,与"北上广"、东南沿海发达地区没有可比性。但从省内来讲,贵州省交通运输系统长期以来都拥有较强的人才优势,对各类人才也有较大的吸引力。但这一优势随着"五个三角"的发展而逐渐淡化。从环境来讲,"十三五"以来贵州省建设"生态公园省"取得了卓越成就,成为全国、全球宜居城市。但交通运输人才的创新创业、人才发展,还得要有良好信息环境、科研平台,要有较多的高校和科研院所作为人才工作的依托,要有专业风险投资基金等金融服务跟上步伐。

贵州交通运输系统高校数量偏少、知名度不高、实力不强,国家级科研院所在贵州省交通运输分支机构不多,更缺乏有国际知名度的相关研发机构在贵州省交通运输设立办事处等,交通运输人才缺乏高校和科研院所作后盾,大大降低了对高层次人才的吸引力。

贵州省地方交通运输主管部门获得职业资格的人数为 10612 人,平均每市县 455 人,占人才总数的 43.02%。其中,道路运输领域职业资格人数为 123 人,占 21.53%;养护管理领域职业资格人数为 34 人,占5.28%;信息化与智能交通领域职业资格人数为 2 人,占 0.18%;营运与应急管理领域职业资格人数为 26 人,占 2.28%;行政执法领域职业资格人数为 197 人,占 38.75%;建设领域职业资格人数为 123 人,占 21.60%;水运领域职业资格人数为 54 人,占 8.26%;其他领域职业资格人数为 24人,占 2.12%。

获得职业资格人数最多的是铜仁市,为 1412 人;其次是毕节市,为902 人;最少的是威宁县,为 21 人。获得职业资格人数所占比例最高的是铜仁市,为 99.93%;其次是遵义市,为 83.21%;最低的是威宁县,仅 9.59%。

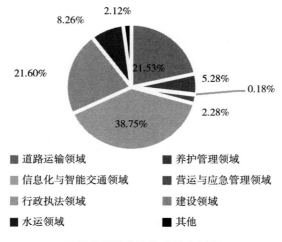

不同类型职业资格人数比例图

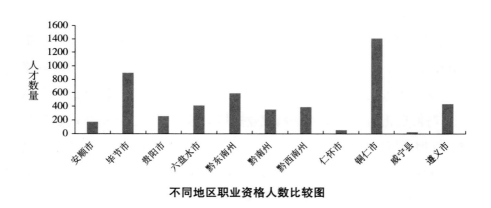

不同地区职业资格人数比较图

第六节 交通运输人才队伍作用发挥不足

贵州交通运输系统在人才资源整合实现效益最大化方面，还没有形成行之有效的架构，仍然存在各自为政的现象。

几支队伍之间打通的渠道非常不畅通，人才资源存在结构性浪费问题。实际上负责牵头抓总人才工作的部门与项目主管部门、资金主管部门的信息交换亦不畅通，平常多以完成日常事务性工作为主，指导地位和

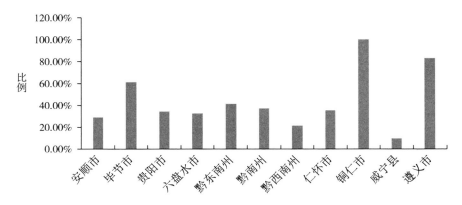

不同地区职业资格人数队里对比图

作用没有得以很好地发挥。

一些部门和单位重经济轻人才,对人才资源是第一资源的认识还没有上升到战略的高度,口头上说得多,实践中做得少。并且有的单位、部门和企业本身有自己的一套工作程序,基本上和人才办事机构沟通联系少,通常只是履行一般性的行政业务手续。

从现实来看,在人才政策、资金、项目、工作等几个方面都没有很好地进行资源整合,致使一些单位和地方主管部门,特别是体制外的交通运输企业,对政府的交通运输人才好政策了解不多,对"十三五"交通运输人才规划的内容不熟悉,没有意识到从政策层面来为交通运输行业解决人才不足的难题,未发挥应有的作用。

第七节　交通运输人才国际化
水平仍有待提高

据统计,我国在交通运输行业相关的国际组织中任职人数较少,在重要国际组织较高层面担任主要领导职务的更是屈指可数。目前,我国在国际海事组织(IMO)秘书处工作的人员仅8人,其中1人担任IMO分会主席。这将直接影响我国在国际组织中的话语权。另外,随着我国"一带一路"倡议的推进和落实,对外开放战略深化部署等,高层次国际化复合型交通运输人才匮乏问题越来越凸显出来。尤其是具有国际视野、通晓商务知识、精通所在国语言、熟知所在国文化、适应国外运输管理体制、管理方法等方面运输人才较为匮乏,将直接影响我国交通运输行业对外开放合作的水平与质量。

第五章 交通运输人力资源保障体系建设总体思路

第一节 指导思想

全面贯彻党的十九大精神，以习近平新时代中国特色社会主义思想为指导，以"交通强国，人才强交"战略为主线，以交通运输人力资源开发和高精尖缺人才队伍能力建设为核心，充分发挥市场在交通运输人力资源配置中的决定性作用和更好发挥政府作用，以政策扶持和环境营造为重点，健全管理和服务制度，坚持正确选人用人导向，使人力资源的存量和吸纳优势得到更加充分的发挥，努力实现更高质量和更充分就业，为交通强国建设提供优质高效的人力资源保障和广泛的智力支持。

第二节 基本原则

一、坚持党管人才

坚持党管人才是中国特色人才制度优势的集中体现，是人力资源保障体系建设工作沿着正确方向前进的根本保证。确立党管人才的战略定位,将党管人才作为人才工作的根本原则,加强党对人才工作的统一领导。坚持党管宏观、管政策、管协调、管服务的基本方向,始终坚持正确的政治方向,把党管人才原则贯穿于交通强国建设的全过程和各环节。要管宏观、管政策、管协调、管服务,实行更加积极、更加开放、更加有效的人力资源促进政策,以识才的慧眼、爱才的诚意、用才的胆识、容才的雅量、聚才的良方,把党内和党外各方面人力资源集聚到党和人民的伟大奋斗中来。

二、坚持人才优先

人是生产力的最首要、最活跃、最有价值的要素,人才资源是一切资本中最宝贵的资本。要牢固树立为了人、依靠人的交通人才观,把培养人、用好人,充分发挥人力资源基础性、战略性作用放在首要位置。确立在交通强国建设中人才优先发展的战略布局,充分发挥人才的基础性、战略性作用,做到人才资源优先开发、人才结构优先调整、人才投资优先保证、人才制度优先创新,在促进现代交通运输事业发展的同时,促进交通运输人力资源的健康成长与全面发展。

三、坚持改革创新

把深化改革作为推动交通运输人力资源保障体系建设的根本动力,不断创新体制机制,坚决破除束缚人力发展的思想观念和制度障碍,构建与社会主义市场经济体制相适应、有利于科学发展的人力资源发展体制机制,建立健全人力资源工作跨部门协调机制,夯实工作基础,改革一切不利于人力资源发展的因素,健全人力资源规划实施体系,完善人力资源管理服务相关制度,通过实行更加积极、更加开放、更加有效的政策来推进人力资源保障体系建设。最大限度地激发广大从业人员的创造活力。

军人才、复合型人才和紧缺急需领域人才等人才队伍得到优先培养和大力开发。人才发展创业环境进一步改善,在行业内形成人人渴望成才、人人努力成才、人人皆可成才、人人尽展其才的良好局面,为建设交通强国西部示范省提供坚实支撑和保障。

三、2050 年远景目标展望

第二阶段(2036 年到本世纪中叶),全面建成满足中国特色社会主义现代化交通强国目标要求的交通运输人力资源保障体系。交通运输人力资源保障体系建设工作思路更加开阔,发展理念更加先进,适应科学技术飞速发展、人工智能等技术广泛应用、新业态加速涌现的新形势要求,形成激励人才创新创业的良好生态,高层次和紧缺人才队伍建设取得明显成效,一线劳动者素质得到全面提高,管理干部识才、育才、用才能力显著增强,行业全体从业人员都能拥有职业荣誉感、事业获得感和生活幸福感,为保障我国交通运输综合实力和国际竞争力领先全球做出贡献。

第六章 贵州建设交通强国西部示范省 人力资源保障体系主要任务

第一节 深化交通运输人力资源 发展体制机制改革

体制机制是促进人的成长、发挥人的作用的基本保障,在很大程度上决定着人力资源发展的活力。人力资源体制机制改革是全面深化改革的重要组成部分。习近平总书记作出重要指示强调,要加大改革落实工作力度,把《关于深化人才发展体制机制改革的意见》落到实处,要着力破除体制机制障碍。深化人才发展体制机制改革,是构筑人才制度优势、实现更高质量更高水平发展的战略之举。要围绕协调推进"五位一体"总体布局和"四个全面"战略布局,围绕贯彻落实新发展理念,围绕实施国家重大战略和重大工程,推进人才发展体制机制改革,实现人才发展与经济社会发展深度融合。

协调推进中央"四个全面"战略布局,贯彻落实创新、协调、绿色、开放、共享的新发展理念,推进交通强国建设,必须深化行业人力资源发展体制机制改革,最大限度激发人力资源的创新创造创业活力,把各方面优秀人才集聚到交通运输发展事业中来。

一、推进人力资源管理体制改革

一是深化人力资源体制改革。必须遵循人力资源发展规律,坚持市场配置人力资源的改革方向,加强和改善宏观调控,破除束缚人力资源发展的体制障碍,不断解放和增强人力资源活力,促进人力资源发展与交通运输发展深度融合。

二是转变政府人力资源管理职能。根据政社分开、政事分开和管办分离要求,强化政府人力资源宏观管理、政策法规制定、公共服务、监督保障等职能。推动行业人力资源管理部门简政放权,消除对用人主体的过度干预,建立政府人才管理服务权力清单和责任清单,将人才招聘、落户落编、职称评审、社会保障、收费事项等职权的行使主体、办理流程、监督方式等以清单形式列出并向社会公布。按照权责一致的要求,厘清与行政职权相对应的责任主体,健全问责制度。

三是充分落实用人主体自主权。充分发挥用人主体在人力资源培养、吸引和使用中的主导作用,全面落实国有企业、高校、科研院所等企事业单位和社会组织的用人自主权。创新事业单位编制管理方式,对符合条件的公益二类事业单位逐步实行备案制管理。改进事业单位岗位管理模式,建立动态调整机制。探索高层次人才协议工资制等分配办法。

四是健全市场化、社会化的人力资源管理服务体系。构建统一、开放的人力资源市场体系,完善人力资源供求、价格和竞争机制。积极培育交通运输行业专业社会组织和人才中介服务机构,有序承接政府转移的人才培养、评价、流动、激励等职能。充分运用云计算和大数据等技术,为用人主体和人力资源提供高效便捷服务。完善行业从业者诚信体系,建立失信惩戒机制。

五是完善人力资源发展制度保障。围绕行业人力资源引进、培养和使用等关键环节,加强人才政策开发,推进部门规章或法律法规建设,增强人才政策的规范性和约束力。用人单位着力健全岗位设置、绩效管理和收入分配等核心制度,为提高人才资源配置与使用效率提供制度保障。及时清理不合时宜的人才管理法律法规和政策性文件。

二、完善人力资源培养支持机制

一是全面系统培养人才。兼顾各个层次、各个门类的人才需求,把不同运输方式各类人才纳入人才培养工作范围,在政府奖励、职称评定等人才政策上统一安排,在面向社会的资助、基金、培训项目、人才信息等公共资源运用上平等开放。在培养面上,还要重视培养妇女人才、少数民族人才和党外人才,特别要注重加大力度,培养西部地区的人才,努力实现各类人才队伍建设的协调发展。

二是创新教育培养模式。突出行业发展需求导向,统筹行业发展和人力资源培养开发规划,加强产业人才需求预测,加快培育重要领域专业人才。注重人力资源创新意识和创新能力培养,探索建立以创新创业为导向的人才培养机制,完善产学研用结合的协同育人模式。推动产教结合、校企融合模式,鼓励校企联合培养。完善行业人才培训交流长效机制。

三是促进青年人才脱颖而出。破除论资排辈、求全责备等陈旧观念,抓紧培养造就青年英才。加大科技项目和各类人才工程项目对青年人才培养支持力度。加强博士后培养,发挥高校、科研院所、企业在博士后研究人员招收培养中的主体作用,有条件的博士后科研工作站可独立招收博士后研究人员。拓宽国际视野,吸引国外优秀青年人才来贵州从事博士后研究。

三、健全人力资源顺畅流动机制

一是破除人力资源流动障碍。进一步消除行业人力资源流动中的城乡、区域、部门、行业、身份、所有制的限制,促进市场体系在行业人力资源配置流通中发挥主导作用,疏通三支人才队伍之间、体制内与体制外之间、不同地区之间的人才流动渠道,促进行业人力资源合理流动、有效配置。

二是畅通人力资源流动渠道。畅通党政机关、企事业单位、社会各方面人才流动渠道。支持国有企事业单位科研人员离岗创业。研究制定吸引非公有制经济组织和社会组织优秀人才进入党政机关、国有企事业单位的政策措施,注重人选思想品德、职业素养、从业经验和专业技能综合考核。鼓励和引导人才向艰苦边远地区和基层一线流动,重要人才工程项目适当向艰苦边远地区倾斜。

四、创新人力资源评价激励机制

一是加强人力资源科学评价。建立以品德、能力和业绩为核心的评价标准体系,坚持品德在评价中的关键性作用。破除"唯学历""唯资历""唯论文"的评价模式,注重创新能力评价和业绩贡献评价:增加技术创新、成果转化等评价指标的权重。针对不同领域、不同行业、不同层次的专业技术人才,制定不同的评价标准,避免"一把尺子量到底",实现"干什么、评什么"。创新职称评价方式,鼓励定性定量评价、特殊人才特殊评价、基层人才定向评价,对高层次人才、急需紧缺人才、新兴产业人才搭建职称绿色通道。

二是加大人力资源激励力度。完善市场评价要素贡献并按贡献分配的机制,坚持按劳分配与生产要素分配相结合,采用年薪制、股权、期权等多种分配方式,鼓励知识、技术、管理和资本等生产要素与收益分配相结合,逐步提高这些要素在分配中的比重。完善科研人员收入分配政策,依法赋予创新领军人才更大人财物支配权、技术路线决定权,实行以增加知识价值为导向的激励机制。探索国有企事业单位,高校人才股权期权及现金激励方式,对不适宜实行股权期权、现金激励的采取其他激励措施。鼓励各单位明确高级专家和优秀人才的收入和福利等待遇,明确政策落实执行主体与资金渠道。

五、构建人力资源引才用才机制

一是探索创新引才机制。努力做好吸引留学人员和国内外高层次人才的工作。对急需的优秀人才实行动态跟踪引进、团队引进、核心人才带动引进和项目开发引进。建立健全符合留学人员特点的引进机制,加强留学人员创业基地建设,完善留学人员创业工作的服务体系,发展和规范引进海外人才的中介组织,保护应聘海外人员和聘用单位的合法权益。要鼓励国内外各类优秀人才采取柔性流动方式来交通运输系统从事兼职、咨询、讲学、科研和技术合作、技术入股、投资兴办企业等活动或从事其他专业服务。鼓励用人单位以岗位聘用、项目聘用、任务聘用和人才租赁等灵活的用人方式引进人才和智力。

二是健全人才工作平台。鼓励地方及企业结合工程建设和施工的需要,制定本地区本单位的人才引进计划,有针对性引进一批在工程建设中担当领军任务的高层次创新型人才,使人才得到充分锻炼。动员各种协会、社会团体和组织通过多种渠道加强与各行业高层次创新型人才的联系,为他们加入到交通运输行业牵线搭桥。

三是发挥企业主体作用。引导各类人才向企业集聚,在重大项目承担、重点人才工程中对企业予以倾斜,吸引企业领军人才开展行业关键性技术、装备和标准的研发。鼓励有条件的企业在国内外人才聚集度高的地方建立研发机构,吸引和使用当地优秀人才,促进人才国际交流与合作。

第二节　完善交通运输人力资源
发展制度体系建设

交通运输人力资源保障体系的长足发展,关键在于制度体系建设,没有一整套完善的制度体系,就不可能形成人力资源保障交通强国事业持续推进的长效机制。完善的制度体系是启动人力资源迅速发展的突破口,是克服人力资源教育开发领域体制性阻滞的必然选择,是全面拓展人力资源市场配置能力的动能源泉,是营造交通运输领域"大众创业万众创新"发展环境的基础平台,是提高人力资源在交通强国建设中保障能力的根本出路。以制度创新为核心动力,未来一定时期内要在以下几个方面完善交通运输人力资源发展制度体系建设。

一、完善相关法律法规

一是认真贯彻落实中共中央、国务院印发的《人力资源市场暂行条例》《关于深化人才发展体制机制改革的意见》等国家法律、行政法规、党内法规、部门规章、中央和国家机关规范性文件等提出的针对法治方面的要求,研究制定促进交通运输行业人力资源市场规范有序发展、人力资源开发、人才评价、人才安全等方面的法律法规。

二是扎实推进《中华人民共和国科学技术进步法》《中华人民共和国促进科技成果转化法》《中华人民共和国科学技术普及法》等,加大宣传教育力度,加快法律法规落实监督评估力度,为以专业技术人才和高技能人才为代表的交通运输科技创新人员提供法治保障。

三是进一步完善知识产权法律法规,切实落实《国家中长期人才发展规划纲要(2010—2020 年)》中提出的"实施知识产权保护政策"加强知识产权保护,加大对知识产权侵权行为的惩处力度,提高侵权损害赔偿标准,探索实施惩罚性赔偿制度,降低维权成本,健全知识产权侵权查处机制,强化行政执法与司法保护衔接,加强知识产权综合行政执法,建立知识产权海外维权援助机制,切实保障交通运输行业从业人员对其智力创造性劳动成果依法享有的权利。

四是完善外国交通运输人才来华工作、签证、居留和永久居留管理的法律法规,制定人才工作条例,清理不合时宜的人才管理法律法规和政策性文件,健全保护创新的法治环境。

二、开展规划顶层设计

一是适时开展现行规划实施效果评估工作,重点针对《公路水路交通运输中长期人才发展规划纲要(2011—2020年)》的贯彻落实情况、政策实施效果进行全面评估,总结经验问题,做出科学评价,为下一阶段规划解决旧问题、提出新举措提供依据,提前储备相关研究。

二是加强战略规划顶层设计,根据我国从交通大国向交通强国迈进的总体战略部署,结合现行规划评估结果,面向"十四五"时期以及中长期,研究制定交通运输人力资源发展规划以及人才队伍建设纲要,完善行业规划体系。

三是强化各类相关规划之间的统筹考虑、衔接协调,将人才规划核心内容纳入交通强国建设纲要,与综合交通运输中长期发展规划、综合运输体系规划、五年规划计划等做好衔接,并加强与国家人才规划、科技、教育培训等其他相关规划的协调一致。

四是顺应大部制机构改革,加强人力资源工作的跨部门综合协同,形成行业上下齐心协力共同落实规划的良好格局,建立更加有利于好人才、用好人才的一体化政策大平台。

五是鼓励各级行业主管部门根据实际,适时启动地区、行业系统或重点领域的人才发展规划编制工作,促进形成全国全行业的人才发展规划体系。

三、强化配套政策制定

一是在人力资源培养教育政策上,必须注意坚持以交通强国建设的实际需求为导向,积极调整学科布局和专业设置,创新人力资源培养模式。要把教育培训的着眼点放在培养和提高人力资源的创新意识和创新能力上来,大力推进职业教育,改变"所学非所用"的状况,要注重培养内容的多元性、培养对象的复合性、培养方式的开放性。要健全行业干部人才教育培训体系,精准开展专业化能力培训,重点抓好部管干部、机关处级干部、行业关键岗位管理干部和重点领域专业技术人才培训,创新和完善行业高层次、专业化技术技能人才培养机制。完善交通运输职业教育和培训体系,落实《关于加快发展现代交通运输职业教育的若干意见》,深化产教融合、校企合作,推动优质交通运输职业院校建设。

二是在人力资源选拔任用政策上,必须紧紧围绕交通运输"黄金时期"改革发展稳定这个大局和建设交通强国西部示范省这个中心任务,坚持民主、公开、竞争、择优的原则,必须按照马克思主义具体问题具体分析的方法论指导,对不同类型人力资源采取不同选拔任用方式,并结合实践的发展,不断加以改进和完善。适时开展后备干部调整,制定《关于加强青年干部队伍建设的意见》。

三是在人力资源考核评价政策上,要坚持严管和厚爱结合、激励和约束并重,健全完善行业人力资源考核评价体系,改进考核方式方法,强化考核结果运用,切实发挥好考核的"指挥棒""风向标"作用。坚持把纪律规矩立起来、严起来,着力解决"不思进取、不接地气、不敢担当、不抓落实"等方面的突出问题,积极推进干部能上能下。建立激励机制和容错纠错机制,旗帜鲜明地为那些敢于担当、踏实做事、不谋私利的从业人员撑腰鼓劲,营造鼓励创新、宽容失败的氛围,激发广大干部职工干事创业动力。

四是在人力资源优化配置和流动政策上,要规范人力资源流动秩序,强化对人力资源市场的有效监管,畅通人力资源流动渠道,营造行业主管部门宏观调控、市场主体公平竞争、中介组织提供服务、劳动者自主择业的良好环境。要推进各项事关从业人员切身利益的制度落实,深入推进公务员分类改革,稳步推进公务员职务职级并行制度,制定《公务员辞去公职管理办法》。

五是在人力资源激励保障政策上,要适应深化收入分配和干部人事制度改革的需要,逐步建立一套有利于人力资源成长和人尽其才、科学规范、激励有效的收入分配机制,同时加快福利制度改革,逐步实现福利待遇规范化、制度化、货币化,积极探索机关事业单位社会保障制度改革,为推进人力资源工作深入开展提供支撑。

四、加强监督制度建设

一是坚持全面从严,完善监督体系建设。认真贯彻落实《中国共产党党内监督条例》,不断创新体制机制,突出强化自上而下的组织监督。加强对党员领导干部的日常管理监督,严格落实党员领导干部述职述廉要求,严格领导干部出国出境、个人事项报告管理。

二是加强巡视巡察监督。认真贯彻落实新修订的《中国共产党巡视工作条例》《被巡视党组织配合中央巡视工作规定》和部党组巡视工作相关配套制度,着力提升巡视工作的针对性和实效性。深化部党组政治巡视,进一步强化政治巡视定位。

第三节　大力推进交通运输人才队伍建设

交通运输人力资源保障体系涉及铁路、公路、水路、民航、邮政等五种运输方式领域在内的所有人力资源。要想充分发挥人力资源在交通强国建设中的支撑作用,关键是要围绕交通强国建设目标,抓住"关键少数",聚焦于人才资源。要把握新时代人才成长规律,完善人才布局,优化人才结构,大力培养造就一批能够满足交通强国建设要求的高素质人才。

一、优化人才布局和结构

建设交通强国的提出,标志着自大部制改革之后我国交通运输产业结构调整又将进入一个新的阶段。交通运输产业结构与人才的布局结构存在着相互依存的关系,交通运输产业结构和技术结构的变动引发人才布局结构的变动,这就要求交通运输人才的供给结构做出相应的调整。交通运输人才的供给结构尤其是交通运输人才开发,是交通专业结构与开发层次、类型和规格的总体构成,交通运输人才供给结构要满足人才需求结构的变化,就要从战略上进行调整,以满足交通强国建设对交通运输人才的需求。由于我国交通运输人才在运输方式、专业、区域等方面的布局和结构已经存在一定程度的失衡问题,不能完全适应交通运输产业结构优化升级和区域交通运输协调发展的需要,因此急需在完善交通运输人才布局、优化人才结构上下功夫。

一是谋划交通运输人才专业素质结构、层级结构、分布结构的战略性调整,促使交通运输人才培养结构要与交通运输发展不同阶段的需求相适应,人才的能力素质结构要与产业结构调整相匹配,人才的分布结构要与区域交通发展战略布局相协调。

二是统筹开发不同运输方式领域的人才,把人才优势真正体现到产业和行业优势中去,适应日益加快的综合运输、"大交通"体系构建步伐。

三是在全国范围统筹开发不同区域交通运输人才,注重加强区域间人才交流与合作,鼓励人才向贫困地区、边疆地区、革命老区流动,发挥人才在交通运输精准扶贫中的作用,加强交通运输部门的上下联系与区域合作,支持西部地区人才参加中东部地区项目研究,鼓励中、东部地区高层次专业技术人才以挂职下派形式参加西部交通建设和科研项目,帮助西部地区和少数民族培养人才。

四是统筹开发城乡交通运输人才,充分发挥市场机制的基础性作用:

加强对交通运输人才资源配置的宏观调控,鼓励城市交通运输人才到农村和基层一线建功立业。

五是统筹开发各层次人才,实现各类人才的协调开发,在实现交通运输人才资源优化配置上迈出较大步伐,以人才布局结构优先调整引领现代交通运输产业结构优化升级。

二、加强干部管理队伍建设

干部管理队伍是行业发展的政策制定者和维护者,在行业发展中发挥着保驾护航的重要作用。干部管理队伍一方面执行国家重大战略决策,规范行业自身发展,另一方面,服务行业发展需要,营造规范、有序、包容的行业发展环境。在交通强国战略目标下,加强人才队伍建设,特别是要加强干部管理队伍建设。

一是转变发展理念,转变发展意识。未来 30 年,交通行业的发展将围绕强国建设开展,以创新、新技术为动力替代原有的资金、人力投入要素,决定着行业管理工作将由过去的以管理为主向以服务为主转变。干部管理队伍要积极转变发展理念,牢固树立和贯彻落实创新、协调、绿色、开放、共享的新发展理念,树立先行意识和担当精神,准确把握国家"五位一体"等发展战略部署,围绕高质量发展要求,提高认识,与国家、行业保持步调一致,在管理中主动对接国家重大战略和重大政策的实施。

二是干部管理队伍要增强大局意识,特别是针对行业大交通的发展趋势,深刻把握交通运输发展规律和特点,不断增强管理的战略性、前瞻性和综合性,加快不同运输方式融合,推进综合交通运输统筹协调发展。

三是转变作风,提升干部管理队伍的服务意识。主动为行业发展需要出谋划策,提前思考、主动作为,鼓励创新、包容失败。加强调查研究,为行业制定切合发展需要的政策制度,为行业实干者提供更加宽松、高效的发展氛围。

三、着力造就领军人才

近年来,交通运输业正处在大力推进现代化的黄金时期,根据《2017年交通运输行业发展统计公报》显示,2017 年全国完成铁路公路水路固定资产投资达 31151.16 亿元,比上年增长 11.6%。尽管我国建设了大量科技含量高、技术难度大,在国内外有重大影响的铁路、公路、水路等基础设施,但在国内外有重大影响的高级专家却很少,非常缺乏创新型交通科技领军人才,包括设计大师和两院院士。处于交通运输人力资源"塔尖"的领军人才,在交通强国建设中发挥着举足轻重的作用,着力造就一批行业领军人才是新时期交通运输人才工作的战略重点。

一是应紧紧抓住交通运输发展中的重大关键技术,以重大科研项目为舞台,以交通运输行业重点实验室和行业研发中心为基地,以国际学术交流与合作项目为契机,造就一批国内一流、国际有影响的交通科技领军人才。

二是要通过交通重点项目培养和锻炼,造就更多优秀的学术和学科带头人,形成一批在国内有较高知名度和影响力的专家,对发展潜力大、有希望成为院士级的年轻优秀人才,要有目的、有计划地放在交通重点项目培养、锻炼,尽快为他们提供成长的条件,通过重大项目造就和成长一批拔尖人才。

三是要进一步完善各类高级专家的选拔推荐机制,做好政府特殊津贴专家、有突出贡献中青年专家等人选的选拔推荐工作,建立健全特贴专家考核制度。

四、优先培养复合型人才

当今社会的重大特征是学科交叉、知识融合、技术集成,使得具有一项专业技能、并在另外领域有特长的复合型人才成为人力资源市场上最缺乏、也最抢手的一类人才资源。面对我国每年数以万计的高速铁路、高速公路、大型管道、特大型桥梁、长大型隧道、高等级航道、专业化码头和现代化机场等重大工程建设项目不断上马,面对交通建设、养护、管理和运输服务等各个领域以及前期决策、工程建养、安全保障、资源节约、环境保护、投融资和信息化等各个方面不断出现的大量难题需要解决,交通运输人力资源中的复合型人才成为用人单位求之若渴的人才类型,交通强国建设更需要优先培养复合型人才。

一是围绕全面推进现代交通运输业、优化升级产业结构、构建安全畅通便捷绿色交通运输体系要求,采用直接引进和在现有人才队伍基础上大规模开发培育的方式,选拔、培养、使用、管理、后备一批未来交通运输事业发展急需的复合型人才。

二是结合综合运输行政管理、科技攻关、财政金融、法务等方面对复合型人才的需求,选派一批思想品德好、专业水平高、学习能力强、发展潜力大的人才,领衔承担行业内跨专业、跨学科的事务或项目,通过实践不断提高综合能力。

三是鼓励各类人才服务机构优先为交通运输复合型人才提供法律、知识产权、财务、管理咨询等专业指导与服务。

五、大力开发紧缺急需领域人才

由于受到传统经济模式和地域的限制,我国人才结构呈现传统行业多、新型行业少的态势。伴随着经济社会的发展和科学技术的进步,许多新兴产业和新兴业态逐渐发展起来,而与之相配套的专门人才在数量和质量上都远远不足,这种情况在交通运输行业中也概莫能外。有关资料显示,在我国综合运输、智能交通、现代物流、安全应急、节能环保、交通信用、政府及社会治理等现代交通发展的新兴领域和薄弱环节里,高层次专业人才十分缺乏,而勘察设计、工程建设、运输经济、科技研发等传统领域则聚集了80%以上的高层次人才。为解决上述问题,应大力开发交通运输紧缺急需领域人才。

一是重点针对交通发展的重要领域、新兴领域和薄弱环节,开展人才需求分析预测工作,定期发布紧缺急需人才目录,研究制定有关于交通运输专业技术紧缺人才的培养计划,以及相应的配套政策。

二是对于专业技术人才,从人才培养环节入手,行业主管部门与人才培养机构可采取"共建"模式,有重点地支持行业内外高等院校交通类重点学科、主干专业和新兴专业,改善办学条件、提高教学质量,同时设立专项奖学金,吸引优秀的高中毕业生进入交通类专业学习、选择交通类职业工作,具体包括:铁路客运专线领域紧缺的运、机、工、电、辆、牵引供电等专业技术人才,公路交通领域紧缺的道路工程、桥梁与隧道工程、交通安全等专业技术人才,水路交通领域紧缺的高级船员、高级验船师、救助及打捞专业技术人才,民航领域紧缺的飞行、管制、飞机维修等专业技术人才,邮政行业的快递服务、物流管理和信息技术等特种专业技术人才。

三是对于高技能人才,在铁路客运专线领域的工务、电务、动车司机和动车随车机械师,公路建养、汽车维修、工程造价、工程机械,港口与航道建设、港口装卸机械操作与维护、船舶驾驶和轮机管理,民航安全检查员、乘务员,物流管理、邮政快递和信息技术等专业,研究制定交通运输技能实用紧缺人才培养计划,重点建设一批技能实用人才示范性培训基地,组织建设大批技能实用人才的专业实训示范基地,争取国家和交通运输主管部门以资金、政策等的重点支持。

四是加强国际化人才培养。交通强国是国与国的较量,要支撑我国交通在国际市场有影响力,在国际舞台上有话语权,必须要有一支具有国际思维、懂国际规则、精通国际经营的国际化人才。这类人才的短缺是我国交通强国建设的短板。交通强国建设要重视国际化人才的培养,有计划、有步骤地长远谋划国际化人才队伍建设,为提升我国国际地位和影响力提供坚强的人才保障。

第四节　加强交通运输人力资源
服务保障体系建设

人力资源的构成是多元化、多层次的,根据受教育程度、从事行业、专业或岗位等方面的差异,人力资源形成了不同的群体和不同层次,因此也使得其在就业和职业发展中所需要的服务保障在内容和形式上是有差别的,人力资源服务保障体系也必然会呈现多元化、多层次的特点。建立和完善人力资源服务保障体系,能够有助于市场机制在人力资源配置中基础性调节作用的充分发挥,推动人力资源的结构调整,实现人力资源化和高效配置。构建人力资源服务保障体系不仅要关注生存层面,更要注重发展层面,从而保障每位从业人员实现自我价值,增强职业归属感和获得感。交通运输人力资源服务保障体系建设的进一步完善和加强,需要从以下方面着手。

一、完善行业人力资源服务体系

一是转变行业主管部门人力资源管理理念,按照以人为本的要求,着力构建服务型政府,在观念上要从如何管理人力资源转变为如何服务人力资源,改进宏观调控,推动行业主管部门人力资源管理职能向创造良好发展环境、提供优质公共服务转变。

二是要完善专业化、行业化的人力资源服务体系,明晰主管部门在人力资源服务中的职能定位,打造高素质人力资源服务队伍,提高服务的科学化水平,研究制定交通运输人力资源服务业从业人员行为规范,积极构建高效率、和谐的工作环境。

二、促进人力资源合理流动配置

一是要消除人力资源流动的体制性障碍,实行人力资源引进的柔性政策,保证人力资源流动的开放性和有序性。

二是重点支持中西部地区高技能人才落户政策,创新落户登记、社会保险关系转移接续、子女上学、荣誉申报服务。

三是加快建立社会保障制度,普遍推行社会保险制度,重点是在企事业单位普遍建立基本养老、失业保险和医疗保险制度,消除人力资源流动的后顾之忧。

四是进一步健全收入分配激励机制,结合实际探索实行协议工资制、项目工资制、年薪制等分配办法。

五是鼓励交通运输科技人员积极从事职务发明创造,加大科研成果转化收益分配和知识产权保护力度。

三、构建交通运输人力资源信息网

一是加强各类服务平台建设,要建立人力资源培养机构和人力资源使用部门之间的供求联系机制,为培训机构和用人单位提供信息服务。

二是要运用大数据技术,加快信息共享平台建设,建立全国统一的、多层次的、分类型的交通运输人力资源信息网,丰富人力资源市场信息,定期发布人力资源的供求信息、政策信息和培训信息,扩充信息服务功能,实现交通运输人力资源信息全国联网。

四、加强教育培训力度

一是由于人力资源除了从外部引进之外,更为重要的来源是内部人才的开发,所以应建立有效的培训开发体系,对交通运输行业从业人员进行新的技能、观念及素质教育上的再培训,完善在职人员继续教育制度,分类制定在职人员定期培训办法,倡导干中学。

二是研究设定各类人员有效的职业发展通道,通过组织和激励,满足不同人员需求层次的要求,降低员工流动带来的成本,对员工进行职业生涯发展培训和工作实践,重视发挥科研院所作用,依托国家重大科研、工程、产业攻关、国际科技合作等项目,在实践中集聚和培养创新人才。

五、加大资金投入保障力度

一是要根据中央关于"人才投资优先保证"的政策与要求,结合实际需求,进一步拓展在政府公共财政预算中建立交通运输人力资源培育和人才发展专项资金的渠道,重点支持行业科技领军人才、优秀青年人才、国际化人才、复合型人才、紧缺急需人才培养等重点工作的顺利推进,营造积极向上、争先创优的良好氛围,鼓励各单位设置表彰奖励办法,用于奖励为行业发展做出贡献的集体或个人。

二是继续做好"交通运输行业高层次技术人才培养项目"申报和评选工作,重点资助部评选的优秀科技人才开展出版专著、学术交流、知识更新等活动,建议考虑物价上涨等因素,适度调增资助经费总额。

三是持续做好交通运输部专家委员会专项工作经费工作,发挥好交通运输业"智库"作用,建立健全各级各类专家津贴制度、保健制度和考核制度,各用人单位要针对各级各类专家,兑现专家津贴,保障45岁以下享受政府特殊津贴专家、有突出贡献中青年专家、国家及行业人才培养工程第一层次人选、科技英才等人均科研经费不能低于一定标准。

第七章 建设交通强国西部示范省人力资源保障体系的重点工程

第一节 实施创新团队培养工程

创新团队的培养是创新动力的保障,"打牢发展大底盘、建设祖国立交桥"必须要有创新人才做支撑。一个创新团队,领军人才是核心,善于创新是特质,团结协作是基础。

(一)加快培养领军人才

研究把握创新团队成长规律,注重发挥领军人才在创新团队中的引领作用。研究制订领军人才培养方案,实施正高职高级工程师聘任,落实正高职高级工程师与副厅级基本工资同水平,切实加大领军人才的培养选拔力度,努力造就一批"综合素质高、学术造诣深、创新能力强"的领军人才队伍,积极做好领军人才服务,为领军人才发挥更大作用创造条件。

(二)依托项目培育创新团队

善于创新是创新团队的特质,创新能力是在创新实践中形成的,创新团队是在创新实践中培育起来的。抓住战略实施的历史性机遇,依托重大建设项目,依托公路、铁路、水路等领域重大技术攻关项目,依托智能交通、城市客运等合作开发项目,推进产学研有效融合,在建设大底盘实践中培育创新团队。

（三）营造创新人才成长环境

积极组织开展创新能力培训，在行业大力营造鼓励尝试、宽容失败的创新氛围；鼓励和支持专业技术人员在一线开展科技创新实践活动；把创新能力、创新成果作为人才考核评价的重要指标，最大限度地开发和激励人才的创造潜能；广泛宣传创新团队、创新人才的成功和先进事迹，形成有利于自主创新的良好环境。

第二节　实施人才结构优化工程

人才结构的优化，是智力活力的保障。"打牢发展大底盘、建设祖国立交桥"，构建综合交通运输体系，实现贵州交通运输转型升级，必须构建合理的人才知识结构，加快人才自身知识结构的转型升级，加快专业领域人才结构的合理布局。

（一）加快交通人才自身知识的优化结构

加快适应综合交通运输体系的知识培训。按照"干什么学什么、缺什么补什么"原则，继续抓好铁路、民航、港口等急需知识的强化培训，重点加强交通运输综合规划、信息技术、统计分析、节能减排等紧缺知识的专题培训。

加快交通人才现有知识更新。更加关注交通发展的前沿动态和最新科技，在全行业大力开展知识更新教育与培训。加大适任、适岗培训，确保更新类知识占培训总量的50%左右。

组织"名家讲座""专家辅导"，引导交通人才积极参加新理论、新法规、新科技、新材料、新工艺等"五新"教育培训。定期举办交通创新论坛、高级研修班，促进高层次人才相互交流、学习新知。

加快提升人才的复合知识。研究制订贵州交通运输行业加快复合型人才培养的实施方案,有针对性地加强跨专业、跨岗位培训,加强各领域人才交流,促进交通人才提高其复合知识。立足岗位需要,鼓励人才参加第二专业、第二学历的学习和研究,重点推动高层次人才的复合知识提升,带动全行业人才的统筹规划能力、科技创新能力和综合管理能力提升。

（二）加快专业领域人才结构的合理布局

加大转岗培训力度。适应综合运输体系的构建要求和现代交通运输发展要求,必然出现岗位转移。如城市地铁、城市快速公交运输等新发展,交通职工需要转入新的工作岗位,因此,要加大转岗人员的培训力度,使其迅速适应新岗位。

加快急需领域、区域人才的引进。针对人才分布不合理的问题,要加快交通运输综合规划、港口航运、内河整治、救助打捞、信息技术、统计分析、节能减排等急需领域人才的引进力度;加快县市级生态旅游区的人才引入,尽快缓解其人才短缺问题,以促进交通各领域的协调发展。

实行订单培养调控布局。借助贵州高校的资源优势,切实加强紧缺知识的课程开发,加大贵州交通职业院校专业结构调整力度,引导职业教育资源更好地服务交通运输发展,对人才布局薄弱的专业领域,积极推行高端技能型专门人才的订单式培养。

第三节　实施紧缺人才引培工程

人才引培,是提供紧缺人才的保障。急需铁路、航空、港口、城市客运、交通物流、船舶检验、节能减排和信息技术等方面的高层次人才,缓解关键领域紧缺人才制约。

（一）加大紧缺人才引进力度

加快建立健全人才引进机制,努力为紧缺人才引进提供"绿色通道"

服务,主动争取人才主管部门支持,简化人才引进手续;认真落实紧缺人才在待遇、晋升、培训等方面的倾斜政策;逐步建立紧缺人才预测预报机制,及时发布紧缺人才目录,为紧缺人才提供信息服务。

(二)加快培养交通紧缺人才

研究制订高层次紧缺人才培养方案,精心组织实施有针对性的培训。组织实施研究性培训。联合有研究实力、有培养能力的科研机构,共同申报省级、国家级交通科研课题,在参与研究中培训提高;组织实施实践性培训。依托交通各类技术研发机构、重点实验室、重大项目研究团队等,在参与实践中培训提高;组织实施交流性培训。加强国内国际合作,利用中外友好合作平台,以及国内外优质教育资源,在参与交流中培训提高。

第四节 实施管理人才提升工程

交通运输能不能实现科学发展、转型发展,能不能更好地服务大局、服务民生,都与管理息息相关。

(一)加快管理人才的理念更新

紧紧围绕交通运输科学发展、转型发展的历史使命和战略任务,深入推进思想解放、观念更新,深刻认识发展不够是最突出的问题,"打牢大底盘"是最紧迫的任务,"建设立交桥"是光荣的使命,切实增强管理人才的战略规划意识、统筹管理意识和公共服务意识,全面开展专题调查研究,用群众智慧推动思想解放,以实践需求促进理念更新。

(二)加强管理人才的能力建设

以解决"打牢发展大底盘"中的重点、难点问题为突破,着力提高管理人才的科学决策能力、政策创制能力、高效执行能力和应急处置能力。充分发挥"贵州交通运输教育培训中心"和各级交通教育培训基地功能,把管理人才的能力培训列为重中之重,制定干部培训计划,加大法律知识、管理知识、经济知识和交通专业知识的培训力度。

（三）提升管理人才的自身素养

广泛开展行业核心价值体系教育实践活动，深入思考"打牢底盘靠什么、打牢底盘为了谁"，切实增强管理人才的民本情怀。以增强责任感、凝聚力、协作性为目标，组织开展拓展型、体验式培训，着力培育管理人才的团队精神。贯彻落实《中国共产党党员领导干部廉洁从政若干准则》，全面推行交通廉政风险防控手册，深入实施交通廉政文化"六同"活动，注重陶冶管理人才的廉政品格。以作风建设为切入点，增强"两情"、改进"两风"，加强干部队伍作风建设。扎实推进交通运输文化建设，不断提高管理人才的人文修养。

第五节　领导干部素质提升工程

（一）完善贵州交通运输领导干部工作体系

锻造忠诚干净担当的高素质干部队伍，建立素质培养、知事识人、选拔任用、从严管理、正向激励的干部工作体系。贯彻新时期好干部标准，落实党管干部原则，强化党组织领导和把关作用，严把选人用人政治关、品行关、作风关、廉洁关，改进干部推荐考察方式，坚持"凡提四必"，坚决纠正"四唯"等取人偏向，防止干部"带病提拔"，推进干部能上能下，加强干部管理监督，着力培养忠诚干净担当的高素质干部，建立源头培养、跟踪培养、全程培养的素质培养体系，日常考核、分类考核、近距离考核的知事识人体系，以德为先、任人唯贤、人事相宜的选拔任用体系，管思想、管工作、管作风、管纪律的从严管理体系，崇尚实干、带动担当、加油鼓劲的正向激励体系，教育培养突出政治素质，把提高政治觉悟、政治能力贯穿干部教育培训全过程，使干部始终在政治上站得稳、靠得住、信得过。

（二）组织实施人事管理"三个一"工程

瞄准交通强国建设的总目标,加强干部管理队伍的素质培养,提升管理队伍的大局意识,提高其宏观决策能力,转变管理方式,适应大数据、智能化、国际化发展趋势,提高为行业、为基层、为人民服务的能力。每年召开一次贵州省交通人才会议,总结交流行业及各地方在人才工作方面的经验和做法,了解行业发展的基本情况,凝聚行业发展共识,共建交通人事一家亲的行业氛围。每年开展一次全省交通人事干部培训,邀请国家、行业有关专家学者就国际国内经济形势、国家和行业发展热点问题进行专家解读,提高交通人事干部的工作视野,保持与国家、行业发展的协调性。每年设立一项以上交通人力资源相关调研课题,增强行业主管部门对行业发展的认识,更好地为行业发展提供有针对性的政策建议。

第六节　拔尖领军人才培育工程

针对行业两院院士缺乏、顶尖人才不足的现实,要重新构建行业高层次人才体系,完善高层次人才梯队建设。力争用 15 年左右的时间,着力培养行业院士、各类领军人才、青年科技英才梯队。

（一）加强院士后备人才的培养和储备

把推选院士作为培养领军人才的载体,通过院士推荐工作,发现各专业领域的领军人才。将院士后备人才培养与国家、部各类人才选拔工作紧密衔接,有重点、有计划地发现和培养领军人才。

（二）完善行业高层次人才梯队建设

完善行业高层次人才体系,构建以青年科技英才为基础、勘察设计大师等科技领军人才为中坚力量、两院院士为塔尖的行业高层次人才梯队,为交通强国建设提供源源不断的人才支持。

（三）有组织、有计划地加大领军人才宣传力度

依托重大工程项目，积极创造条件，提供展示平台，加大领军人物宣传力度。利用工程中的专业技术研讨和咨询活动，邀请行业内、行业外院士参加，了解交通工程的技术难度，了解交通运输行业的领军人物。

第七节　国际化人才培养工程

确立国家人才竞争比较优势、建设世界交通强国需要我们人才具有国际视野。针对我国交通国际人才匮乏的现实，重点开展国际组织人才培养和输送工程。

制定国际化人才定向培养计划。依托大连海事大学、长安大学、长沙理工大学等各专业教育机构，采取"2+2"等培养模式，从课程设置到就业导向定位为培养交通运输国际化人才。

建立国际组织后备人才库。根据交通运输国际组织职位，建立高级职位后备人才库。每年从省内科研机构、企事业单位、社团组织等多元化渠道选拔推荐适当数量政治过硬、业务能力强、综合素质高、外语基础好的专门人才入库。

开展国际组织人才输送计划。每年从后备人才库中遴选适当数量后备人员，开展针对国际组织工作任职的专业培训，帮助其制订任职目标、工作计划等，保持和加强与目标国际组织的联系，积极参加目标组织活动，协助后备人员有针对性地参加国际组织项目，获得必要工作经历，争取在后备期限内实现任职目标。

第八节　高精尖缺人才培养工程

随着全球新一轮技术革命和产业变革，"互联网+"、无人驾驶、人工

智能等新兴技术在交通运输领域的融合发展走在了世界前列,带来的新业态、新产业发展对既有交通运输行业管理、技术人才提出了新的挑战。

实施"交通运输专业技术紧缺人才培养计划"。针对交通运输发展的重要领域、新兴领域和薄弱环节,以及相应的配套政策。突出"高精尖缺"导向,大力引进一批能够突破关键技术、发展高端产业、带动新兴学科的技术领导人才,带出创新团队,为人才发展提供新动力,推动适应交通运输新技术、新模式、新业态向纵深发展。

从人才培养环节入手,政府主管部门与人才培养机构,采取"共建"机制,有重点地支持行业内外高等院校交通类重点学科、主干专业和新兴专业,改善办学条件、提高教学质量,同时设立专项奖学金,吸引优秀的高中毕业生进入交通类专业学习、选择交通类职业工作。

大力加强在职人员培训。根据各类人才的不同特点,制定各类人才能力建设的标准框架,完善教育培训的内容、方法和机制,建立面向全行业的以能力为基础的各类人才培训和开发体系。树立大教育、大培训观念,倡导继续教育和终身教育,充分发挥交通运输行业各级培训机构的作用,实现资源共享、信息互通、优势互补,使培训教育资源最大限度地得到利用。

第九节　优秀青年人才成长工程

青年人才是未来交通运输事业的栋梁,是产生高端人才的后备力量。在高层次人才培养、选拔的过程中,要注重年轻人才队伍的建设,特别是要着力发现并培养有潜力的优秀青年,为交通强国建设事业提供长久发展的智力源泉。

(一)选准选好青年人才

加强交通运输青年人才状况的调查分析,尽早发现"好苗子",建立交通运输青年人才储备库。加快健全交通运输青年人才选拔机制,坚持宽视野、多渠道选拔青年人才,既要侧重紧缺重要岗位,又要兼顾行业的各个领域;既关注交通建设一线,又注重行业管理基层。实施青年人才选拔培养责任制,确保青年人才选拔培养落实。

(二)全程跟踪培养青年人才

青年人才的成长需要更多机会,在组建创新团队时更多地吸纳青年人才,在组织项目攻关时把更多的任务交给青年人才,在解决难题时让青年人才更多的崭露头角。鼓励青年人才开展课题研究,在项目配套、专著出版等方面给予更多资助。把青年人才列为后备栋梁人才重点对象,分批举办专题培训班。支持青年人才出国深造、在职攻读学历学位、参与高层次学术交流;继续开展青年岗位能手称号评比活动,鼓励青年人才成长成才、创先争优。

(三)加强青年人才实践锻炼

研究制订青年人才基层锻炼、交流轮岗实施办法,加快建立青年人才"下得去、干得好、上得来、成长快"的发展机制。畅通机关和企事业单位青年人才交流轮岗的渠道,既要把机关青年人才输送到基层磨炼,又要从基层选拔优秀青年人才到机关锻炼。指导帮助青年人才做好事业生涯规划,引导青年人才扎根基层、奉献一线,打牢底盘、提升自我。

(四)实施"六个一批"培养青年干部

制订贵州省交通运输系统开展培养选拔年轻干部实施办法,实施"六个一批"工程,即:公开选拔一批、大胆提拔一批、优选储备一批、交流任职一批、挂职锻炼一批、重点培训一批。从交通运输青年人才储备库中,选拔政治立场坚定,理论水平较高,有强烈的事业心和责任感,综合素质好,有较强的组织管理能力,党性观念强,清正廉洁、作风正派,群众观念强,群众评价好,工作业绩突出的青年人才,进行有针对性的培养锻炼,尽快培养和储备一批青年干部,保障交通运输事业持续发展。

（五）行业人才队伍建设的实践平台

加大对青年人才支持力度,搭建行业人才队伍建设的实践平台。注重在重大建设工程和重点科研项目中对优秀青年人才委以重任,坚持把有发展潜力的优秀青年人才放到关键性岗位和一线岗位锻炼,采取轮岗、上挂、下派等方式有计划、有步骤地抓紧培养,形成制度,长期坚持,并进行跟踪考察,定向培养。

（六）营造良好政策环境

在重大建设工程和重点科研项目等招投标中优先保障45岁以下享受政府特殊津贴专家、有突出贡献中青年专家、国家及行业人才培养工程第一层次人选、青年科技英才等的项目申请。建立健全行业"传帮带"机制,帮助青年人才成长。

第十节　高技能人才振兴工程

交通强国,品质为胜。无论是交通工程建设,还是运输服务都需要大量的技能人才,特别是高技能人才的支持。通过在行业内实施高技能人才振兴工程,为大国工程提供一支数量充足、技术高超的实用型技能人才大军。培养选拔和扶持高技能人才。深入贯彻国家"放管服"改革要求,全面落实《国家职业资格目录》,推动行业职业资格制度在贵州的改革创新规范发展。继续组织参加全国交通运输行业职业技能大赛,加大参与"全国交通技术能手"选拔工作力度。大力弘扬工匠精神,实施"技能大师工作室"建设项目,为高技能人才开展技术研修、技术攻关、技术技能创新和带徒传技等活动创造条件,推动技能大师实践经验及技术技能创新成果加速传承和推广。重点建设一批技能人才示范性培训基地,组织建设大批技能人才的专业实训示范基地,争取国家和交通运输部门以资金、政策等的重点支持。

（一）加快"交通运输教育培训中心"建设

加快交通运输行业管理干部培训平台建设。整合全省培训资源，改善各级交通教育培训机构条件，提升教学设施装备现代化水平，建立开放、兼容、共享的全省交通运输教育与培训网络，更好地满足交通运输干部多样化的学习需求，形成"统筹管理、高效运作、规范服务、统一认证"的培训管理体系，不断完善交通教育培训工作体制机制，初步形成贵州交通运输行业终身教育体系。

（二）加强技能培训能力建设

充分利用交通职业院校等现有资源，在公路施工、机动车检测维修、现代交通物流、港口航运等领域，重点建设一批"技能人才培养示范基地"，建成一批"师资强、条件好、制度全"的职业技能培训站。在重点工程一线、大型物流企业、窗口服务单位，首席质量工作室，放大"名师出高徒"效应。进一步加强校企合作，积极探索"蓝领双证""升级换证"等技能人才培养模式。

（三）广泛开展职业技能竞赛

主动适应现代运输业的发展要求，重点选择船舶检验、路面质量检测、机动车节能驾驶等工种技能，定期组织大规模的岗位练兵、技能竞赛活动。建立以赛促学、以赛带训的常态机制，构建一个包括主要工种、涵盖不同层级的"竞技场"。带动全行业广大职工学知识、钻业务、强技能，加快培养造就一大批爱岗敬业、技术精湛的高技能人才。

（四）加强职业资格制度建设

坚持"资格准入、提升技能、急需先建、分步实施"的原则，加快完善关键岗位职业资格制度。研究建立省交通职业资格工作指导中心，进一步健全交通职业技能鉴定网络，全面开展职业资格考核认定和特有工种技能鉴定。继续开展"青年岗位能手""金牌收费员""十佳标兵"评选表彰活动，积极推进交通技师考评制度改革。主动联合有关部门，重点加大交通建设领域质量考评制度改革,重点加大交通建设领域劳务人员的培训力度,积极探索培训、考核、使用和待遇相结合的技能人才留用机制。

第十一节　专家服务基层工程

制定鼓励和吸引交通运输人才到民族地区、贫困地区和农村工作或提供服务的优惠政策,引导人才向中小城市流动、到农村和基层创业,逐步解决人才积压和人才短缺矛盾,最大限度地盘活现有人才资源。

继续配合国家实施交通运输部支持西部地区干部培训计划。积极筹措专项资金,采取请出来和派进去、对口支援和参与项目等多种形式的活动,组织对西部地区交通运输领导干部、管理干部、专业技术人员和教育师资的培训。继续组织交通教育扶贫和支援老区、少数民族地区和边疆地区交通运输教育发展。

第十二节　军民融合人才培养工程

切实加强交通运输军民融合人才队伍建设,把培养科技人才作为军民融合人才培养的重要切入点,一是要突出一流院校、一流专业;二是力争进入交通运输行业和军队科研创新体系;三是建设高水平重点实验室。

第八章 建设交通强国西部示范省人力资源保障体系政策措施与建议

为推动贵州交通运输人力资源保障体系建设目标的顺利实现以及各项任务工作的有序实施，要紧密围绕建设交通强国西部示范省人力资源保障体系的总体部署和要求，着重在以下几个方面加强保障工作。

第一节 加强组织领导，落实目标责任

一是要加强组织领导，统一认识，在交通运输部人才工作领导小组统揽行业人力资源管理尤其是人才管理服务工作全局的同时，强调对交通运输人力资源保障体系建设工作的重要性与紧迫性达成共识，增强使命感与责任感。

二是要积极探索党管干部、党管人才的新方法，健全党委联系专家等制度，做好团结、引领、服务交通运输人力资源保障体系建设工作，各级领导干部要真诚同广大从业人员交朋友，政治上信任、工作上支持、生活上关心，为他们发挥聪明才智创造良好条件。

三是要明确主管领导，落实责任主体，构建有关部门各司其职、密切配合的交通运输人力资源保障体系建设工作格局，引导各级各地交通运

输主管部门和有关单位树立起一个观念,即做好交通运输人力资源保障体系建设工作不仅仅是组织人事部门的事情,而是各部门、各单位共同的责任。

第二节　加强统计监测,提升服务能力

研究交通运输人力资源相关课题,都倚赖于摸清家底,需要掌握全行业人力资源总量、结构、分布和素质等现状情况,依此做出科学的人才决策。但目前行业人力资源统计监测工作存在制度不健全、渠道不畅通、指标体系不完善、数据不全面等突出问题尚未解决,给统计和研究工作均造成一定困难。此外,由于铁路、公路、水路、民航和邮政等各运输方式的技术经济特点与行业管理体制不同,部门、类别与层次分布特点迥异,造成人力资源统计的范围与口径不一致,各运输方式人力资源的总量、结构等难以简单叠加。主要做好以下几方面的工作。

一是完善符合行业实际的人力资源统计指标、制度、报表等体系,合理界定交通运输人力资源统计的范围和口径,充分融合利用多方的统计渠道和信息资源。

二是改进人力资源统计调查方法,逐步形成部门统计与行业统计相结合,以全面调查为基础、以经常性抽样调查和重点调查为补充的行业人力资源统计调查制度。

三是建立健全动态监测与定期跟踪评估制度,加强行业人力资源统计分析工作,强化统计信息服务,扩大服务对象,丰富服务内容,改进服务方式,为社会各界提供交通运输人力资源供需信息。

四是将行业人力资源相关数据信息纳入国家综合交通运输信息平台或行业大数据应用中心的信息采集、整理与应用范围中,提高行业主管部门的决策能力和管理服务水平。

第三节　塑造人才文化，加强宣传引导

一是要加强交通运输行业精神文明建设，培育塑造行业特色人才文化，将人才文化纳入到现代交通文明建设中去，运用文化的力量，继承交通运输行业优良传统，弘扬交通运输行业时代精神，构筑行业内部的和谐关系，增强整个行业的文明意识，激发广大从业人员的积极性和创造性。

二是要大力构建具有行业特色的、充分体现人本理念和人文关怀的人力资源管理文化和服务文化，增强交通运输人力资源的集体观念和团队精神，提高行业整体凝聚力和战斗力。

三是各级用人单位要把职工切身利益摆在人事组织工作第一位，关心职工、爱护职工，既在工作上为他们创造发挥才能和提高能力的条件，又要热情地在思想和生活上帮助他们，为他们解除后顾之忧，使每一位从业者都能获得实现个人价值的事业舞台。

四是要加大宣传引导力度，使交通成就为社会所熟知，交通人才为社会所了解，通过评选、宣传一系列交通模范人物，发挥榜样带头作用，进一步扩大交通运输行业影响力，树立行业新形象。

第四节　强化国际合作，扩大开放力度

一是要强化交通运输人力资源国际合作，实行更加开放的人力资源政策，紧抓跨国跨地区联合项目攻关、专家学者互派互访、参加国际会议论坛等机遇，加强国内外交通运输人力资源的学习交流。

二是要充分依托国家"一带一路"建设等，探索人力资源的国际化培养方式，积极利用国（境）外教育培训资源培养我国交通运输从业者。

三是要坚持自主培养开发与引进海外人才并举，大力吸引海外高层次人才和紧缺急需领域人才来华(回国)工作,重点引进能够突破关键技术、带动新兴学科的战略科学家和创新创业领军人才,统筹开发、合理使用国内国外两种人力资源。

四是要健全专业化、国际化的交通运输人力资源市场服务机构和体系,通过鼓励和支持国际猎头公司、国际人才中介服务机构设立合资或分支机构,吸引聚集国内外人力资源,提升国际化交通运输人力资源合作交流水平。

第五节 "十四五"贵州交通运输行业
人才队伍建设基本思路

一、"十四五"期间贵州交通运输行业人才队伍建设基本思路

首先,全面贯彻党的二十大精神,以习近平新时代中国特色社会主义思想和习近平总书记关于人才工作系列重要指示精神为指导,坚持党管人才原则,加快实施人才强交战略,突出人才引领发展,聚焦高素质交通运输管理人才、高层次交通运输专业技术人才、高技能交通运输应用人才,努力建设一支矢志奉献交通事业,勇于创新创造的优质交通运输人才队伍,为贵州交通运输跨越发展、转型升级和推进交通强国西部示范省建设提供坚强人才保障和广泛智力支持。

其次,以"交通强国、人才强交"战略为主线,以贵州交通运输人力资源开发和高精尖缺人才队伍能力建设为核心,充分发挥市场在交通运输人力资源配置中的决定性作用,更好发挥政府作用,以政策扶持和环境营造为重点,健全管理和服务制度,坚持正确选人用人导向,使贵州交通运输行业人才资源存量和集聚优势得到更加充分的发挥,实现更高质量和

更充分就业。

再次,根据建设交通强国西部示范省的需求,调整交通运输行业人才发展目标。"十四五"时期,重点围绕高速公路、水运、铁路、民航、物流和综合运输服务人才,建立系统全面、门类齐全交通运输人才库,人才培养多样化、人才流动合理化、制度建设科学化,形成行业结构、层次结构、专业结构、年龄结构相对合理的人才梯队,基本适应贵州交通运输发展需要,造就总量适度、素质优良、门类齐全、结构合理的交通运输人才队伍,建成西部交通运输人才强省。

最后,要始终坚持五个方面的原则。即坚持党管人才原则、坚持人才优先原则、坚持改革创新原则、坚持统筹协调原则以及坚持开放共享原则。

二、"十四五"期间贵州交通运输行业人才队伍建设发展目标

要以为交通强国西部示范省建设提供交通运输人才保障作为发展目标,围绕以下三个方面开展工作。

首先,人才体制机制完善。交通运输人才发展体制机制改革到位,政策制度体系更加完善,服务保障体系更加健全,实现交通运输人才工作体制更加顺畅,机制更加优化,政策更加完善。健全贵州省交通运输人才发展工作体制机制,建立完善人才服务、培养和评价体系,启动"一对一""人才——基地——项目"、高校深度合作、继续教育培训、挂职跟班学习等一系列人才培养措施,补齐综合运输人才、大数据人才、国际化人才等短板。

其次,数量质量结构优化。贵州交通运输人才总量规模进一步扩大,人才布局和结构进一步优化,管理干部人才、领军人才、复合型人才和紧缺急需领域人才等人才队伍得到优先培养和大力开发。人才发展创业环

境进一步改善,在行业内形成人人渴望成才、人人努力成才、人人皆可成才、人人尽展其才的良好局面,为建设交通强国提供坚实支撑和保障。

最后,建成西部人才高地。成为西部交通运输人才高地,高层次、高技能专业人才在西部省份占优。确立贵州省交通运输人才竞争的比较优势,进入西部交通运输人才强省行列,建成立足西部、服务全国的西部交通运输人才强省。为建设交通强国提供贵州交通人才工作样板。

三、"十四五"期间贵州交通运输行业人才队伍建设主要指标

这一指标主要体现在以下八个方面的考核。

1. 人才队伍规模:增长 10%。

2. 人才队伍结构:人才省内区域分布结构、行业分布结构、学历结构、职称结构和年龄结构进一步优化。

3. 高层次人才培育:1 名入围院士候选人。

4. 党政人才大规模培训:增长 30%。

5. 紧缺人才引进:增长 50%。

6. 人才团队建设:建成 10 个左右在国内外有影响力的创新团队。

7. 青年后备人才:增长 10%。

8. 大数据交通等新业态重点人才:增长 30%。

四、"十四五"期间贵州交通运输行业人才队伍建设重大项目

1. 贵州交通运输高端人才培养项目(2020—2025)

启动院士工程,通过高速公路建设项目,重点聚焦山区交通运输建设工程领域,遴选 2 至 5 名学风正派、品行端正技术精湛的高层次交通运输专业技术带头人作为中国工程院院士人选培养,着力培养行业院士 1—2

名、各类领军人才 30 名左右、青年科技英才 50 名左右的拔尖人才梯队。

（1）加强院士后备人才的培养和储备。把推选院士作为培养领军人才的载体，通过院士推荐工作，发现各专业领域的领军人才。将院士后备人才培养与国家、部各类人才选拔工作紧密衔接，有重点、有计划地发现和培养领军人才。

（2）完善行业高层次人才梯队建设。完善行业高层次人才体系，构建以青年科技英才为基础、勘察设计大师等科技领军人才为中坚力量、两院院士为塔尖的行业高层次人才梯队，为交通强国西部示范省建设提供源源不断的人才支持。

（3）有组织、有计划地加大领军人才宣传力度。依托重大工程项目，积极创造条件，提供展示平台，加大领军人物宣传力度。利用工程中的专业技术研讨和咨询活动，邀请行业内、行业外院士参加，了解交通工程的技术难度，了解交通运输行业的领军人物。

（4）实施"交通运输专业技术紧缺人才培养计划"。针对交通运输发展的重要领域、新兴领域和薄弱环节，以及相应的配套政策。突出"高精尖缺"导向，大力引进一批能够突破关键技术、发展高端产业、带动新兴学科的技术领导人才，带出创新团队，为人才发展提供新动力，推动适应交通运输新技术、新模式、新业态向纵深发展。

（5）从人才培养环节入手，政府主管部门与人才培养机构，采取"共建"机制，有重点地支持省内外高等院校交通类重点学科、主干专业和新兴专业，改善办学条件、提高教学质量，同时设立专项奖学金，吸引优秀的高中毕业生进入交通类专业学习、选择交通类职业工作。

（6）加大对青年人才支持力度，搭建行业人才队伍建设的实践平台。注重在重大建设工程和重点科研项目中对优秀青年人才委以重任，坚持把有发展潜力的优秀青年人才放到关键性岗位和一线岗位锻炼，采取轮岗、上挂、下派等方式有计划、有步骤地抓紧培养，形成制度，长期坚持，并进行跟踪考察,定向培养。在重大建设工程和重点科研项目等招投标中优先保障 45 岁以下享受政府特殊津贴专家、有突出贡献中青年专家、国家及行业人才培养工程第一层次人选、青年科技英才等的项目申请。建立健全行业"传帮带"机制,帮助青年人才成长。

需要省核心专家、省管专家、省政府特殊津贴专家、省创新人才、省青年科技等人才计划对交通运输行业予以倾斜。对交通运输行业尖端人才培育给予经费和平台支持。

2. 贵州交通运输人才国际化项目(2020—2025)

按照"国际视野,国内一流"的战略定位,有针对性地开展交通运输人才国际合作培训与交流,加快培养有世界眼光、与国际接轨的高素质复合型人才,吸引外国专家来国内开展大讲堂和学术交流活动。积极践行国家"一带一路"建设,实施走出去战略,大力推进国际化人才培养工程,批量培养优秀海外商务人才和交通运输专业技术人才,从管理骨干、技术骨干和高技能精英等不同层面推进国际化人才培养,让贵州交通人才走得出去,站得住脚。

(1)开拓贵州交通运输行业人才国际视野。针对贵州交通国际人才匮乏的现实,重点开展国际组织人才培养和输送工程。力争通过 5 年左右时间的努力,到 2025 年实现贵州在交通运输领域主要国际组织任职人数有所突破,担任重要国际组织职位人数达到 1—3 人。

(2)制定国际化人才定向培养计划。依托贵州交通职业技术学院等专业教育机构,采取"2+2"等培养模式,从课程设置到就业导向定位为培养交通运输国际化人才,建立一个长期的学科发展方向,形成贵州交通运输国际化人才成长的摇篮。

(3)建立国际组织后备人才库。根据交通运输国际组织职位,建立高级职位后备人才库。每年从国内科研机构、企事业单位、社团组织等多元化渠道选拔推荐 5 名政治过硬、业务能力强、综合素质高、外语基础好的专门人才入库。

（4）开展国际组织人才输送计划。每年从后备人才库中遴选3名左右后备人员，开展针对国际组织工作任职的专业培训，帮助其制订任职目标、工作计划等，保持和加强与目标国际组织的联系，积极参加目标组织活动，协助后备人员有针对性地参加国际组织项目，获得必要工作经历，争取在后备期限内实现任职目标。

（5）强化交通运输人力资源国际合作，实行更加开放的人力资源政策，紧抓跨国跨地区联合项目攻关、专家学者互派互访、参加国际会议论坛等机遇，加强国内外交通运输人力资源的学习交流。充分依托国家"一带一路"建设等重大部署，探索人力资源的国际化培养方式，积极利用国（境）外教育培训资源培养我国交通运输从业者。坚持自主培养开发与引进海外人才并举，大力吸引海外高层次人才和紧缺急需领域人才来华（回国）工作，重点引进能够突破关键技术、带动新兴学科的战略科学家和创新创业领军人才，统筹开发、合理使用国内国外两种人力资源。健全专业化、国际化的交通运输人力资源市场服务机构和体系，通过鼓励和支持国际猎头公司、国际人才中介服务机构设立合资或分支机构，吸引聚集国内外人力资源，提升国际化交通运输人力资源合作交流水平。

需要省级层面支持交通运输行业联合高校、企业等单位开展"一带一路"援外培训，支持贵州企业通过援外培训输出贵州交通成果，加强交通运输人才国际交流和考察。

3. 贵州交通运输干部管理队伍素质提升项目（2020—2021）

完善交通运输领导干部工作体系。锻造忠诚干净担当的高素质干部队伍，建立素质培养、知事识人、选拔任用、从严管理、正向激励的干部工作体系。贯彻新时期好干部标准，落实党管干部原则，强化党组织领导和把关作用，严把选人用人政治关、品行关、作风关、廉洁关，改进干部推荐考察方式,坚持"凡提四必",坚决纠正"四唯"等取人偏向,防止干部"带病提拔",推进干部能上能下,加强干部管理监督,着力培养忠诚干净担当的高素质干部,建立源头培养、跟踪培养、全程培养的素质培养体系,日常考核、分类考核、近距离考核的知事识人体系,以德为先、任人唯贤、人事相宜的选拔任用体系,管思想、管工作、管作风、管纪律的从严管理体系,崇尚实干、带动担当、加油鼓劲的正向激励体系,教育培养突出政治素质,把提高政治觉悟、政治能力贯穿干部教育培训全过程,使干部始终在政治上站得稳、靠得住、信得过。组织实施人事管理"三个一"工程。瞄准交通强国西部示范省建设目标,加强干部管理队伍的素质培养,提升管理队伍的大局意识,提高其宏观决策能力,转变管理方式,适应大数据、智能化、国际化发展趋势,提高为行业、为基层、为人民服务的能力。定期召开全省交通人事处长(科长)会议,总结交流行业及各地方在人事工作方面的经验和做法,了解行业发展的基本情况,凝聚行业发展共识,共建交通人事一家亲的行业氛围。每年开展一次全省交通人事干部培训,提高交通人事干部的工作视野,保持与交通运输部人才工作协调性。每年设立一项交通人力资源相关调研课题,增强行业主管部门对行业发展的认识,更好地为行业发展提供有针对性的政策建议。

对优秀交通运输干部加快提拔到地方工作,发挥贵州交通运输及交通人才优势。

4.贵州交通运输人才信息库建设项目(2020—2021)

分类建立公路、水运、铁路、民航、综合运输,以及公路养护管理体制、综合运输、现代物流、大数据交通等人才数据库,通过大数据分析,掌握交通运输人才动态,服务选拔、培养、使用、管理和后备。

(1)加大行业人力资源统计监测工作力度,动态掌握全省交通运输行业人力资源总量、结构、分布和素质等现状情况,依此做出科学的人才决策。解决制度不健全、渠道不畅通、指标体系不完善、数据不全面等突出问题。完善符合行业实际的人力资源统计指标、制度、报表等体系,合理界定交通运输人力资源统计的范围和口径,充分融合利用多方的统计渠道和信息资源。改进人力资源统计调查方法,逐步形成部门统计与行业统计相结合,以全面调查为基础、以经常性抽样调查和重点调查为补充的行业人力资源统计调查制度。建立健全动态监测与定期跟踪评估制度,加强行业人力资源统计分析工作,强化统计信息服务,扩大服务对象,丰富服务内容,改进服务方式,为社会各界提供交通运输人力资源供需信息。

（2）借鉴交通建设工程质量监督综合专家库建设及使用经验,按照管理人才、专业技术人才、技能人才三个大类别,细化"交通优秀项目经理""交通科技英才""交通技术能手"等人才库分类,用建库储备,储备中培养,培养促成才,成才后使用,把人才库建设成为交通运输人才队伍科学发展的"蓄水池"。借助大数据手段,统筹建立省内外交通运输工程技术研究、项目管理、科研项目、勘察设计等高层次人才联络信息平台,汇聚高端创新智力资源基础,根据交通建设管理需要加强联系合作。

（3）加强各类服务平台建设,要建立人力资源培养机构和人力资源使用部门之间的供求联系机制,为培训机构和用人单位提供信息服务。运用大数据技术,加快信息共享平台建设,建立全省统一、多层次、分类型的交通运输人力资源信息网,丰富交通运输行业人力资源市场信息,定期发布人力资源的供求信息、政策信息和培训信息,扩充信息服务功能,实现交通运输人力资源信息全国联网。

建议将交通运输行业人力资源相关数据信息纳入全省大数据应用中心的信息采集、整理与应用范围中,协调人才统计口径与标准,提高行业主管部门的决策能力和管理服务水平。

五、"十四五"期间贵州交通运输行业人才队伍建设重大政策

1. 贵州交通运输行业人力资源服务政策(2020—2025)

主要内容:一是转变行业主管部门人力资源管理理念,改进宏观调控,推动行业主管部门人力资源管理职能向创造良好发展环境、提供优质公共服务转变。二是明晰主管部门在人力资源服务中的职能定位,打造高素质人力资源服务队伍。三是促进人力资源合理流动配置,消除人力资源流动的体制性障碍,支持交通高技能人才落户政策,创新落户登记、社会保险关系转移接续、子女上学、荣誉申报服务。四是健全收入分配激励机制,结合实际探索实行协议工资制、项目工资制、年薪制等分配办法。鼓励交通运输科技人员积极从事职务发明创造,加大科研成果转化收益分配和知识产权保护力度。

需省里给予的支持措施:协调相关部门,支持交通运输行业结合实际出台新的人才政策。

2. 贵州交通运输行业干部职工教育培训政策(2020—2025)

主要内容:一是建立有效的培训开发体系,对交通运输行业从业人员进行新的技能、观念及素质教育上的再培训,完善在职人员继续教育制度,分类制定在职人员定期培训办法,倡导干中学。二是研究设定各类人员有效的职业发展通道,通过组织和激励,满足不同人员需求层次的要求,降低员工流动带来的成本,对员工进行职业生涯发展培训和工作实践,重视发挥科研院所作用,依托国家重大科研、工程、产业攻关、国际科技合作等项目,在实践中集聚和培养创新人才。

大力加强在职人员培训。根据各类人才的不同特点,制定各类人才能力建设的标准框架,完善教育培训的内容、方法和机制,建立面向交通运输行业的以能力为基础的各类人才培训和开发体系。树立大教育、大培训观

念,倡导继续教育和终身教育,充分发挥交通运输行业各级培训机构的作用,实现资源共享、信息互通、优势互补,使培训教育资源最大限度地得到利用。

需省里给予的支持措施:支持交通运输干部职工培训经费,学历提升给予经费支持,干部职工教育培训给予时间支持。

3. 贵州交通运输行业人才发展资金政策(2020—2025)

主要内容:一是要根据中央关于"人才投资优先保证"的政策与要求,结合实际需求,进一步拓展在政府公共财政预算中建立交通运输人力资源培育和人才发展专项资金的渠道,重点支持行业科技领军人才、优秀青年人才、国际化人才、复合型人才、紧缺急需人才培养等重点工作的顺利推进,营造积极向上、争先创优的良好氛围,鼓励各单位设置表彰奖励办法,用于奖励为行业发展做出贡献的集体或个人。二是继续做好"交通运输行业高层次技术人才培养项目"申报和评选工作,重点资助部评选的优秀科技人才开展出版专著、学术交流、知识更新等活动,建议考虑物价上涨等因素,适度调增资助经费总额。三是持续做好交通运输部专家委员会专项工作经费工作,发挥好交通运输业"智库"作用,建立健全各级各类专家津贴制度、保健制度和考核制度,各用人单位要针对各级各类专家,兑现专家津贴,保障45岁以下享受政府特殊津贴专家、有突出贡献中青年专家、国家及行业人才培养工程第一层次人选、科技英才等人均科研经费不低于一定标准。

需省里给予的支持措施:成立全省人才发展基金,对交通运输行业人才发展工作先进单位和部门给予专项基金支持。

六、"十四五"期间贵州交通运输行业人才队伍建设重大改革举措

1. 深化交通运输人力资源发展体制机制改革(2020—2021)

主要内容:推进人力资源管理体制改革,一是深化人力资源体制改

革,二是转变政府人力资源管理职能,三是充分落实用人主体自主权,四是健全市场化、社会化的人力资源管理服务体系。清理不合时宜的人才管理法律法规和政策性文件,深化行业人力资源发展体制机制改革,最大限度激发人力资源的创新创造创业活力,把各方面优秀人才集聚到贵州交通运输发展事业中来。

完善人力资源培养支持机制。一是全面系统培养人才,二是创新教育培养模式,三是促进青年人才脱颖而出。

健全人力资源顺畅流动机制。一是破除人力资源流动障碍,二是畅通人力资源流动渠道,重要人才工程项目适当向艰苦边远地区倾斜。

创新人力资源评价激励机制。一是加强人力资源科学评价,二是加大人力资源激励力度,鼓励各单位明确高级专家和优秀人才的收入和福利等待遇,明确政策落实执行主体与资金渠道。深化收入分配和干部人事制度改革的需要,建立一套有利于人力资源成长和人尽其才、科学规范、激励有效的收入分配机制,加快福利制度改革,逐步实现福利待遇规范化、制度化、货币化。

构建人力资源引才用才机制。一是探索创新引才机制,二是健全人才工作平台,三是发挥企业主体作用。

需省里给予的支持措施:支持交通运输行业人才创新与改革政策。

2. 交通运输人才队伍结构调整优化改革(2020—2025)

优化铁路、公路、水路、民航、邮政人才布局和结构,从战略上进行调整交通运输人才供给结构,以满足人才需求结构的变化、满足交通强国建设对交通运输人才的需求。一是谋划交通运输人才专业素质结构、层级结构、分布结构的战略性调整,二是统筹开发不同运输方式领域的人才,把人才优势体现到产业和行业优势中去,适应日益加快的综合运输、"大交通"体系构建步伐,三是在全省范围统筹开发不同区域交通运输人才,四是统筹开发城乡交通运输人才,五是统筹开发各层次人才,以人才布局结构优先调整引领现代交通运输产业结构优化升级。

需省里给予的支持措施：对交通运输人才结构调整过程中涉及到的职数改革、编制改革、职称改革以及岗位改革予以试点支持。

3. 交通运输紧缺急需人才培养开发改革（2020—2025）

主要内容：针对贵州综合运输、智能交通、现代物流、安全应急、节能环保、交通信用、政府及社会治理等现代交通运输发展的新兴领域和薄弱环节人才紧缺问题，一是定期发布紧缺急需人才目录，研制紧缺人才培养计划，以及相应的配套政策。二是重点地支持省内外高等院校交通类重点学科、主干专业和新兴专业建设，重点培养铁路客运专线领域紧缺的运、机、工、电、辆、牵引供电等专业技术人才，公路交通领域紧缺的道路工程、桥梁与隧道工程、交通安全等专业技术人才，水路交通领域紧缺的高级船员、高级验船师、救助及打捞专业技术人才，民航领域紧缺的飞行、管制、飞机维修等专业技术人才，邮政行业的快递服务、物流管理和信息技术等特种专业技术人才。三是培养交通高技能人才，包括铁路客运专线工务、电务、动车司机和动车随车机械师，公路建养、汽车维修、工程造价、工程机械：港口与航道建设、港口装卸机械操作与维护、船舶驾驶和轮机管理，民航安全检查员、乘务员，物流管理、邮政快递和信息技术等专业，四是加强国际化人才培养，有计划、有步骤地将贵州交通运输人才推向国际化。

改革贵州交通运输高技能人才培养方式。培养选拔和扶持高技能人才。深入贯彻国家"放管服"改革要求，全面落实《国家职业资格目录》，推动行业职业资格制度改革创新规范发展。参加全国交通运输行业职业技能大赛，加大"全国交通技术能手"选拔工作力度。大力弘扬工匠精神，实施"技能大师工作室"建设项目，为高技能人才开展技术研修、技术攻关、技术技能创新和带徒传技等活动创造条件，推动技能大师实践经验及技术技能创新成果加速传承和推广。建设一批技能人才示范性培训基地,组织建设大批技能人才的专业实训示范基地,争取国家和交通运输部门以资金、政策等的重点支持。

围绕"互联网+"行动、智慧交通、大数据交通、区块链交通和人工智能交通发展的要求,结合贵州大数据发展优势,携手高校、科研机构联合成立开展相关研究,推动产学研一体化发展,大数据交通技术人才和管理人才有一定数量集聚,在行业发展中起到积极作用。

需省里给予的支持措施:以资金、政策等重点支持建设交通运输技能实用人才示范性培训基地。对大数据交通人才等新业态交通运输人才予以培养经费支持和创业政策扶持。

第九章　贵州交通运输人才需求未来发展趋势

第一节　智慧交通

　　智慧交通作为一种新的服务体系,是在交通领域充分运用物联网、空间感知、云计算、移动互联网等新一代信息技术,对交通管理、交通运输、公众出行等交通领域全方面以及交通建设管理全过程进行管控支撑,使交通系统在区域、城市甚至更大的空间范围具备感知、互联、分析、预测、控制等能力,以充分保障交通安全、发挥交通基础设施效能、提升交通系统运行效率和管理水平,为通畅的公众出行和可持续的经济发展服务。

　　(一)产业现状:政策、技术、投资推动智慧交通行业进入快速发展期

　　纵观全球智慧交通的发展历程,大多数国家的智慧交通都是从智能交通演化而来的,尤其是在智慧交通走在前列的美国、日本以及部分欧洲的发达国家,它们的智慧交通基本是围绕着智能交通发展起来的,起始于20世纪60年代末,美国、欧洲、日本分散探索用先进的信息技术改进道路交通管理,探索的主要领域在于道路监控系统、交通信号自动控制系统、电子诱导系统、汽车定位系统和汽车导航系统等。

相对比发达国家,中国智慧交通发展起步时间较短,智能交通向智慧交通的演变历程,大致可以概况为以下三个发展阶段。

第一阶段:智能交通建设期。自 20 世纪 90 年代中期开始,我国组织相继开展了智能交通系统(Intelligent Transportation System,ITS)发展战略、体系框架、标准体系等研究,集中进行了智能交通关键技术攻关和试点示范。

第二阶段:智慧交通概念期。2008 年底,智慧城市在中国首次提出引起各方关注,IBM 抓住机遇连续召开多场针对中国市场的研讨会并与包括沈阳、南京在内的我国许多城市达成战略合作。智慧交通作为智慧城市中关键部分也引起了社会各界的研究兴趣。

第三阶段:智慧交通建设期。2012 年,我国成立了智慧城市创建工作领导小组,智慧交通是智慧城市的重要组成部分,由此开启了智慧交通建设序幕。2013 年,交通运输部提出了建设"综合交通、智慧交通、绿色交通、平安交通"的发展理念,将智慧交通作为国家交通运输行业的重点建设内容之一。2016 年,交通运输"十三五"发展规划中提出"要求各地开展智慧交通示范工程"。2017 年,交通运输部颁布《智慧交通让出行更便捷行动方案(2017—2020 年)》,中国智慧交通进入全面建设阶段。2019 年,《交通强国建设纲要》将智慧交通作为行业发展重点任务之一,中国智慧交通进入快速发展时期。

(二)产业政策:政府持续出台一系列相关政策法规

从 2015 年开始,政府层面持续出台相关政策法规推进智慧交通快速发展,以匹配现代化经济体系的建设需求,为全面建成社会主义现代化强国提供重要基础支撑。一系列政策意见的出台,都给智慧交通的发展带来比较好的政策环境,随着行业发展水平不断提升,智慧交通将更进一步发挥"新基建"的重要支撑作用。

国家智慧交通政策措施

部门	时间	政策	内容
交通运输部	2020 年 8 月	《关于推动交通运输领域新型基础设施建设的指导意见》	提出到 2035 年,交通运输领域新型基础设施建设取得显著成效。先进信息技术深度赋能交通基础设施,精准感知、精确分析、精细管理和精心服务能力全面提升,成为加快建设交通强国的有力支撑。基础设施建设运营能耗水平有效控制。泛在感知设施、先进传输网络、北斗时空信息服务在交通运输行业深度覆盖,行业数据中心和网络安全体系基本建立,智能列车、自动驾驶汽车、智能船舶等逐步应用。科技创新支撑能力显著提升,前瞻性技术应用水平居世界前列。
国家发改委	2020 年 2 月	《智能汽车创新发展战略》	中国标准智能汽车的技术创新、产业生态、基础设施、法规标准、产品监管和网络安全体系基本形成。2035—2050 年,中国标准智能汽车体系全面建成、更加完善。
中国海事局	2019 年 11 月	《智能航运发展指导意见》	提出加强顶层设计和系统谋划、提升港口码头和航运基础设施的信息化智能化水平、推进智能船舶技术应用、加强智能航运技术创新、加快船舶智能航行保障体系建设、提升港口及其重大装备和智能航运仪器、设备、系统的设计与建(制造能力、培育智能航运服务新业务新模式、防范智能航运安全风险、加强智能航运法规标准与监管机制建设、加强智能航运人才培养十大主要发展任务。
国务院	2019 年 9 月	《交通强国建设纲要》	大力发展智慧交通。推动大数据、互联网、人工智能、区块链、超级计算等新技术与交通行业深度融合。到 2035 年,基本建成交通强国,到本世纪中叶,全面建成交通强国。
交通运输部	2018 年 2 月	《关于加快推进新一代国家交通控制网和智慧公路试点的通知》	提出 6 个重点方向,基础设施数字化、路运一体化车路协同、北斗高精度定位综合应用、基于大数据的路网综合管理、"互联网"路网综合服务和新一代国家交通控制网,试点项目实施包括北京、河北、吉林、江苏、浙江、福建、江西、河南、广东等省(市)。
交通运输部	2017 年 9 月	《智慧交通让出行更便捷行动方案(2017—2020 年)》	建设完善城市公交智能化应用系统。深入实施城市公交智能化应用示范工程,充分利用社会资源和企业力量。
国务院	2017 年 7 月	《新一代人工智能发展规划》	城市公交便捷出行引导的智慧型综合出行信息服务系统建设。到 2020 年,国家公交都市创建城市全面建成城市公共交通智能系统

部门	时间	政策	内容
交通运输部	2016年7月	《城市公共交通"十三五"发展纲要》	在智慧交通方面,提出发展自动驾驶汽车和轨道交通系统,加强车载感知、自动驾驶、车联网、物联网等技术集成和配套,开发交通智能感知系统,形成我国自主的自动驾驶平台技术体系和产品总成能力,探索自动驾驶汽车共享模式。发展消费类和商用类无人机、无人船,建立试验鉴定、测试、竞技等专业化服务体系,完善空域、水域管理措施。全面推进公交都市建设;深化城市公交行业体制机构改革;全面提升城市公交服务品质;建设与移动互联网深度融合的智能公交系统。
国务院	2015年7月	《关于积极推进"互联网+"行动的指导意见》	明确提出要大力发展"互联网+"便捷交通,加快互联网与交通运输领域的深度融合。

(三)产业前景:迎来高速发展时期

根据《交通强国建设纲要》规划目标,到21世纪中叶,中国将全面建成交通强国,交通运输信息的数字化、网络化、智能化水平位居世界前列,信息新技术与交通行业的深度融合更趋自组织、自适应、自动化。智慧交通将是政府重点引导建设领域,同时计算机、互联网、大数据、人工智能等技术的快速发展,将能为智慧交通建设提供强大技术支撑,我国智慧交通将迎来高速发展时期,并逐步朝向一体化融合发展,系统建设、安全保障和标准化建设将逐步完善,呈现以下四大趋势。

1. 一体化融合发展

智慧交通的发展目标是人、车、环境数据的有效沟通,公路、水路、航空等多种交通数据互通,实现综合交通之间的信息共享,为此智慧交通的产品设计标准将会逐渐统一,以实现各个领域信息的共享和综合交通智能化协同与一体化融合发展。

2. 智慧交通中央控制系统建设逐渐完善

中央控制系统作为交通指挥系统的核心关键,可实现交通数据的处理分析,系统监管,交通管控、出行服务等功能,并为管理者提供直观有效的信息,优化城市规划建设,实现高效出行,是智慧交通核心部分,随着智慧交通产业发展更加成熟,中央控制系统的建设也将逐渐完善。

3. 软硬件安全运行保障受到重视

随着智慧交通产品物联化发展,产品将会面对来自病毒、黑客等多方面网络攻击威胁,产品的信息安全将无法忽视。智慧交通产品硬件安全性能将提升,诸如对防火墙、VPN 网关、入侵检测系统、入侵防御系统、统一威胁管理网关、令牌、指纹识别、虹膜识别等技术应用将更加深入;软件安全领域将加强身份管理与访问控制、安全性与漏洞管理和安全内容与威胁管理等方面的管理。

4. 智慧交通技术体系和标准化体系逐步完善

随着行业内技术发展逐渐成熟和应用范围不断扩大,智慧交通技术体系框架和标准化建设也将逐渐完善和丰富,标准化建设是行业发展的基础和保障,是目前我国智慧交通领域发展的重要工作之一。

第二节　数字孪生

数字孪生,可为智能交通系统(ITS)提供全新的技术支撑和发展方向。通过对 ITS 中物理实体进行镜像描述,数字孪生可实现全面的数据感知、实时的信息共享、精确的协同决策,从而变革式地推进原有 ITS 的基础架构向科学化、精确化、生态化交通综合管理系统转型升级。

(一)智能交通管控

在 ITS 中,车辆与 MEC 交互成本高、云服务器决策时延长、车辆对调度命令执行弱等问题显著。在数字孪生赋能的 ITS 中,通过虚拟世界对物理交通的孪生,可以构建 ITS 的高清镜像。云服务器可以通过路网布局、基础设施、车载用户的孪生数据对路网结构实施仿真优化、合理布局公共车辆规模、根据车辆偏好实行交通诱导。在边缘层,通过车载用户数字孪生体与 MEC 的快速交互,可以避免实体车辆与 MEC 频繁信息传输,同时根据用户个性化驾驶需求提前规划执行效率更高的驾驶路线,在提高交通效率的同时为车辆用户提供高品质的驾驶体验。

（二）协同无人驾驶

无人驾驶车辆（AutonomousVehicles,AVs）协同驾驶可以显著改善个体 AV 的智能瓶颈。然而,具备不同感知、计算、通信能力的 AVs 之间需要频繁的信息和决策共享从而确定协同组的规模及不同 AVs 的分工。在数字孪生赋能的 ITS 中,AVs 的资源状态及用户的需求和偏好均同步部署在与其连接的 MEC 的数字孪生体中。因此,虚拟世界中不同 AVs 的数字孪生体在 MEC 构建了一个全新的虚拟交互网络,其中 DTs 可以替代实体 AVs 进行信息交互并和制定策略,在节约计算和传输资源的同时实现数字孪生体的智能群体协同驾驶。

（三）异构资源分配

未来的 ITS 应用场景更加多样化,性能指标更为多元化,服务需求更加精细化,而现有的资源分配方案对设备差异化及服务个性化考虑不足,难以面向不同应用场景为车辆提供高质量服务。在数字孪生赋能的 ITS 中,物理实体的资源状态实时同步至其数字孪生体,云服务器可以灵活的对孪生体资源进行整合调度,实现对交通资源的细粒度管理。在对资源状态实时监测和配置的基础上,云服务器或 MEC 可以通过大数据分析及人工智能为用户定制基于知识的资源切片,满足不同用户对多样化服务的个性化资源需求,显著提高用户对服务的体验质量。

（四）基础设施养护

ITS 的感知不全面、精度低且智能化不足,难以实现对车路和基础设施高精度全方位的综合性监测及预测性养护。在数字孪生赋能的 ITS 中,车载、道路、基础设施中布设的传感器可实现实时状态监测并定期更新至云层孪生体。云服务器根据数字孪生体的感知信息综合考虑车路及基础设施状态和环境因素制定最优的决策。此外,数字孪生体会保存历史状态信息,在孪生世界建立车路和基础设施的全要素全生命周期数字档案并建立车路及基础设施预测性管理和养护系统,在提高驾驶安全性的同时降低车路和基础设施养护开销。

（五）道路应急救援

面对车流量的爆炸式增长及不同用户的驾驶需求,ITS 在为应急救援车辆规划最优路线开辟绿色通道时难以掌控普通车辆的调度执行性。在数字孪生赋能的 ITS 中,云服务器可以根据不同路段交通流动态设置不同的奖励并通过综合考虑车辆数字孪生体驾驶时间、奖励、个性化驾驶需求为车辆规划最优驾驶路径,从而促使不同驾驶需求的车载用户遵守交通调度。在此基础上,云层服务器和 MEC 可迅速调整交通信号灯及道路奖励应对应急救援事件,从而显著缩短应急救援车辆通行时间,降低事故应急事件的损失及对普通车辆的影响。

（六）数字资产管理

交通数据经过收集、融合、分析、深度学习处理后将生成具有极大利用价值的数字资产。在数字孪生赋能的 ITS 中,孪生体可以替代物理实体完成数字资产的归类、筛选、存储、授权、交易并建立全要素全生命周期的数据数字档案。从而基于孪生体的虚拟账户开启 ITS 数据资产商业化的新模式。此外,额外的收益也激励着 ITS 中物理实体积极参与数据的感知及维护,有利于支持 ITS 中多种应用及业务的展开,促进 ITS 行业生态产业链的构建。

（七）测试方案验证

传统 ITS 中高昂的成本和冗长的周期使得实施大规模算法、方案、架构的实际测试极为困难。物理世界海量智能传感设备动态地将感知数据实时映射到孪生世界的孪生体中,为新算法、新方案、新架构的推演及测试构建虚拟世界试验平台。数据需求者的孪生体可以与数据所有者的DTs在虚拟世界中进行博弈、商谈、决策以制定数据的交易方案。同时，新算法、新方案、新架构的测试可以在虚拟世界中的数字孪生体之间反复测试并及时修正。最终，在降低测试成本、缩短测试周期的基础上确保新方案、新算法、新架构在物理实体上的成功应用部署。

第三节　综合交通枢纽

一、综合交通枢纽概述

综合交通枢纽是由两种以上运输方式、重要路线、场站等设施组成，位于综合交通网络交汇处的交通枢纽。综合交通枢纽通过顺畅、便捷的交通流线紧密衔接，实现交通与城市功能、产业功能的相互促进，扩大交通枢纽影响力，带动城市经济发展。综合交通枢纽与关联产业深度融合后所形成的"枢纽经济"，已成为城市经济增长新旧动能转换向纵深推进的重要领域。

2022 年，交通运输部、国家铁路局、中国民用航空局、中国国家铁路集团有限公司联合发布《现代综合交通枢纽体系"十四五"发展规划》（以下简称《枢纽规划》），要求将"大力发展综合交通枢纽经济"作为重要任务之一，通过不断推动综合货运枢纽扩功能、增动能、提效能，努力形成新的经济增长点。如何将区位交通优势转变为区域经济优势，实现经济由高速增长转向高质量发展，需要从交通节点→交通枢纽→综合交通枢纽，以及枢纽交通功能→枢纽与城市融合→城市经济动能发挥的演进规律中寻求解答。其中，综合交通枢纽经济功能的发挥成为关键的一环。

综合交通枢纽的主要类别：

1. 客运交通枢纽。以客运服务基地为依托，包括基本客运服务、配套客运服务、小件和快递物流、商业服务等,以及政府公共管理与服务等,引领和推动城市客运新区、高铁小镇、旅游休闲区的形成与发展。综合客运枢纽、城市交通与市外交通换乘枢纽、铁路沿线换乘枢纽、旅游集散中心等为基本形态。无锡汽车客运枢纽、上海虹桥机场枢纽等,均是发展综合交通枢纽经济的成功案例。

2. 货运交通枢纽。以货运物流基地为依托,包括物流基本功能、物流增值和配套服务、周边商业和城市开发、集疏运系统板块,以及政府公共管理与服务等,并以此引领和推动城市物流产业集聚区的形成与发展。以铁路货运中心或多式联运基地、公路港、城市商贸物流中心、航空港等为基本依托。武汉北铁路物流枢纽、潜江等地传化货运枢纽、林安集团十堰商贸物流枢纽等是货运交通枢纽发展典型。襄阳国际陆港、宜昌三峡物流园、鄂州花湖机场等,均按照货运交通枢纽发展方向进行谋划、规划和打造。

3. 港口交通枢纽。以港口为节点和枢纽形成,包括码头前沿操作平台、货运堆场与对接的物流园区、产业园区、集疏运板块等,引领和推动临港新区的形成与发展。"一港双园"(港口+物流园+产业园)、港口枢纽、水陆中转中心等为基本依托。武汉阳逻港、宜昌云池港、荆州盐卡港、鄂州三江港、黄石棋盘洲港、松滋车阳河港等,均按照"港口+物流园+多式联运基地+开发区"为基本支撑的货运交通枢纽思路进行谋划、规划和打造。

4. 城市轨道交通枢纽。以轨道交通站为依托,包括地上和地下交通、各种运输方式的衔接、片区的拓展开发,包括客运服务、广告文化服务、银行和商业服务等。基本形态与城市综合体相似。

综合交通枢纽通过各种交通运输资源、土地空间的合理配置,实现人员、生产生活资料的合理集散,进而推动港口、机场、车站、物流园区等交通基础设施与城市功能的协调发展,实现交通运输效率提升、人口及产业规模集聚、城市和商贸繁荣。为此,《枢纽规划》提出了"一体化、集约化、人文化、复合化"发展导向和"综合交通枢纽集群、枢纽城市、枢纽港站

'三位一体'建设"推进路径,此路径对贵州充分发挥综合交通枢纽功能,促进城市加快发展起着重要的指导意义。

二、综合交通枢纽发展要求

要着力服务构建新发展格局,推动经济循环流转和产业关联畅通,充分发挥综合交通枢纽的关键节点作用,增强战略牵引和要素集聚能力,支撑现代物流体系建设,促进国内大循环和国内国际双循环。

要着力加快建设交通强国,构筑多层级一体化的综合交通枢纽体系,推动现代化高质量国家综合立体交通网建设,提高综合交通运输网络效率,强化国内国际联通,助力打造"全国123出行交通圈"和"全球123快货物流圈"。

要着力提升便民利民水平,推动综合交通枢纽与运输服务网络融合发展,扩大国际、国内服务多样化有效供给,提升高品质服务能力,助推实现"人享其行、物畅其流",满足人民日益增长的美好生活需要。

要着力实现高质量发展,推动综合交通枢纽智慧安全绿色发展,夯实创新发展基础,加强与国土空间、城镇、产业发展的融合与联动,进一步增强枢纽发展动能和可持续发展能力。

三、综合交通枢纽发展目标

到2025年,国际性综合交通枢纽集群协同开放水平持续增强,枢纽城市集聚辐射作用较快提升,枢纽港站及集疏运体系更加完善,一体化、集约化、人文化、复合化水平明显提高,枢纽经济发展活力进一步显现,现代综合交通枢纽体系建设迈出坚实步伐。

——国际性综合交通枢纽集群协同开放水平持续增强。京津冀、长三角、粤港澳大湾区、成渝地区双城经济圈等国际性综合交通枢纽集群国际交往能力稳步提升,全球连通度持续提高,机场、铁路场站、港口、邮政快递处理中心国际互联互通水平进一步提升,枢纽集群内中心城市至其他城市1小时可达率进一步提高。

——综合交通枢纽城市集聚辐射作用较快提升。国际性、全国性综合交通枢纽城市门户作用稳步提升,中转组织功能不断完善,集聚辐射效应不断扩大。区域性及地区性枢纽城市服务功能进一步完善,设施布局、服务网络等短板显著改善,与服务腹地的连通更加便利。

——综合交通枢纽港站及集疏运体系更加完善。综合客运枢纽换乘更加便捷,其中,新建枢纽换乘距离在300米以内、至中心城区半小时可达率90%以上。综合货运枢纽多式联运效率进一步提高,其中,新建枢纽多式联运换装1小时完成率90%以上。枢纽机场轨道交通接入率80%以上,沿海主要港口铁路进港率90%以上。

到2035年,一体融合、便捷顺畅、经济高效、开放互联的现代综合交通枢纽体系基本建成,国际性综合交通枢纽集群竞争力跃居世界前列,综合交通枢纽城市集聚辐射作用明显发挥,枢纽港站实现旅客联程运输更加便捷顺畅,货物多式联运更加经济高效,枢纽经济发展成效显著,有力服务"全国123出行交通圈"和"全球123快货物流圈",为基本建成现代化高质量国家综合立体交通网提供有力支撑。

四、贵州综合交通枢纽发展

《现代综合交通枢纽体系"十四五"发展规划》要求"准确把握综合交通枢纽城市功能定位,统筹推进枢纽港站及集疏运体系、连接系统合理布局与建设,强化对外交通联系及城市内外衔接,提升枢纽城市集聚辐射能力",并将贵阳列为"加快推进80个左右全国性综合交通枢纽城市建设"之一,明确贵阳奋力打造全国性综合交通枢纽的目标。

"十四五"期间,贵阳着力打造全国性交通枢纽体系。贵阳将建成并启用龙洞堡国际机场三期工程,力争实现年旅客吞吐量3000万人次。同时,将以干线铁路、高速铁路等建设为重点,积极推进与重点地区和重点方向的铁路通道建设。近期,将重点推进环城快铁西南环线、贵阳至南宁高速铁路建设;研究建设贵广高铁提速改造项目、渝贵高铁、贵阳至武汉高铁、贵阳至厦门高铁;加快推进贵安站建设,缓解贵阳北站及贵阳东站的交通压力,研究启动建设贵阳站改造工程及双龙火车站,形成"三主两辅"的铁路客运枢纽格局。通过构建"航空+铁路"对外交通网,形成以贵阳为中心,覆盖粤港澳大湾区、成渝城市群、长三角城市群和周边省份主要城市的3小时交通圈,以及覆盖黔中城市群和市(州)所在地城市的2小时交通圈。此外,贵阳将构建一体化区域交通发展体系,形成1至2小时都市交通圈。依托贵州省高速公路网规划,研究建设环城高速西拓、贵金古高速、贵阳市第二环城高速(乌当羊昌至长顺高速公路、乌当羊昌至平塘高速公路)、沪昆高速扩容、贵新高速扩容及兰海扩容项目,提升高速公路网的交通承载力,构建区域协调完善的高速干线网,推动黔中城市群及贵阳都市圈协调发展。

第四节　货运和物流

货物在国内和国际供应链之间的安全和有效运输,对国家经济健康以及对维持和改善人的生活质量至关重要。美国货运物流部门使用公共和私人基础设施和复杂的系统网络在全国范围内运输原材料和产品。当该系统运行良好时,货物运输效率高、运输成本低。当系统的性能下降时,可能会导致延迟和成本增加,从而造成通货膨胀、生产力降低,最终阻碍经济增长。

许多不同类型的事件,包括自然灾害、极端天气、恐怖主义行为、运输基础设施故障、安全事故、劳动力和物质短缺,以及地缘政治事件都可能破坏供应链。这些事件破坏了企业和消费者对货物和资源分配的依赖。美国交通部(USDOT)及其联邦机构合作伙伴就是通过加强美国供应链弹性政策和投资,帮助减轻这些事件的影响,并加快恢复速度。为了应对这些挑战,拜登政府在 USDOT 范围内与非联邦伙伴协作,协调了短期和长期的反应。总统召集了由农业、商务和运输部门常秘(常务秘书)领导的供应链中断工作队。该工作队成功地促进了协作,以应对 2021 年假日季前所未有的需求带来的挑战。当时美国货运和物流系统中的货物零售销量创下了历史新高。利用新的资源,包括对港口的创纪录投资、公共和私人拓展和分析产生的数据,能够帮助美国在未来面临挑战时更好地使用这些数据。

　　货运和物流业只是大型供应链系统的一个关键组成部分,其中大部分超出了 USDOT 的范围。货运和物流网络使私人物流公司能够从复杂的全球供应商和制造商运输原材料,到中间商,到最终产品,最后送达给零售消费者手中。供应链的所有要素(港口、海运、卡车运输、仓储铁路等)必须视为联邦政府管制和协调的综合系统的一部分,以便所有方面都能安全高效地运作。

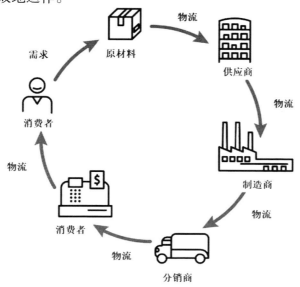

货运和物流在供应链中的作用

供应链中断会造成货物延迟、成本增加，人们的日常生活也会受到影响。2020年至2022年期间发生的由新冠疫情引起的供应链挑战，说明了供应链和运输工业基地对日常美国人以及经济重要性。尽管港口进口、装运和吞吐量呈历史性增长，但由于供应链的限制，美国人面临着交货延误和价格上涨的挑战。在新冠疫情大流行期间，消费者对消费品的需求急剧增加，因为消费者已将其开支从服务转移到货物。其中许多商品是进口的，或依赖从国外采购的零部件或材料。同时，这一流行病也造成供应链中断，包括企业和工人中断。对进口集装箱货物的需求激增和供应链中断，是造成港口和多式联运设施空前拥挤的众多因素之一。这些短期变化与货运和物流业的长期宏观趋势相结合，由于取消对海洋航运业的管制，这种管制使美国的货运系统比过去更容易受到干扰。

随着国际贸易的增加，对消费品的需求的增加，宏观经济的持续增长，以及其他因素，对运输工业基础的需求也在增加。美国制造商和零售商越来越依赖全球供应链来提供产品和资源。近几十年来，美国公司试图降低其劳动力和库存成本，转而采用外包、离岸外包和"精益制造"等策略，优化了流程和限制性。虽然在某些情况下，这些战略降低了消费者的价格，增加了利润，促进了经济增长，但它们也使供应链更容易受到破坏。随着电子商务的不断增长和消费者对快速送货上门需求的增加，零售商提速意愿强烈，供应链的运作方式也发生了重大变化。

供应链分销的演变导致消费者对快速交付的期望不断提高。这种需求对物流、仓储和最后一英里交付服务造成了越来越大的压力。零售商面临着以更快的速度有效地将商品转移到消费者的激烈竞争。这种动态推动了对土地的需求、以支持零售和最后一英里交付的配送中心以及对仓库货架的人工和交付。同时，随着劳动人口老龄化，部分行业因工作条件差而且工资下降,特别是在卡车等行业,越来越难招聘和挽留新工人。除了人口和经济变化之外,气候变化(特别是极端天气事件的频率和严重性增加)也相应增加了供应链中断的可能性。

主要参考文献

[1]习近平:《决胜全面建成小康社会　夺取新时代中国特色社会主义伟大胜利——在中国共产党第十九次全国代表大会上的报告》,人民出版社 2017 年版。

[2]卿涛:《人力资源管理概论》,清华大学出版社 2006 年版。

[3]钟雪萍、任明:《"妇女能顶半边天":一个有四种说法的故事》,《南开学报(哲学社会科学版)》2009 年第 4 期。

[4]赵光辉、李玲玲:《大数据时代我国交通强国治理能力建设探析》,《中国行政管理》2019 年第 6 期。

[5]庞跃辉等:《"交通强国"战略的背景、意蕴及路径探索》,《改革与战略》2018 年第 8 期。

[6]徐飞:《中国建设交通强国的综合基础与战略意义》,《人民论坛·学术前沿》2018 年第 11 期。

[7]夏杰长、魏丽:《习近平新时代交通强国战略思想探析》,《河北经贸大学学报(综合版)2018 年第 2 期。

[8]康芒斯:《制度经济学(上册)》,商务印书馆 1962 年版。

[9]柯武刚、史漫飞:《制度经济学——社会秩序与公共政策》,商务印书馆 2000 年版。

［10］诺斯:《制度、制度变迁与经济绩效》,上海三联书店 1994 年版。

［11］范先佐:《教育经济学》,人民教育出版社 1999 年版。

［12］崔卫国:《教育的经济学分析》,经济科学出版社 2003 年版。

［13］舒尔茨:《教育的经济价值(中译本)》,吉林人民出版社 1982 年版。

［14］塞缪尔:《变化社会中的政治秩序》,上海译文出版社 1989 年版。

［15］张国庆:《行政管理学(第二版)》,北京大学出版社 2000 年版。

［16］《邓小平文选》第三卷,人民出版社 1993 年版。

［17］江泽民:《全面建设小康社会　开创中国特色社会主义事业新局面》,《求是》2002 年第 22 期。

［18］朱彩萍:《坚持党管人才原则　要正确认识与把握的十大关系》,《甘肃行政学院学报》2007 年第 1 期。

［19］魏爱江、谷建恩:《创新党管人才工作机制的思考》,《党史博采》2007 年第 2 期。

［20］黄明芳:《贯彻"党管人才"原则,扩大党的执政基础》,《学校党建与思想教育》2006 年第 10 期。

［21］杨笑妮:《试论科学人才观的理论创新意义》,《理论学刊》2006 年第 9 期。

［22］郭金玲:《简论党管人才原则》,《理论探索》2006 年第 4 期。

［23］李宁:《做好党管人才　工作提高党的执政能力》,《理论学刊》2005 年第 2 期。

［24］郝欣富:《如何在社会主义市场经济条件下　坚持党管人才的原则》,《理论建设》2005 年第 5 期。

［25］韩强:《论党管人才的制度选择》,《中共四川省委省级机关党校学报》2005 年第 11 期。

[26]王志远、贾继勇:《解读党管人才》,《理论界》2005 年第 1 期。

[27]西奥多·舒尔茨:《论人力资本投资》,吴珠华等译,北京经济学院出版社 1990 年版。

[28]张万生:《人才问题综述》,《新疆社科论坛》2004 年第 1 期。

[29]兰东、匡显桢:《坚持党管人才原则 把握人才工作时代特点》,《求实》2004 年第 7 期。

[30]李素萍:《坚持"党管人才"原则做好人才管理工作》,《理论学刊》2004 年第 3 期。

[31]马德秀:《按照党管人才的要求 搞好党政人才队伍建设》,《上海党史与党建》2004 年第 6 期。

[32]李抒望:《对党管人才的理论思考》,《党建工程》2003 年第 8 期。

[33]斯图亚特·S.纳格尔:《政策研究百科全书》,科学技术文献出版社 1990 年版。

[34]威廉·N.邓恩:《公共政策分析导论》,谢明等译,中国人民大学出版社 2002 年版。

[35]汤姆·彼得斯、罗伯特·沃特曼:《追求卓越》,胡玮珊译,中信出版社 2007 年版。

[36]中共中央办公厅、国务院办公厅:《关于深化项目评审、人才评价、机构评估改革的意见》2018 年。

[37]李璞:《高校高层次人才素质评价模型研究》,《经济体制改革》2009 年第 5 期。

[38]金新政、厉岩:《优序图和层次分析法在确定权重时的比较研究及应用》,《中国卫生统》2001 年第 2 期。

[39]黄小平、李毕琴:《高校科技创新型人才素质结构研究》,《心理学探新》2017 年第 5 期。

［40］林崇德等:《教师素质的构成及其培养途径》,《中国教育学刊》1996 年第 6 期。

［41］刘书林:《素质的概念与 21 世纪青年人才素质的结构》,《清华大学学报(哲学社会科学版)》2001 年第 1 期。

［42］王冲、金英伟:《我国高校数字出版专业人才素质建构与培养》,《现代出版》2017 年第 4 期。

［43］马立平:《层次分析法》,《数据》2000 年第 7 期。

［44］钱国英等:《本科应用型人才的特点及其培养体系的构建》,《中国大学教学》2005 年第 9 期。

［45］蔡蕙敏、张一帆:《关于构建大数据安全保障体系的思路与建议》,《网络安全技术与应用》2017 年第 6 期。

［46］杨良斌等:《大数据背景下网络空间安全人才培养机制与模式研究》,《情报杂志》2016 年第 12 期。

［47］吴阿林:《应用型人才的层次结构及其指标体系的研究》,《黑龙江高教研究》2006 年第 11 期。

［48］刘健等:《应用型人才的层次及其实践环节的培养》,《黑龙江高教研究》2005 年第 8 期。

［49］朱斌:《试论高技能型人才素质培养的三个层次》,《教育与职业》2006 年第 36 期。

［50］吴翠花等:《高端引进人才社会经济贡献评价指标的构建》,《统计与决策》2014 年第 17 期。

［51］王谦、张萌:《保定市高校优秀外语人才引进与培养机制研究》,《群文天地》2012 年第 7 期。

［52］田野等:《提升省级电科院人才当量密度的探索与实践》,《湖北电力》2015 年第 11 期。

［53］蒋影明:《用好领军人才的三大关键》,《中国社会科学报》2014

年 10 月 13 日。

[54]杨婷婷:《优化我国海外人才引进政策的研究》,《管理观察》2017 年第 3 期。

[55]杨杰:《中部地区人才引进政策设计研究》,《管理学报》2009 年第 7 期。

[56]杨河清、陈怡安:《海外高层次人才引进政策实施效果评价——以中央"千人计划"为例》,《科技进步与对策》2013 年第 16 期。

[57]刘佐菁等:《广东近 10 年人才政策研究——基于政策文本视角》,《科技管理研究》2017 年第 5 期。

[58]李蕾:《城市人才引进政策的潜在风险与优化策略》,《中国行政管理》2018 年第 9 期。

[59]郑金连、苗绿:《人才引进政策复制概念探析》,《中国人事科学》2020 年第 5 期。

[60]曾旸:《高校科技人才引进的模式与思考》,《技术与创新管理》2011 年第 5 期。

[61]郑巧英等:《全球科技人才流动形式、发展动态及对我国的启示》,《科技进步与对策》2014 年第 13 期。

[62]董晨妍、王明荣:《宁波推进市场化人才引进模式创新的对策建议》,《宁波经济(三江论坛)》2017 年第 12 期。

[63]李奂东:《浅谈行政事业单位人力资源管理模式的改革途径》,《财经界(学术版)》2018 年第 13 期。

[64]王戎、郝栋:《毛泽东新中国交通建设思想探析》,《毛泽东思想研究》2010 年第 3 期。

[65]海军:《努力学习邓小平同志关于交通建设的基本思想》,《综合运输》1997 年第 4 期。

[66]亚当·斯密:《国富论》,郭大力、王亚南译,商务印书馆 2015

年版。

［67］陈高华:《中国海外交通史研究的回顾与展望》,《历史研究》1996年第1期。

［68］杨传堂:《交通强国:新使命　新起点》,《中国公路》2017年第21期。

［69］中共交通运输部党组:《奋力从交通大国向交通强国迈进》,《中国水运》2017年第10期。

［70］中共交通运输部党组:《科技创新助力交通强国建设》,《时事报告(党委中心组学习)》2016年第4期。

［71］交通运输部政策研究室:《推进绿色交通发展服务交通强国建设——〈关于全面深入推进绿色交通发展的意见〉的解读》,《人民交通》2018年第1期。

［72］段晓鸽、马占军:《PEST模型下的西咸新区海外人才引进模式探索》,《农村经济与科技》2015年第11期。

［73］胡君辰、吴小云:《城市人才政策的困境与突破:对无锡高端人才引进政策的思考》,中国劳动社会保障出版社2009年版。

［74］孟华等:《我国省级政府高层次人才引进政策的吸引力评价》,《中国人力资源开发》2017年第1期。

［75］唐果、蔡丹丰:《基于层次分析法的宁波市高层次人才外流动因研究》,《科技管理研究》2010年第12期。

［76］杨东亮:《东北流出流入人口的城市居留意愿比较研究》,《人口学刊》2016年第5期。

［77］王全纲、赵永乐:《全球高端人才流动和集聚的影响因素研究》,《科学管理研究》2017年第1期。

［78］李波:《关于创新型交通人才队伍建设的若干思考》,《北京交通管理干部学院学报》2007年第1期。

［79］赵光辉等：《交通运输产业结构调整与人才需求及供给选择》，《中国科技论坛》2008 年第 9 期。

［80］万永红：《加快铁路企业技能人才队伍建设的研究》，《铁道运输与经济》2019 年第 3 期。

［81］李祖平：《交通职业教育发展战略研究》，人民交通出版社 2007年版。

［82］田国华、张晓玉：《基于计量经济分析的区域交通人才需求预测研究》，《产业与科技论坛》2011 年第 10 期。

［83］贺倩倩：《河南省交通运输现代化人才队伍建设现状及发展需求预测》，《科技与创新》2018 年第 7 期。

［84］樊正斌：《交通运输人才培训模式及对策探讨》，《交通企业管理》2013 年第 6 期。

［85］王恒等：《"互联网"背景下交通运输专业人才培养模式探究》，《科技视界》2017 年第 18 期。

［86］金碧辉：《基于"一带一路"和区域行业需求的交通类国际化人才培养分析》，《太原城市职业技术学院学报》2019 年第 8 期。

［87］陈力：《政府人才服务机构体制改革的现状与对策》，《中国行政管理》2008 年第 7 期。

［88］苗月霞：《我国地方政府"人才特区"建设研究》，《中国行政管理》2012 年第 10 期。

［89］里听：《非平衡、追赶型经济发展地区人力资本开发路径研究——以四川凉山彝族自治州为例》，《绵阳师范学院学报》2010 年第 4 期。

［90］林勇、张宗益：《经济权利享赋与我国欠发达地区发展的实证研究》，《当代经济研究》2007 年第 9 期。

［91］冯艳芬等：《广东省欠发达地区的界定及其特征分析》，《广州大

学学报(自然科学版)》2004 年第 1 期。

〔92〕赵光辉:《我国交通人才战略的调查与思考》,《武汉交通职业学院学报》2007 年第 1 期。

〔93〕毛垒:《人力资源管理》,北京大学出版社 2001 年版。

〔94〕董茵彤:《人才引进政策研究》,《西部皮革》2020 年第 6 期。

〔95〕林道立、刘正良:《古典经济学中的人力资本思想及其演进》,《连云港师范高等专科学校学报》2011 年第 3 期。

〔96〕欧文·费雪:《资本和收入的性质》,谷宏伟等译,商务印书馆 2017 年版。

责任编辑：茅友生
封面设计：胡欣欣

图书在版编目（CIP）数据

推进我国交通强国建设人力资源保障体系研究:以贵州为例/赵光辉，
　谢柱军 著. —北京:人民出版社,2024.1
ISBN 978－7－01－025955－0

Ⅰ.①推…　Ⅱ.①赵…②谢…　Ⅲ.①交通运输业-人力资源管理-
　保障体系-研究-中国　Ⅳ.①F512.3

中国国家版本馆 CIP 数据核字（2023）第 177932 号

推进我国交通强国建设人力资源保障体系研究
TUIJIN WOGUO JIAOTONG QIANGGUO JIANSHE RENLI ZIYUAN BAOZHANG TIXI YANJIU
——以贵州为例

赵光辉　谢柱军　著

人民出版社 出版发行
（100706　北京市东城区隆福寺街 99 号）

北京新华印刷有限公司印刷　新华书店经销

2024 年 1 月第 1 版　2024 年 1 月北京第 1 次印刷
开本:710 毫米×1000 毫米 1/16　印张:24.5
字数:335 千字　印数:0,001-5,000 册

ISBN 978－7－01－025955－0　定价:148.00 元

邮购地址 100706　北京市东城区隆福寺街 99 号
人民东方图书销售中心　电话（010）65250042　65289539